크리스마스 선물

안산시 문화예술진흥기금 지원금으로 제작

크리스마스 선물

초판 인쇄   2020년 12월 6일
초판 발행   2020년 12월 10일

지 은 이 이신현
펴 낸 곳 **코람데오**
등   록 제300-2009-169호
주   소 서울시 종로구 세종대로 23길 54, 1006호
전   화 02)2264-3650, 010-5415-3650
          FAX. 02)2264-3652
E-mail soho3650@naver.com

ISBN | 978-89-97456-89-5 03230

값 13,000원

크리스마스 선물

이신현 지음

코람데오

세월과 인생에 더욱 감사하는 마음

이번에 출판한 단편집은 그동안 여러 문학지 《한국소설》, 《월간문학》, 《안산문학》 등에 발표했던 단편소설들을 모은 것이다. 이제 작품들을 모아 한 권의 책으로 출판했으면 좋겠다, 생각하는 중에 안산시에서 출판을 지원해 주는 행운을 안았다. 적합한 시간에 큰 은혜를 베풀어 주신 시장님과 관계 공무원분들, 시민들에게 진심으로 감사드린다.

글을 쓰는 사람으로 세상에 얼굴을 알린 지가 꽤 오래 되었다. 그동안 출판한 책도 여러 권 된다. 돌아보면 늘 부끄러운 내 자신을 보게 된다. 좀 더 많은 시간을 투자하여 정성을 다하지 못한 아쉬움이 항상 남는다.

그러나 이런 마음이 있기에 계속해서 글을 쓰는 것 같다. 낙심하지 않고 더욱 분발해야 된다는 것이 나의 생각이다. 노력하다 보면 많은 사람들에게 아름다움의 빛을 비쳐 줄 수 있는 그런 글을 쓰는 날이 꼭 오리라고, 이번에도 스스로 자신을 격려한다.

이 글들을 정리하면서 그 어느 때보다도 많은 것들을 생각하였다. 특별히 흐르는 세월과 인생에 대하여 더욱 많이 생각하게 되었다. 그리고 더 큰 감사의 마음을 갖게 되었다.

진도에서 고등학교를 다닐 때에 여름방학 숙제로 단편소설을 처음으로 써보았는데, 새삼 그날들이 그리워졌다. 그 숙제를 내 주셨던 양희아 국어 선생님이 생각났다. 가끔 통화하고, 명절에는 문자도 보내며 인사를 드리고 있는데 이 지면을 통해서 남은 인생의 평안을 다시 한 번 빌어본다.

내 글에 대하여 늘 관심을 가지고 지켜보시는 분들이 있다. 그분들에게 다음에는 좀 더 나은 글을 보이겠다는 약속을 조심히 해보면서 그분들께도 감사드린다.

그리고 내 곁에서 부족한 나를 늘 격려해 주는 나의 가족들과 나를 위해 기도해 주는 분들에게도 감사를 드린다.

여건이 녹록치 않은데도 흔쾌히 출판을 해 주신 코람데오 임병해 사장님에게도 진심으로 감사를 드린다.

내 인생의 발걸음을 지금까지 인도하시면서 항상 새 힘주시고 격려해 주시는 성삼위 하나님께 말로 다 할 수 없는 감사를 드린다.

CONTENTS

$$1$$

:

바이올린

    G대학의 시간강사인 정문기는 스쿨버스를 타기 위해 정류소로 갔다. 학생들이 길게 늘어서 있었다. 그러나 선배 시간강사인 오인수는 보이지 않았다. 평상시 같으면 이미 학생들 틈에 끼어 서있을 텐데 오늘은 보이지 않았다. 정문기는 오인수가 강의를 좀 늦게 끝냈나 싶어 학교 쪽을 한 번 돌아보았다. 그러나 오인수의 모습은 보이지 않았다.

    이 때였다. 역시 시간강사인 박태윤이 교문 쪽에서 걸어오고 있었다. 그는 곧 정문기에게 와서 인사를 했다.

    "안녕하십니까, 정 교수님. 오랜 만에 뵙습니다."

    "안녕하세요, 박 교수님! 개강이 되었는데도 몇 주째 보이지 않아서 무슨 일이 있었나 싶었습니다. 이번 학기에도 강의 맡은 거죠?"

    정문기는 박태윤의 손을 잡고 흔들었다. 정말이지 무척 반가웠다. 지난 수년 동안 역전의 학교버스 정류소와 교내의 버스정류소에서 늘 동행했었고, 때론 차를 마시며 신세타령도 했던 사이인데 이번 학기에는 몇 주째 안 보였던 그였다.

    "아닙니다. 사실 저 이번 학기엔 강의를 맡지 않았습니다. 한데, 오 교수님은 왜 안 보이죠? 오늘 결강하셨나요?"

    "아니예요. 학교에 오셨어요. 역전 정류소에서 함께 스쿨버스를 탔습니다. 강의를 좀 늦게 끝냈나 봅니다. 기다리면 오시겠죠."

    "아, 출강했어요. 그럼 오시겠죠. 정 교수님, 오늘 저녁에 특별한 계획 있으십니까?"

"아뇨, 한데 왜요?"

"특별한 계획 없으시다면 오늘은 학교 근처 식당에서 저녁 드시고 가라고요. 제가 사겠습니다. 가시죠. 오 교수님에게는 식당에 가서 전화하도록 하죠."

"아니 갑자기 저녁은 무슨……. 그 동안 무슨 좋은 일이라도 있었습니까?"

"하하하, 있었죠. 좋은 일이 많이 있었고 지금도 진행 중입니다. 그러니 가시죠. 제가 한 번 그럴듯하게 쏘겠습니다. 고생 많으신 우리 선배 강사님들에게 저녁 한 번 멋있게 사겠습니다. 참, 시내로 나갈까요?"

"아이, 시내는 무슨, 그냥 우리가 가끔 가던 식당으로 가요. 그 집 찌개 잘 하잖아요."

"아무래도 그래야겠죠. 마음 같아서는 크게 한 번 사고 싶은데 오늘은 좀 그런 것 같고 다음 기회에 사겠습니다. 어서 가시죠. 사모님에게 전화하세요. 오늘 저녁은 먹고 들어간다고요."

"그래요. 알았어요."

정문기는 집에 전화를 했다. 그러나 아무도 받지 않았다. 이미 다섯 시가 넘었는데 아이들이 아직 학교에서 오지 않은 모양이었다. 아내도 집에 없는 모양이었다. 정문기는 이번엔 오인수에게 전화를 하였다. 그러나 그 역시 전화를 받지 않았다. 아무도 전화를 받지 않자 정문기는 괜히 마음이 우울해졌다. 오 교수 집이나 자기 집이나 돈 때문에 비상이 걸려있는 것을 알기 때문에 마음이 금방 어두워지는 것이었다.

"사모님 전화 안 받으시나요?"

"어디 나갔나 봐요."

"혹시 돈 꾸러 간 거 아녜요? 하하하, 제가 전화했을 때 제 집사람이 집에 없으면 구십구퍼센트 돈 꾸러 갔더라구요. 하하하, 어서 가요. 어디 가신 모양이지요."

그러고 보니 박태윤은 아주 여유가 있어 보였다. 지난 학기만 해도 이처럼 호탕하게 웃지는 않았던 그였다. 물론 성격이 좀 호방한 면은 있지만 오늘은 어투며 행동거지가 전과는 많이 달라진 게 분명하였다. 정문기는 박태윤을 따라 가끔 갔었던 찌개 전문집으로 들어갔다. 자리에 앉자 박태윤은 정문기의 표정을 한 번 살피고는 물었다.

"여전히 어려우시죠?"

정문기는 고개를 끄덕이며 웃었다.

"시간강사 형편 박 교수님이 더 잘 아시잖아요."

"잘 알죠. 너무나 잘 알죠."

그는 고개를 끄덕이며 주인을 불렀다. 곧 주인이 달려왔다.

"여기 주문 받아요. 참 오 교수님한테 전화해야 되겠죠."

그는 곧 핸드폰을 열어서 번호를 누르기 시작했다. 그러나 핸드폰을 귀에 대고 있던 그는 고개를 갸웃거렸다.

"신호는 가는데 받지를 않는군요. 핸드폰을 가방에 넣어놓고 무슨 일을 보는 것 같아요. 오시면 원하는 음식 시켜 드리기로 하죠. 어때요? 오 교수님 오실 때까지 한 잔 할까요? 참 정교수님은 술을 안 하시지. 음료수 드세요. 저는 맥주 한 잔 하겠습니다."

박태윤은 술과 안주, 음료수를 주문하였다. 그러나 그는 이내 무릎을 탁 치면서 다시 주인을 불렀다.

"하, 내 정신 좀 봐. 운전을 해야 하는데 차 없이 다닐 때로 착각하고 술을 시켰군."

그는 다시 곁으로 온 주인에게 자기도 음료수를 달라고 하였다.

"박 교수님, 차 사셨나요?"

정문기가 물었다.

"네. 최근에 나온 소나타로 한 대 뽑았습니다. 좀 더 나은 걸 살까 하다가 전에 너무 정이 든 차여서 그걸로 뽑았습니다."

"방학 기간에 신변에 큰 변화가 있었던 것 같아요."

정문기의 말에 박태윤은 흐뭇하게 미소를 지으며 말했다.

"있었죠. 아주 큰 변화가 있었습니다. 정 교수님, 제가 오늘 이 학교에 왜 온 줄 아십니까? 강의를 자꾸 해 달라고 해서 직접 와 정중히 거절을 하려고 왔습니다. 사실 저는 이번 학기에 출강을 못 한다고 개강 전에 학교에 통보를 했어요. 그런데도 학과장인 제 선배가 개강 몇 주가 지난 지금까지도 제발 좀 강의를 맡아 달라고 극구 사정을 하고 있는 거예요. 제 대타로 부를 만한 다른 사람이 아직 안 나타나 강의를 보류 상태에 두었다는 거예요. 그러니 이번 주까지 결정을 좀 해 달라는 거예요. 그래서 이렇게 직접 찾아와 제 의사를 전달한 겁니다."

"아니, 왜 갑자기 강의를 그만 두시죠?"

박태윤은 주머니에서 담뱃갑을 꺼냈다. 그리고는 담배 한 개비를 뽑아 물었다.

"이제야 저는 본 궤도로 들어왔습니다. 화가인 제 본업을 되찾았습니다. 얼마나 기쁘고 통쾌한지요. 저 요 몇 개월 동안 발 쭉 뻗고 잠을 잡니다. 소화도 잘 되고 마음도 늘 기뻐요. 헝클어졌던 가정도 이제 수습이 되어 갑니다."

"그럼……."

"제가 전에 말씀 드렸잖아요. 전 그림만 그리며 사는 게 소원이라고요. 이제야 한국 화단에서 저의 실력을 조금 인정해 주고 있습니다. 아니 화단이라기보다는, 정확히 말해서 화상(畵商)이나 콜렉터(collector)들이 제 그림을 조금 인정해 주고 있습니다. 제가 가지고 있던 그림들이 방학기간에 모두 팔렸습니다. 그리고 지금 서울의 큰 화랑과 전속계약을 맺고 창작에 매진하고 있습니다. 오직 그림 그리기에만 몰두하고 있습니다. 그 덕분에 그동안 진 빚도 많이 갚았고, 집도 풍광 좋은 곳에 새로 얻었습니다."

박태윤은 흡족한 미소를 계속 내어 보이며 담배 연기를 후~ 하고 불어냈다.

"정말 잘 됐네요. 정말 축하해요."

정문기의 이 말에 그는 고개를 끄덕이며 말했다.

"정말이지 너무 통쾌해요. 저 사실 십여 년 가까이 대학에 강의 나오면서 속 많이 상했습니다. 스트레스 엄청 받았어요. 제가 가끔 말씀 드렸지만 전 대학에 발 딛으면서 얻은 게 딱 한 가지밖엔 없어요. 남의 아이들 가르쳤다는 거 그거밖에 없어요. 나머지는 모두 다 망했습니다. 아내와 아이들과는 별거하게 되었지요. 그림 못 그리게 되었지요. 거지되니까 사람들 다 떠나가고 제 자신도 망가졌지요. 참 돌아보면 울화통만 터지는 세월이었어요. 제가 그림을 팔라는 제의를 받고 제일 먼저 뭘 생각한 줄 압니까? 강의부터 때려 치워야겠다는 생각을 했어요. 제가 더 이상 말하지 않아도 제가 뭘 말하려고 하는지 정교수님이 더 잘 아실 겁니다. 방학 동안에는 쫄쫄 굶다가 개강하면 겨우 라면 값이나 벌고, 아내는 바가지 긁고, 불쌍한 아이들은 빈곤 때문에 왕따 당하고, 친척들은 박사가 저 모양이라고 맨날 비웃고……. 학교에서는 학교대로 사람 우습게 취급하고……. 정말 미치고 환장하는 세월이었어요. 오 교수님 이번에도 맹탕이던데요. 전임은커녕 겸임교수도 주어지지 않았던데요. 강의 십년 넘게 했는데 학교에서 그렇게 대우해도 되나요? 전임이야 줄과 돈으로 들어간다고 하지만 겸임 정도는 십년 넘는 경력자에게 당연히 주어야 하는 게 아녜요? 이놈의 대학들이 어쩌자고 그런지 그런 질서를 몰라요. 아주 망하기로 작정한 것 같아요. 그렇게 하면 망하잖아요. 안 그래요? 지성의 첨단을 달리는 집단에서 야만적인 인사정책이 판치니 그건 망할 거라는 예시 아녜요? 저도 할 말 많아요. 제 선배에게는 오늘 그런 얘기 좀 솔직하게 쏟아놓았습니다만 겸임까지도 돈이나 줄로 세워버리면 돈 없고 줄 없는 시간강사들은 뭘 어떻게 하라는 거예요. 박사까지 공부해서 평생 가난뱅이 천덕꾸러기로 살다가 죽으라는 거예요, 뭐예요. 정말이지 해도 해도 너무해요. 당장 때려치우고 싶지만 강사라는 직함마저 놓으면 이 사회에서 가장 비참한 인간 백수가 될 테니 그럴 수도 없고, 학교에서는 그것을 이용해 먹고……. 여하튼 성격 더러운 저의 경우 더럽고 치사해서 제 명에 못 살 것 같았어요. 그런데 강의를 때려치우니 얼마나 후련하고 개운한지 마치 천국에 온 것 같아요. 하지만 정교수님과 오 교수님을 생각하면 한 없이 마음이 아프고 갑자기 주변이 캄캄해져요. 제가 걸었던 어둠의 터널 속을 계속 걷고 계시니까요. 그림이 모두 팔리고, 많은 돈을 받고 큰 화랑과 전속계약까지 했을 때 가장 먼저 생각났던 분들이 정 교수님과 오 교수님이 었습니다. 우린 수년간 저 흔하디흔한 중고 자동차도 한 대 없이 생활했으니까요. 여하튼, 두 교수님께서도 어서 빨리 이 생활을 탈피하시길 빕니다……."

　정 교수는 고개를 끄덕이며 한숨을 쉬듯 긴 콧숨을 내쉬었다. 실제로 정 교수는 지금 돈 문제로 곤경에 처해 있었다. 이젠 어디에서 단돈 백 원도 꾸어 올 때가 없는데 정작 써야 할 돈들은 이제부터 본격적으로 필요한 것이었다. 아이들의 고등교육이 시작된 것이다. 특히 올해 고 삼인 딸의 바이올린 문제는 속히 해결을 해야만 할 문제였다. 이미 수시를 보는 입시철이 되었고 몇 개월 후면 본고사를 치러야 하는데 지금 가지고 있는 연습용 바이올린으로는 시험을 치르기가 불가능했기 때문이다. 이 바이올린은 딸이 중학교 1학년이던 육 년 전에 구입한 것이었다. 백만 원을 채 안 주고 산 것이었다. 그러나 이제는 최소한 오륙백, 아니면 천만 원짜리 정도는 사주어야 했다. 왜냐하면 이 정도는 되어야 시험관들 앞에서 연주를 할 수 있었기 때문이다. 그리고 대학에 들어간다 하여도 악기 수준이 최소한 이런 정도는 되어야만 교수들의 강의를 제대로 받을 수 있고 함께 연주도 할 수 있었다. 그런데, 돈이 있는 집 아이들은 고교 때 이미 수천만 원짜리, 아니 억 단위의 바이올린을 가지고 연습을 한다고 한다. 그리하여 일찍 그 바이올린의 속내를 알아 제대로 소리를 낸다는 것이다. 상황이 이랬지만 정 교수의 딸은 돈 때문에 레슨을 제대로 받아 본 적이 없었다. 아주 싼 값으로 문화센터 같은 데서 근근이 교습을 받았다. 고 삼인 지금도 대학생에게 지도를 받고 있었다. 거기에 군인의 총과도 같은 바이올린은 여전히 연습용이었다. 상황이 이 지경이지만 딸은 그래도 해보겠다는 열정 하나로 계속 음악공부를 하고 있는 것이었다. 음악을 전공한 아내가 죽기를 각오하고 밀어붙이는 것이었고, 딸도 그러한 엄마의 의지를 따라오고 있었다. 솔직히 시간강사의 수입으로는 기악을 제대로 공부시킨다는 일이 불가능했다. 그래서 음대 출신인 아내가 소수의 아이들에게 레슨을 해 주었고 그 수입을 딸의 바이올린 레슨비로 충당했었다. 그러나 나이가 오십이 넘어가자 엄마들이 아내에게 아이들을 맡기지 않았다. 이러다 보니 그 수입이 끊겼고 생활은 걷잡을 수 없는 상황으로 곤두박질하였다. 여기저기에서 돈을 끌어왔다. 그리고 돈이 될 만한 집안의 물건들은 모두 처분했다. 돌려막기를 하던 몇 개의 카드들도 더 이상 사용할 수 없는 지경에 이르렀다. 이제는 교통비와 점심 값이 없어서 쩔쩔 매는 막바지 형편에 이르고 말았다. 오늘 아침에도 정문기와 그의 아내는 한숨을 내어 쉬면서 딸의 바이올린 문제와 앞으로 살아갈 일을 걱정했었다. 참으로 막막한 노릇이었다.

공교롭게도 오 교수의 큰 딸도 바이올린을 공부하고 있었다. 그리고 이 딸도 바이올린을 바꾸어야만 하였다. 오 교수는 유럽에서 오랜 기간 공부한 사람이었다. 그래서 한국에 들어온 후에도 아이들에게 한동안 수준 높은 교육을 계속 시켰다. 그러나 십여 년의 세월이 흐르는 동안 겸임교수 한 번 되지 못하고 시간강사로만 생활하게 되자 그 가정의 아이들은 자연히 평범한 아이들로 돌아왔다. 해 오던 과외공부들을 모두 중단하였다. 오직 장녀인 큰 딸만 어려서부터 했던 바이올린 공부를 계속하고 있었다. 그래서 오 교수의 부인도 이웃집 아이들에게 영어를 가르치면서 근근이 가정을 꾸려오고 있었다. 그런데 작년 말에 오 교수의 부인이 우울증으로 병원에 입원하는 사건이 생겼다. 정신과 치료를 받고 퇴원을 했지만 그 때부터 오 교수 부인은 건강 상태가 예전 같지 않았다. 이러다 보니 오 교수의 가정은 큰 어려움을 겪게 되었다. 그러나 오 교수는 자기 인생에 대하여 나름의 확신을 가지고 있었다. 그 확신 속엔 자신은 꼭 대학의 전임교수가 된다는 신념도 있었다. 그리하여 십 년 이상을 아주 성실하게 강의하였다. 그러나 지난 여름방학 때 있었던 이 대학의 교수 채용에서 그는 제외되고 말았다. 겸임도 한 명 뽑았는데 거기에도 끼지 못했다. 그가 이 학교에 발을 딛은 후 몇 번의 교수 채용이 있었지만 그는 늘 제외되었다. 새 학기가 시작되어 다시 만난 그의 모습은 다행히 명랑한 모습이었다. 운명이 그렇다면 그 운명을 받아들여야 하지 않겠느냐는 아주 긍정적인 모습이었다. 오늘 아침 역전 근처의 스쿨버스 정류소에서 만났던 그의 얼굴 역시 극히 평온한 모습이었다. 오인수의 그런 의연한 모습은 참으로 아름다운 삶의 모습이라고 정문기는 생각했다. 그는 지금 모태로부터 이어받은 신앙까지도 흔들리고 있었기 때문이다. 가혹한 시련에도 흔들림 없는 그러한 인내의 자세야말로 우리 모든 인간들이 꼭 가져야만 할 삶의 자세일 것이다. 정문기는 그를 만난 오늘 아침에도 그런 생각을 했었다.

"한데, 오 교수는 어떻게 된 거죠?"

박태윤은 다시 핸드폰을 열어 번호들을 눌렀다. 그러나 그는 이내 고개를 흔들었다.

"이상한데요. 받지 않아요."

박태윤이 이상하다는 표정을 짓는 바로 이 순간 정문기는 갑작스레 엄습하는 어떤 예감과 만났다. 번쩍하는 번갯불의 섬광처럼 스쳐가는 이 예감은 아주 불길한 예감이었다. 그래서 말했다.

"정말 이상하죠? 전화를 받지 않을 사람이 아닌데……. 무슨 일이 생긴 게 아닐까요?"

정문기의 다소 심각해진 얼굴을 보면서 박태윤이 의아한 표정을 지으며 물었다.

"무슨 일이 생기다니요? 이 넓은 대학교에서 무슨 일이 생기겠어요. 혹시 뭐 짚이는 데라도 있나요?"

"딱히 이렇다 할 생각은 드는 게 없습니다. 그러나 마음이 좀 불안한 것은 사실입니다. 우리 나가서 오 교수를 한 번 찾아볼까요? 찾으면 그 때 같이 와서 밥 먹죠. 어때요?"

"좋습니다. 나가서 한 번 찾아보죠. 학교 안에 있겠지 어디 갔겠어요."

그들은 곧 자리에서 일어나 밖으로 나왔다. 여섯 시가 되어가는 가을 오후의 날씨는 청명하고 선선하였다. 학생들은 여전히 정류소에 줄을 지어 서 있었다. 그러나 아까보다는 그 숫자가 현저히 줄어 있었다. 그들은 학생들이 서 있는 곳을 바라보고는 곧 학교로 들어갔다. 인문대학으로 들어가 학과장 사무실로 갔다. 그러나 학과장은 이미 퇴근한 상태였고 조교만 남아 있었다. 오 교수를 보았느냐고 묻자 조교는 고개를 저었다. 오 교수가 강의하는 강의실을 물어 그곳에 가보았지만 아무도 없었다. 이들은 인문대학을 나와 캠퍼스 중앙건물 지하의 학생 편의시설로 갔다. 그리고는 식당과 서점 등을 살폈다. 그러나 오 교수의 모습은 찾아볼 수 없었다. 그래서 캠퍼스 중앙건물을 나와 바로 앞의 벤치로 왔다. 박태윤이 벤치에 털썩 주저앉았다. 그리고는 말했다.

"이미 집에 간 거 아닐까요?"

"제 생각엔 그렇지는 않은 것 같아요. 우리 한 곳만 더 가보는 게 어때요?"

"더 가볼 데가 있어요?"

"네. 순전히 제 예감인데 그곳에 한 번 가보고 싶어요."

"어디인데요?"

"학생 기숙사 뒤편의 숲이요."

"네?"

"저도 이 학교에 십여 년 동안 출입하면서 딱 한 번 가본 장소입니다. 그런데 거기에 한 번 가보고 싶은 생각이 들어서요."

박태윤은 피식 웃었다.

"정교수님도……. 갑자기 그런 델 가보자고 하시다니……. 그래요. 정 가보고 싶으시다면 한 번 가보죠."

그들은 강의실과는 상당히 떨어진 캠퍼스 우편의 학생 기숙사로 향했다. 학생 기숙사로 가는 길목에는 좌편으로 작은 호수가 있었다. 계곡에서 흘러오는 물을 받아 만든 호수였다. 호숫가로는 몇 개의 벤치가 있었다. 그 옆으로는 여러 색깔의 코스모스가 피어 있었다. 호수의 물은 상당히 맑았다. 기숙사를 지나서 백여 미터 정도를 걸으면 산이 나왔다. 이 학교는 원래 산 아래를 잘 정리하여서 세운 대학이었다. 그래서 캠퍼스 뒤편은 온통 산이었다. 주로 소나무로 이루어진 숲이 자리를 잡고 있었던 것이다.

산으로 들어섰지만 차가 다닐 만큼 길이 넓었다. 학교에서 산책로를 만들어 놓았던 것이다. 그러나 이 길을 사용하여 산책을 하는 이들은 거의 없었다. 몇 년 전에 한 사건이 터진 후로는 사실상 이 길은 특별한 용무가 없으면 걷고 싶지 않은 길이 되었던 것이다. 정문기도 몇 년 전에 터졌던 그 사건 때 한 번 이곳을 와 보았고 그 이후로는 이번이 처음이었다. 그래서인지 길은 억센 산 풀들로 덮여 있었다. 길 옆에는 벤치들이 있었지만 역시 억새풀과 이름을 알 수 없는 산 덩굴들이 거의 덮고 있다시피 했다.

"이거 좀 으스스한데요. 학교에서 관리를 하지 않는 길인가 봐요. 벤치 주변은 좀 정리를 해 주어야지 이래서 되겠어요?"

박태윤이 말했다. 정문기는 고개를 끄덕였다.

"그러게 말예요. 바로 저기입니다. 공지가 좀 넓고 벤치도 몇 개 놓여 있어요."

정문기는 앞을 손가락으로 가리키면서 앞장서서 걸었다. 그런데, 그들이 그 장소에 닿았을 때 놀라운 사실을 발견하였다. 오인수는 바로 그곳에 있었던 것이다. 그는 벤치 아래의 잔디 위에 양 팔을 벌리고 누워 있었다. 박태윤이 달려가면서 소리쳤다.

"오 교수님! 여기서 혼자 뭐 하고 계십니까?"

그러나 오 교수는 꼼짝도 하지 않고 누워 있기만 하였다. 이때였다. 정문기가 소리쳤다. "박 교수님 비키세요! 오 교수님 목 근처로 독사가 접근하고 있습니다!"

정말이었다. 온몸에 검은 점이 있는 큰 독사 한 마리가 오 교수의 목을 향해 슬슬 접근하고 있었다. 아차하면 오 교수의 목을 물 것 같았다. 이때 정문기가 반사적으로 근처에 있는 돌멩이를 주워 그 독사를 향해 힘차게 날렸다. 등에 정통으로 돌을 맞은 독사는 정문기와 박태윤 쪽으로 방향을 바꾸었다. 이 순간 박태윤은 들고 있던 가방으로 독사를 내리쳤다. 독사는 잠시 정신을 잃은 듯 몸을 사리더니 다시 오인수 쪽으로 기기 시작했다. 그러나 이번에는 정문기가 아까보다 훨씬 큰 돌로 독사의 머리를 내리쳤다. 순간 독사의 머리에서 피가 튀었다. 그 피는 오인수의 목으로도 튀었다. 갑자기 오인수의 목이 독사의 피로 물들었다. 이번에는 박태윤이 근처에서 나뭇가지를 주워 독사의 몸통을 몇 번 내리쳤다. 결국 독사는 죽었다. 그들은 독사의 머리를 완전히 으깬 다음에 나뭇가지에 걸쳐 숲으로 던졌다. 실로 순식간에 되어진 일들이었다. 그들의 이마에는 땀방울이 송송히 박혀 있었다. 정문기는 가방에서 휴지를 꺼내 오인수의 목에 묻은 독사의 피를 닦았다. 그리고는 오인수의 몸을 흔들었다.

"오 교수님, 일어나세요! 저녁시간입니다!"

그러나 오인수는 꼼짝도 하지 않았다.

"가만, 정 교수님, 오 교수님이 정상이 아닌데요!"

박태윤은 오 교수의 팔목을 들어서 맥을 짚었다.

"맥박은 아직 뛰고 있어요! 하지만 의식불명 상태예요! 자, 제 등에 업혀 주세요! 빨리 병원으로 가야겠어요!"

박태윤은 오인수를 등에 업자 뛰기 시작했다. 십여 분 후 그들은 오인수를 차에 태웠다. 그리고는 시내의 병원을 향해 달렸다.

"조금만 늦었어도 오 교수님을 독사에게 물리게 하여 영영 저 세상으로 보낼 뻔 했습니다. 한데 정 교수님은 어떻게 오 교수님이 그곳에 있을 거라고 생각하셨습니까?"

"단순한 예감이었어요. 순간적으로 떠오른 직감 같은 거 말입니다. 박 교수님도 알 것입니다. 몇 년 전에 일어났던 공대교수의 자살 사건 말입니다." "알지요. 그 사건과 그 장소가 무슨 관계가 있습니까?" "바로 그 장소에서 그 교수가 자살했어요."

"네! 그게 정말이에요?"

"사실이예요. 형사들이 나와서 시체를 수습하는 그 날이 마침 강의가 있는 날이어서 저도 그 자리에 갔었어요. 그런데 참 이상하지요. 그날 딱 한 번 그 자리에 갔는데 왜 제가 오 교수님이 거기에 있을지도 모른다는 생각을 했지요?"

"원, 정 교수님도……. 그걸 제게 물어보면 어떻게 합니까? 저도 그게 궁금해서 물은 것인데. 뭐, 좀 이상한 게 있는 것도 같은데 다 우연 아니겠습니까? 그 자리가 좀 호젓하긴 했어요. 고독을 좋아하는 사람들은 혼자 가서 명상에 잠길 만해요. 전 외진 그런 장소를 싫어하지만 말예요."

"저도 외진 곳 안 좋아해요. 오 교수님이 무사했으면 좋겠어요."

"무사할 거예요. 어떤 문제가 생겼을 거라면 우리들이 그곳에 가지도 않았을 거예요."

"그랬겠죠?"

"그럼요. 그러니 염려 마세요, 정 교수님."

그들은 이십여 분 후 시내에 있는 한 종합병원에 닿았다. 병원 관계자들이 오인수를 급히 응급실로 옮겼다. 정문기와 박태윤은 복도 의자에 앉았다. 박태윤은 담배를 피우기 시작했다. 연기를 후~ 불면서 말했다.

"모처럼 저녁 한 번 사려고 했더니 그것도 뜻대로 안 되는군요."

박태윤은 정문기를 보면서 참 별일도 다 있다는 표정을 지었다.

"나중에 한 번 기분 내서 먹죠, 뭐. 초대하시면 어디로든 갈게요."

"그러실래요? 그렇지 않아도 새로 이사한 제 집을 한 번 보여 주고 싶었어요. 북한강 변인데 근처의 풍광이 아주 좋아요. 작업실도 크고, 공기도 맑고 아주 맘에 드는 집이예요. 제 아내도 아이들을 데리고 집에 돌아올 것 같아요. 꼭 한 번 초대할게요."

"그러세요. 오 교수님과 꼭 가도록 하겠습니다."

이때였다. 흰 가운을 입은 의사가 그들 곁으로 왔다. 그들은 의사의 입을 주시했다.

"수면제를 많이 먹었습니다. 일단 위를 세척하려고 합니다."

"생명에는 지장이 없나요?"

"네. 지장 없습니다. 하지만 환자가 몹시 쇠약한 상태라서 어떤 후유증이 있을 수는 있습니다. 물론 그것도 나중에 보아야 압니다. 다만 제 추측이 그렇다는 것입니다. 아무 문제가 없을 수도 있으니까 너무 염려는 마세요."

"위 세척 후 곧 의식이 돌아옵니까?"

"그건 아닙니다. 아무래도 서너 시간은 지나야 환자의 의식이 돌아올 것 같습니다. 그 때쯤 다시 오시죠."

"입원을 해야 하나요?"

"상태를 정확히 진단해보아야 자세한 것을 알 수 있겠지만 아무래도 오늘 밤은 여기에서 보내야 할 것 같습니다. 특별한 이상이 없으면 내일 오전 중에는 퇴원할 수 있습니다."

"알았습니다."

그들은 병원 밖으로 나왔다. 이미 어스름한 밤그림자가 거리를 덮고 있었다. 박태윤은 근처의 식당으로 정문기를 데리고 갔다. 의자에 앉자 박태윤이 물었다.

"혹시, 오 교수님도 그곳에서 자살을 시도한 건 아닐까요? 우리가 가지 않았으면 그분도 영원히 잠들었을 것 아닙니까?"

"글쎄요. 집안 사정이 어렵긴 하겠지만 자살까지 할 분은 아니라고 생각했는데, 수면제를 많이 먹긴 했나 봅니다."

"오 교수님도 그렇게 어렵습니까? 유학까지 하신 분이고, 부모님 유산이 좀 있는 줄 아는데요."

"시간강사 생활 십년 이상 하면 남아나는 것 있습디까. 올해 고 3인 딸아이의 바이올린을 사 주지 못해 고민하고 있었어요. 사모님은 우울증까지 걸려서 병원에도 다니나 봐요. 이번에 겸임교수도 되지 못한 게 큰 상처가 된 것도 같고요."

박태윤은 또 담배를 꺼냈다. 그리고는 입으로 가져가 불을 붙이고는 연기를 깊게 빨아 후후 불어내면서 말했다.

"정 교수님, 거지박사들 이거 어떻게 구제하지요? 어마어마한 돈 들여서 박사까지 공부하고 거지로 살아가는 이 한심한 인간들을 어떻게 구제하지요? 뭐 노조 같은 거 만들어야 하는 거 아녜요? 저는 이제 그 지옥 같은 생활 졸업을 했습니다만 생각하면 끔찍해요. 이혼 당하고, 아이들과 헤어지고, 속 끓이고……. 그래도 박사까지 공부했는데 선진국처럼 웬 만큼은 대우를 해주어야지 너희들 죽든지 살든지 알아서 하라는 식으로 푸대접하면 결국 이 나라 손해 아닙니까? 대학들 손해구요."

"당연히 그렇죠. 하지만 매스컴에서도 시간강사들에 대한 보도는 별로 하지 않더군요. 하긴 보도한들 뭐 하겠어요. 머리 큰 인간들 한 번 더 스트

레스나 주지. 문제는 문제예요. 이 걸 하루아침에 나 안 하겠다고 내팽개
칠 수도 없고, 그러나 붙들고 있자니 생활은 피폐해 가고……. 앞으로 나
아지겠죠. 여하튼 박 교수님이 부럽기만 합니다." 박태윤은 고개를 끄덕이
며 뻐끔뻐끔 담배만 피웠다. 그러다가 입을 열었다.

"바이올린 그거 얼마면 삽니까?"

"입시생한테는 천만 원짜리면 된다고 하던데요."

"아무래도 그거 제가 하나 사 주어야겠어요. 오 교수님 딸한테요. 사모
님이 정신이 돌 정도면 문제가 심각하잖아요."

정문기는 자신도 모르게 긴 한숨을 내어 쉬었다. 지금 자기의 신세가 오
인수와 똑같았기 때문이다. 다만 아직 자기 아내는 정신에 문제가 안 생
겼을 뿐이었다. 정문기 자기야말로 딸에게 어서 빨리 바이올린을 사 주어
야 할 사람이었다. 정문기는 자기 딸도 지금 바이올린이 필요하다고 말하
고 싶었다. 가슴 깊은 곳에서 그 말이 위로 솟아올라와 입술까지 왔지만
차마 입 밖으로는 나오지 않았다.

"정 교수님도 뭐 걱정거리 있습니까? 하긴 돈 걱정 되겠죠. 제가 그 속
다 압니다. 정교수님이야말로 교수 중의 교수이신데 세상이 이 모양으로
푸대접을 하고 있으니……. 어쨌든 우선 배부터 채우고 이야기하죠."

그들은 밥을 시켜서 저녁을 먹었다. 그들은 저녁을 먹은 후 식당을 나
와 근처의 찻집으로 들어갔다.

"박 교수님은 차 마시고 그냥 올라가세요. 제가 병원에 있겠습니다. 내
일 특별한 일 없으니까 오 교수님 집까지 모셔다 주고 가겠습니다."

"무슨 말씀을 그렇게 하셔요. 제 차가 있지 않습니까. 제가 모셔다 드릴
테니까 정 교수님이 먼저 올라가세요. 아니면 우리 그냥 병원에서 같이 밤
새고요."

"그럴까요?"

"좋죠. 모처럼 우리끼리 밤새는 것도 추억이 될 거예요."

그들은 웃으며 찻잔을 들어 차를 마셨다.

오인수는 새벽 한 시 경에야 의식이 돌아왔다. 의식이 돌아왔다는 말에

휴게실에 있던 정문기와 박태윤이 병실로 들어갔다. 형광등 불빛 아래서 보는 오인수의 얼굴은 중병환자의 그것과 똑같았다. 그는 퀭한 눈으로 정문기와 박태윤을 쳐다보았다. 박태윤이 오인수의 손을 잡았다.

"오 교수님, 저희들 알아보겠습니까? 저 박태윤과 정문기 교수님 알아보시겠어요?"

오인수는 고개를 조금 끄덕여 알겠다고 답했다. 그는 주위를 돌아보면서 물었다.

"제가 왜……. 병원에, 병원에 와 있습니까?"

"왜긴 왜예요, 수면제 너무 많이 먹어서죠. 왜 그런 무모한 행동을 하셨어요. 정 교수님과 제가 조금만 늦게 갔어도 우리들 이렇게 다시 보지 못했을 거예요."

오인수는 생각이 정리되는 듯 순간적으로 눈에 빛을 모으다가 다시 퀭한 눈으로 돌아갔다. 별로 희망이 없다는 아주 체념적인 눈빛이었다. 이 모습을 보고 박태윤이 또 말했다.

"오 교수님 힘내세요. 쨍하고 해 뜰 날 올 거예요. 그리고 그 바이올린 말입니다. 따님의 바이올린 말예요. 그것은 제가 사 드리겠습니다."

바로 이 순간이었다. 오인수는 상체를 벌떡 일으켰다. 그리고는 놀란 얼굴로 물었다.

"바이올린이요? 제 딸의 바이올린이요? 그걸 박 교수님이 사 주신다고요? 어떻게 사 주신다는 거예요? 시간강사인 박 교수님이 어떻게 그걸 사 주신다는 거예요? 참, 제 아내의 소식은 모릅니까?"

"오 교수님……."

오인수의 이 갑작스러운 행동에 정문기와 박태윤은 깜짝 놀랐다. 오인수는 계속 말했다.

"제 아내가 며칠 전에 바이올린을 훔치다가 들켜서 경찰서에 잡혀 갔어요. 제가 주인에게 싹싹 빌면서 선처를 구했지만 아직 해결이 안 났어요. 혹시 저희 집에서 걸려온 전화 받지 않았어요?"

정문기와 박태윤은 서로의 얼굴을 보았다. 박태윤이 또 물었다.

"아니, 사모님이 어디에서 바이올린을 훔치다가 그렇게 되었죠?"

"우리 시의 예술의전당 연습실요. 시립악단이 연습하다가 악기들을 그 자리에 놓고 점심 먹으로 간 시간에 그랬나 봐요. 그 여자 바이올린 때문에 정신 돌았어요. 완전히 갔어요. 사실은 저도 돌았구요. 저 솔직히 살고 싶지 않았어요…… 한데 이렇게 살아 있군요……."

"오 교수님……."

박태윤과 정문기는 오 교수의 손을 꼭 붙들었다. 그런데 오 교수의 손을 잡고 있는 정문기의 머릿속으로 검은 그림자가 덮쳐왔다. 이건 지금 남의 이야기가 아니었다. 사실 정문기의 아내도 요즘 바이올린 때문에 제정신이 아니었던 것이다. 어제 아침에도 절망적인 얼굴을 보였던 그녀였다. 그리고, 생각해보니 어제 저녁에 오인수의 문제로 집에 들어가지 못한다고 전화를 했지만 아내와는 통화를 못했다. 딸이 받았다. 그때 혹시 아내는 집 밖에 있지는 않았을지? 하긴 그랬다면 아이들이 전화를 했을 것이다. 하지만 불안의 강도는 계속 높아졌다. 정문기는 화장실에 갔다 오겠다며 잠시 병실 밖으로 나왔다. 그는 복도에서 집으로 전화를 걸었다. 모두 다 자는지 아무도 받지 않았다. 정문기는 창밖의 어둠을 한동안 노려보다가 다시 병실로 들어왔다.

오인수는 이제 회복이 된 것 같았다. 퀭했던 눈빛도 정상으로 돌아와 있었다. 박태윤의 기적 같은 인생역전극을 귀 기울여 듣고 있었다. 그러나 정문기의 마음은 계속 불안이 쌓여갔다. 어서 날이 밝았으면 하는 마음만 굴뚝처럼 솟아올랐다. 잠시 후 박태윤은 침대 밑의 의자에 누워 잠이 들었다. 정문기는 다시 병실 밖으로 나와 집으로 전화를 했다. 그러나 여전히 받지 않았다. 아무래도 집에 무슨 일이 있는 것 같았다. 평소의 성격으로 보아 아내는 아무리 어려운 상황이 온다 하여도 오인수의 아내처럼 남의 바이올린을 훔칠 여자는 아니었다. 그러나 자존심이 너무 세서 자기 생각대로 어떤 극단적인 행동을 취할 확률은 있는 여자였다. 그것이 문제였다. 정문기는 안절부절 어찌 할 줄 모르다가 새벽 세 시 경에야 휴게실 의자에 앉아 잠이 들었다. 누군가가 발을 밀기에 눈을 떠보니 아침이었다.

청소하는 아줌마가 발을 좀 비키라고 마대로 밀고 있었다. 간호사들과 의사들이 출근하고 있었다. 정문기는 자리에서 일어나 다시 집으로 전화를 하였다. 그러나 아무도 받지 않았다. 하긴 아이들은 이미 학교에 갔을 것이다. 그러니 아내가 전화를 받지 않으면 받을 사람이 없을 것이었다. 정문기는 병실로 들어갔다. 박태윤과 오인수는 이미 깨어 있었다. 오인수가 계면쩍은 얼굴로 정문기를 보면서 말했다.

"정말 죄송합니다. 저 때문에 집에도 못 들어가시고 병실 휴게실에서 주무시고, 어제는 놀라시고…… 정말 죄송합니다."

"괜찮아요. 한데 몸은 좀 어때요?"

"가뿐합니다. 약한 모습 보여서 죄송합니다."

"죄송하긴요. 누구나 그럴 수 있어요. 힘내십시다. 죽기야 하겠어요. 박 교수님처럼 우리에게도 해 뜨는 날이 오겠지요. 한 번 기다려 보자구요."

"그럼요, 그럼요. 힘내세요, 박사님들. 누가 뭐라 하여도 우리들은 제대로 공부한 박사들입니다. 자존심 꺾지 말고 살자구요. 한데 의사한테 가 보아야 하는 것 아녜요. 별 문제 없으면 빨리 오 교수님 모시고 병원 나가자구요."

"그럽시다."

정문기와 박태윤은 의사한테 갔다. 의사는 곧 병실로 와서 오인수의 체온을 재는 등 여기저기를 살폈다. 그는 고개를 끄덕이더니 정문기와 박태윤에게 따라오라고 했다. 그리고 곧 병원을 나올 수 있도록 수속을 해 주었다. 의사는 방을 나서는 두 사람에게 말했다.

"자살을 시도한 사람은 재발확률이 있습니다. 옆에서 잘 보살펴 주세요."

"잘 알겠습니다. 너무 감사했습니다. 안녕히 계십시오."

그들은 병실을 나왔다. 박태윤은 일 층에 있는 수납계에 가 치료비를 지불하였다. 정문기는 역전에서 그들과 헤어졌다. 곧 지하철에 올라탔다. 계속 집으로 전화를 했지만 받지 않았다. 도대체 아내가 어찌 되었단 말인가? 정문기는 불안해서 견딜 수 없었다. 그가 집까지 오는 두 시간은 가슴이 까맣게 타는 시간이었다.

　집에 닿기까지의 두어 시간이 몇 년은 지난 것 같았다. 잔뜩 긴장한 마음으로 문을 열어 "여보"하고 불렀지만 방안은 조용하기만 했다. 집안에는 아내가 없었다. 정문기는 다시 집을 나와 딸이 다니는 학교로 갔다. 공부하는 딸을 불러내어 아내에 대하여 물었다. 다행히 어젯밤에는 집에 있었다고 했다. 그러나 오늘 아침 일찍 집을 나갔다고 했다. 하지만 어디에 간다는 말은 하지 않았다고 했다. 설마 바이올린을 훔치러 가진 않았겠지 생각했지만 마음은 여전히 불안했다. 정문기는 다시 집으로 왔다. 아내의 옷장을 보니 친척 언니에게서 얻은 배추색의 단벌 양장을 입고 외출했다. 하지만 아무런 메모도 남겨져 있지 않았다. 화장실에 들어오니 세탁기에 빨랫감이 가득 쌓여 있었다. 한 달 전에 세탁기가 고장 났는데 더 이상 고칠 수 없는 고물이었다. 그래서 새것을 사야 하는데 당장 천 원이 궁한 상태이니 아내는 계속 손빨래를 하고 있었다. 젠장……. 정문기는 대야에 물을 채우고 세제를 풀었다. 그리고 빨랫감을 물에 담갔다. 바지를 걷어붙이고 밟기 시작했다. 온갖 불길한 생각이 머릿속을 가득 메웠다. 교수가 될 줄 알고 만났는데, 강산이 변하는 세월이 지났는데도 여전히 시간강사로 빌빌대는 자신으로 인해 죽도록 고생만 하는 아내가 한없이 불쌍했다. 정문기는 빨랫감을 밟다가 멈추기를 수십 번 하였다. 터져 나오는 긴 한숨과 흐르는 눈물이 그의 영혼을 아프게 후볐기 때문이다.

　빨래를 다 하여 빨랫줄에 널었지만 아내에게서는 아무런 소식도 없었다. 설마 오인수처럼 자살을 시도하진 않았을 것이라고 스스로 위로했다. 그러나 꼭 무슨 일이 벌어진 것 같은 예감은 떨쳐버릴 수 없었다. 바로 이때였다. 전화가 왔다. 딸이었다. 자기가 생각을 해보니까 엄마가 시내에 있는 H대학병원에 간다는 말을 한 것 같다고 했다. 정문기는 부랴부랴 몸단장을 했다. 그리고는 버스에 올랐다. 느닷없이 병원에는 왜 갔단 말인가? 그러나 무엇 하러 거기에 갔던, 거기에만 있었으면 하는 마음이 간절하였다. 그는 버스에서 내려 달려가듯 빠르게 H대학병원으로 갔다. 그리고는 병원 현관문을 열고 안으로 들어갔다. 바로 그 순간 그는 그 자리에 우뚝

서고 말았다. H병원마크가 찍힌 작업복 차림으로 열심히 바닥을 닦고 있는 여자는 분명히 자기의 아내였기 때문이다. 정문기는 아내가 고개를 들고 허리를 몇 번 움직이자 얼른 몸을 돌렸다. 그는 슬그머니 고개를 돌려 자기의 아내를 다시 한 번 확인하였다. 그리고는 병원을 나왔다.

황금빛깔의 따스한 가을볕이 병원 뜰로 눈부시게 부어져 내렸다. 화단의 코스모스들이 미풍에 하늘거렸다. 그 위로 작은 나비 몇 마리가 날아다녔다. 정문기는 하늘을 쳐다보았다. 청명한 가을하늘이 한없이 펼쳐져 있었다. 그는 가끔씩 그랬던 것처럼 두 주먹을 꼭 쥐었다. 그리고는 천천히 걸어서 병원을 나왔다. 환자복을 입은 한 사람이 목발을 짚고 힘들게 병원 정문으로 들어오고 있었다.

2

고동

종은 씨는 오전 내내 감을 땄다. 뒷산 밑자락의 네댓 주와 마당과 뒤뜰의 것들을 합치면 감나무는 십여 주 되었다. 그런데 올해는 감나무마다 감이 주렁주렁 잘 열렸다. 서너 주는 뗌은 감나무로 해걸이를 하는데 올해가 잘 열리는 해였다.

나이가 들수록 감을 따는 일도 쉽지 않았다. 마당의 감나무에서 따는 감은 여간 조심하지 않으면 안 되었다. 마당이 시멘트 바닥이어서 조금만 잘못하면 시멘트 바닥에 떨어져 감이 상했다. 바닥에 떨어져 상처가 생긴 감은 상품으로도 사용할 수 없었고 자식들에게 보낼 수도 없었다. 이러다 보니 긴 장대를 가지고 조심조심 감을 따는 일이 보통 힘든 게 아니었다. 더욱이 이 일을 말동무도 없이 혼자서 한다는 게 해가 바뀔수록 쉽지 않았다.

종은 씨는 마루에 앉아 소주병을 들어 잔에 가득 부었다. 그는 털어 넣듯이 금방 한 잔을 마시고는 젓가락으로 김치를 집어 입으로 가져갔다. 지난해 말에 면에서 나누어 준 김치였다. 맛은 좀 변했지만 냉장고에 두었는지라 아주 시지는 않았다. 종은 씨는 한 잔을 더 채우고는 사방을 둘러보았다. 문득 쓸쓸한 마음이 들었기 때문이다. 3년 전 수년 동안 중풍으로 고생하던 아내가 세상을 떠난 후 종종 찾아오는 마음이었다. 이 마음은 마당에 흩뿌려진 누런 가을빛과 같은 마음으로 한 번 찾아오면 종은 씨를 아주 고통스럽게 하였다. 지나간 세월들이 그립고 인생이 아주 허무하게 느껴지는 것이었다. 그는 술잔을 들고 중얼거렸다. "시상사라는 것이 다 그라제 머……."

이 때 누군가가 대문을 열고 들어왔다. 서울네로 불리는 승수 부인이었다. 그녀는 곧 고개를 숙여 인사를 했다.

"삼촌님, 마침 집에 계셨군요."

"오냐. 아침나절 내 감 땄다. 그란데 먼 일이냐?"

"점심 안 드셨으면 집에 가서 식사 좀 하시라고요. 어머니가 오셔서 삼 넣고 닭 한 마리 고았어요. 안 드셨으면 가세요."

"그래야. 느그 식구 먹기도 적을 턴데 나까지 불러도 되겠냐?"

"그럼요. 충분해요. 건식이 아빠는 닭 잘 못 먹어요. 엄마가 좋아해서 한 마리 삶은 거예요. 그러니까 어서 오세요. 엄마하고 인사도 하시고, 얘기도 나누세요."

"아야, 사장 땍이 머할라고 이 촌에 왔디야?"

"제가 당분간 이곳에 와서 살라고 했어요. 엄마도 서울에 혼자 계시잖아요."

"그래. 잘 했다. 사람이 사람하고 살아야제 혼자 있으면 영 못 쓰것더라. 잘 오라고 했다. 사장 땍 오셨다고 함께 어디 한 번 가보자."

종은 씨는 자리에서 일어났다.

"삼촌 감 많이 땄네요?"

"말 마라. 아직도 딸라면 몇날 더 걸리겄다. 참, 감 쪼끔 가지고 갈래? 먹을라면 골라 바라. 쩌쪽 껏이 단감들이다."

"나 몇 개만 가지고 갈게요."

"많이 골라라. 먹고 싶은 망큼 골라. 내가 나이롱 봉투 갖다 주마."

종은 씨는 창고로 사용하는 부엌 옆의 방으로 갔다. 그는 빈 비료포대에 담아 둔 비닐봉지들 중에서 연쇄점에서 물건 사올 때 받아온 하얀 색깔의 깨끗한 비닐봉지 하나를 골랐다. 서울네는 여남은 개의 감을 벌써 골라놓고 있었다.

"더 골라라. 이것 갖꼬 느그 식구 먹겄냐?"

"엄마는 이 때문에 생감 많이 못 먹어요. 건식이 아빠하고 저하고 먹을 텐데 이거면 충분해요. 그리고 집에도 감 있어요. 무화과도 많이 있고요."

"참 느그 집 지께 댕김시로 본께 꽈가가 많이 열었드라. 사장 땍 많이 따 드래라."

"그렇잖아도 아침에 익은 것들을 땄어요. 엄마 오시면 드리려고요. 엄마 벌써 몇 개 드셨어요. 어서 가요, 삼촌."

"알었다."

종은 씨는 서울네를 따라나섰다. 서울네는 한참을 거슬러 올라가 촌수를 따져볼 때 조카뻘 되는 오승수의 아내였다. 승수 아버지는 일찍 고향을 떠나 서울에서 사업을 해 성공한 사람이었다. 그는 노후를 위해서 고향에 집과 땅을 장만해 놓았다. 그러나 고향에 와서 살아보지 못하고 세상을 떠나버렸다. 그가 고향에 마련했던 집과 땅은 막내아들인 승수가 모두 물려받은 모양이었다. 승수 내외는 아이들만 서울에 놓고 수년 전부터 이곳에 내려와 살고 있었다. 서울네는 도시에서만 쭉 살았기 때문에 농사일에 대하여는 제대로 알지 못했다. 그래서 텃밭에 무엇을 심거나 거둘 때엔 이웃에 살고 있는 종은 씨에게 늘 도움을 청하곤 했었다. 종은 씨는 그때마다 달려가서 성심껏 도와주었다. 이러다 보니 서울네는 색다른 음식을 만들거나 서울을 다녀왔을 때엔 꼭 종은 씨를 찾았다. 혼자 사는 종은 씨에겐 이러한 서울네가 여간 고마운 게 아니었다.

서울네와 종은 씨가 대문을 열고 들어가자 승수가 마당에서 무슨 일인가를 하다가 얼른 다가와 인사를 했다.

"삼촌, 집에 계셨군요. 어서 오세요."

"오냐. 먼 음식을 했다고 나까지 부르냐. 고맙다."

이 때 승수의 장모가 방에서 나왔다. 그녀는 밤색 바지에 흰 블라우스를 입고 있었다. 윤일순 여사는 칠십사 세였지만 아직도 오십 대의 여자처럼 젊어 보였다. 이마 언저리로 희끗희끗 흰 머리가 조금 보이는 것을 제외하면 그녀가 칠십 줄에 이른 흔적은 거의 보이지 않았다. 그녀는 종은 씨에게 인사를 했다.

"안녕하세요."

종은 씨도 맞인사를 했다.

"안녕하십니짜 사장 땍, 참 먼 질 오셨십니다."

종은 씨가 방으로 들어가자 승수는 곧 상을 폈다. 자리에 앉은 종은 씨는 윤일순 여사를 보면서 말했다.

"사장 땍은 진도에 첨 와 봤심니짜?"

"네. 진작 한 번 오려고 했는데 여태 오지 못했어요. 딸한테 사장님 이야기는 많이 들었습니다. 늘 도와주신다니 너무 감사합니다."

"아이고 지가 돕기는 멋을 도와요, 기양 물어보는 것 쬐끔 갤차 줄 뿐입니다. 그란데 사장 땍이 딸을 참 잘 놔 놨어요. 사람이 참 천심이 좋고 인사성이 발꼬 그래라우. 이 동네서 우리 서울네가 젤 최곱니다. 동네 어른들이 다 칭찬을 합니다."

"모두 모두 잘 봐 주시니 감사합니다."

"동네가 손뿌닥만한께 누가 어짠지 금방 알어불제 어짠다우. 그란데 우리 서울네가 이곳에 와서 너무 잘하고 있십니다. 지금 이 시상이 예절이 사라지고 있잖십니짜. 그란데 우리 서울네는 많이 배운 여자가 누구를 만나든 항상 먼저 고개를 숙이고 인사를 합니다. 그라니 동네 사람들이 얼마나 칭찬을 하겠십니짜. 딸은 참 진짜배기를 나 놨십니다."

윤일순 여사는 흐뭇한 표정을 지었다. 그녀는 노인답지 않게 말에 힘이 있고 입담이 좋아 뵈는 종은 씨의 얼굴을 얼른 살폈다. 곧 반찬과 개삼탕이 들어왔다.

"여름이 다 갔지만 그래도 맛있게 드세요, 삼촌."

승수의 말에 종은 씨는 고개를 끄덕였다.

"오냐. 잘 먹을란다. 그란데 너 요새도 내끼질 댕기냐?"

"예. 어제도 이장하고 갔다 왔어요. 요즘 볼락하고 비듬이 잘 물어요."

"어디, 양기미로 가냐 아니면 딴 데로 가냐?"

"요새 양기미는 고기 안 물어요. 사람들이 많이 다녀서 고기들이 모두 도망 간 것 같아요. 요즘은 각재로 안 가면 마세나 팽목으로 다녀요. 고기 잘 물어요."

"아, 그래야. 나도 한때는 내끼질 많이 했드이라만은 낫살 먹은께 그것도 인자는 못 하겠드라. 참 세월이 빠르고 청춘이 휙 지나야. 재밌게 살아라."

"삼촌은 아직도 펄펄 나시면서 뭘 그래요. 우리들보다 더 힘이 좋으시면서."

"내가 힘이 좋아야? 다 늙었따. 내가 젊어서는 이 동네 상씨름꾼 아니냐. 쌀까마이 두 개 어깨쭉지에 미고 소포까지 뛸 때도 있었띠이다만은 인자 존 시절 다 갔따. 내 낫살이 지금 맷이냐. 팔십이 낼 모레다. 자 어서 먹자. 사장 땍도 어서 드십시다."

"그래요. 식기 전에 어서 드세요. 엄마도 들고요."

서울네가 말했다. 그들은 곧 음식을 먹기 시작했다. 푹 고아서인지 아주 맛이 좋았다. 사실 종은 씨는 아주 오랜만에 삼계탕을 먹어본 것이었다. 세상 떠난 아내가 삼계탕을 좋아해서 가끔 끓여 주곤 했는데 아내가 세상을 떠난 이후로는 통 먹어보지 못했던 것이다. 서울네가 무엇이 생각난 듯 종은 씨에게 물었다.

"삼촌, 요즘 물때가 어떻게 되어요?"

"물때?"

"네."

"고것을 머할라고 물어보냐?"

"물때가 좋으면 엄마랑 바다에 한 번 가볼라고요."

"좋지야. 카만 있거라. 오늘이 열 엿셋께 오후는 되아야 물이 빠지겄꾸나. 점심 먹고 가먼 멋 좀 잡겄따."

"그래요. 그럼 우리 이것 먹고 바다에나 가야겠다. 바람도 쐬일 겸. 삼촌은 오후에 무슨 일 해요?"

"나야 내 맘대로제. 그란데 멋할라고 물어보냐? 나도 같이 가자고 그라냐?"

32 　　"삼촌이 바다에 대하여 잘 알잖아요."

"그라제. 내가 팽생을 댕긴 곳인께 갱번이야 잘 알제. 참 지금 똘짱기 많을 턴데 한 번 잡아 보꺼나? 그것 잡아다가 잘 씻어서 간장에 잘 담그먼 맛 좋아야. 우리 사장 땍 오셨는데 한 번 해 드레라."

"저 똘짱기 한 번도 안 잡아 보았어요."

"가서 기양 도팍만 들치면 시글시글 해야. 고것 기양 주서 담으면 되는 것이여. 내가 갤쳐 주면 금방 잡어야. 사장 땍도 잡을 수 있어야."

"그래요. 그럼 우리 밥 먹고 바다에 한 번 갈까요?"

"그래라. 그란데 우리 사장 땍이 안 피곤 하겄냐? 차 타고 그 먼 질 오셨는데?"

"건식이 아빠가 태우고 왔어요. 차 안에서 좀 주무셨대요."

"그래야. 그람 한 번 가보자."

종은 씨는 윤일순 여사를 보면서 물었다.

"사장 땍 그람 한 번 가보실라우? 여그서 멀지는 안십니다만 피곤치 않을랑가 모르것십니다."

"제 몸은 괜찮은 것 같군요."

윤일순 여사가 나지막한 목소리로 말했다.

"좋다. 서울네야 그람 이것 먹고 한 번 가보자. 갯갓에 가면 좋제. 요새 참 존 때다. 운조리도 밑이 들었을 껏이고, 개기들이 살이 통통하게 찌는 시절 아니냐."

그들은 상을 물리고 차를 마셨다. 종은 씨는 승수에게 물었다.

"촌 생활 할 만하냐?"

"네. 재밌어요. 처음 몇 년은 힘들었는데 이젠 이곳이 서울보다 훨씬 좋아요."

"그라 껏이다. 그란데도 사람들이 도시로만 가는 것을 보먼 먼 맘인지 모르겄뜨라. 하기사 도시 가면 없는 것 없고, 밤에도 훤하고, 사람도 많고 그러기는 할 것이다. 시상 살아본께 사람 뿍쩍꺼리는 것이 사람 사는 것인 줄을 알 것뜨라. 촌은 다 존데 너무 적적해야."

"그런 점은 있죠. 하지만 살아보니까 한편으로는 조용해서 좋아요. 생각하기 나름 같아요. 전 시끄러운 것보다는 좀 조용한 게 좋거든요."

종은 씨는 고개를 끄덕였다.

"그라 껏이다. 그란데 사장 댁은 여그 언마나 있을남진짜?"

윤일순 여사는 종은 씨의 이 물음에 얼른 대답을 못했다. 그러자 종은 씨가 계속 말했다.

"잔 오래 살다가 가시오. 서울에 혼자 있는 것뽀다는 여그서 아그들하고 있으면 건강에 많이 좋을 것입니다. 낫살 먹으면 조용한 것도 좋긴 안 합딘자."

"네. 저도 그렇게 생각해요. 좀 오래 있으려고 하는데 모르겠어요."

윤일순 여사의 말에 종은 씨는 흡족한 얼굴로 고개를 끄덕였다.

서울네와 종은 씨, 윤일순 여사가 양동이 하나와 주전자 하나씩을 들고 바다로 출발한 것은 오후 세 시 경이었다. 바다는 동네에서 이십 분 정도의 거리에 있었다. 벼 베기가 한창이었다. 정리가 된 논들 위로는 트랙터가 소리를 내면서 오고갔다. 그러나 작은 논들에서는 나이 든 노인 농부들이 가끔씩 허리를 폈다가는 또 몸을 구부리며 힘들게 낫질들을 하고 있었다. 길가에는 코스모스들이 하늘거리고 있었다.

"참 존 때다. 이 때가 일 년 중에서 젤 넉넉할 때다. 새 쌀밥에 고무신만한 전에 사다가 구어서 간장에 찍에서 밥 먹으면 기가 맥히느니라만은……. 존 세월 다 가고 어느 새 황혼이 되었으니 이 시상이 무엇을 하겠느냐. 인생사 허망하다 허망하다 하더니 그 말이 딱 맞어야."

"삼촌은 아직도 건강하시잖아요. 한참은 더 사실 텐데요, 뭐."

서울네가 종은 씨의 말을 받아서 말했다.

"아직은 어디 아픈 데 없고 밥 잘 먹는다만은 그라면 머 할 것이냐. 혼자 이케 살다가 죽을 일밖끼 멋이 또 남었겠냐. 시상살이라는 것이 참 허망해야. 사장 댁 그라지 않십니까?"

"네? 아, 네 그러지요."

윤일순 여사는 주위의 풍경들을 보고 거기에 맘을 빼앗기고 있었기 때문에 종은 씨의 말을 듣고 좀 당황했다. 종은 씨가 무엇을 물었는지 잘 모르고 있었던 것이다. 그녀는 딸이 챙겨 준 회색 추리닝을 입고 차양이 긴 흰 모자를 쓰고 있었다. 그래서인지 그녀는 더욱 젊어보였다. 그녀가 칠십이 넘은 할머니라는 사실을 아무도 믿지 않을 것이다. 이곳 사람들은 더욱 그럴 것이다. 종은 씨는 그런 그녀를 보면서 말했다.

"사장 땍은 서울서 살아서 그란지 한나도 안 늙었십니다. 촌 사람들은 날마다 일을 한께 낮뿌닥이 기양 못 쓰게 되아부러요. 한 철 땡빛에 끄슬리면 남어날 얼굴 없지라우. 요새는 촌 사람들도 이전 같이 몸을 과하게 쓰지는 않지만 이전에는 가실철 지나고 나면 머리고 낮뿌닥이고 다 삘게 졌어요."

윤일순 여사는 종은 씨의 말을 듣기만 했다. 원래 말수가 적었지만 종은 씨의 사투리 중엔 무슨 말인지를 모르는 말도 더러 있었던 것이다. 종은 씨는 윤일순 여사가 대꾸를 좀 해 주면 좋겠는데 전혀 말이 없자 자신도 잠시 입을 다물었다.

서울네가 이 동네에 사는 낙지를 가장 잘 잡는 여자 이야기를 하였다. 한 번 잡으러 가면 삼십 마리 정도를 잡는데 개당 만 원 이상씩 받는다고 했다. 진도의 갯벌낙지는 정력제로도 좋고 보양해물로도 인정을 받아서 도시 사람들이 많이 찾는다는 것이다. 그 여자는 종은 씨가 잘 아는 여자였다. 한 때는 종은 씨와 같이 낙지를 팔러 다니기도 했었다. 그래서 종은 씨가 한마디 했다.

"그 아짐씨 나도 잘 알지야. 낙지 파는 재주는 아주 타고 났더라. 어찌게 그케 낙지 구멍을 잘 아는지 기가 맥히더라. 여산네 바지락 파덧 기각 맥해야. 갯것에 소질 있는 사람이 종종 있써야. 참 사장 땍 낙지 좀 사다 드래라."

"그렇지 않아도 그 생각 하고 있어요. 엄마도 낙지 좋아하거든요."

이때였다. 서울네의 핸드폰 벨이 울렸다.

"여보세요? 건식이 아빠, 무슨 일이에요? 손님이 왔으니 급히 좀 오라고요?"

서울네는 전화를 받고 나서는 난색을 표했다.

"어떻게 하죠? 건식이 아빠가 급히 집으로 오라는데요. 특용작물 건으로 조합에서 사람이 왔대요. 아무래도 제가 가야 제대로 손님 대접을 할 수 있을 것 같은데…"

"그래. 그람 가바야제. 내가 엄매 잘 모시고 기 잡아서 갖고 갈 텐께 먼저 가 바라."

서울네는 어머니 윤일순 여사의 얼굴을 살폈다. 윤일순 여사는 좀 난처한 표정을 짓다가 말했다.

"그렇게 해. 오서방 혼자서 손님 제대로 대접하겠니. 나 사장님 따라서 게 한 번 잡아볼 테니까 너 먼저 가."

"엄마 그래도 되겠어?"

"안 될 것은 또 뭐 있겠니. 모르면 사장님께 배워야지."

"야, 우리 엄마 진도 오더니 배짱 좋아졌네. 그럼 나 먼저 갈게. 삼촌, 그럼 엄마랑 게 잡으세요. 뻘에 빠지지 않도록 조심하시고요."

"알았다. 어서 가 바라. 지달릴 텐데."

서울네가 오던 길로 되돌아갔다. 종은 씨는 윤일순 여사의 표정을 얼른 살피고는 물었다.

"이런 섬 바다가세 와보기는 첨이지라우?"

"네. 강원도 해변인 동해에는 아이들 따라서 종종 가보았지만 진도 같은 섬에는 처음 와 보았어요."

종은 씨는 웃으면서 고개를 끄덕였다.

"아직은 진도가 참 깨끗해라우. 관강객이 점점 많아지는데 아직까지는 그래도 오염이 덜 되았어라우. 참 우리 뻘에 들어가 기 잡는 것보다 고동을 따는 것이 어짜것소?"

"고동이요?"

"예. 고동이라고 안 있습딘짜. 똥굴똥굴해갖고 아그덜 다마만 하기도 하고 더 큰 것도 있고, 안 있습딘짜. 전복이나 소래 같은 것 하고 같이 포는 것 안 있습딘짜. 모르것소?"

"아 그 고동요! 알아요. 전에 가끔 사 먹었어요. 그거 삶아서 알 빼 먹잖아요."

"그라지라우. 삶어서 바늘 갖고 속에 있는 것을 파내 먹지라우. 그것 따러 가는 것이 어짜 것소?"

"요 부근에서도 그걸 잡을 수 있어요?"

"아 그라고 말고라우. 그라지만 고것은 여그서 쪼끔 더 가야 해요. 양기미라는 곳에 가야 있써요. 한 십오 분 이십 분 더 걸으면 되아요. 거그 가면 경치도 좋고 공기도 참 좋아요. 쪼방 더 가면 요새 서울 사람들 많이 오는 시방 낙쪼라는 곳도 있어요. 그리로 가십시다. 똘짱기는 나중에 잡고."

"그럼, 그러세요."

종은 씨는 왠지 마음이 즐거웠다. 그런데 둘이서 걷게 되자 갑자기 분위기가 아까 같지 않았다. 종은 씨는 무슨 말을 계속해야만 될 것 같은데 해야 할 말이 잘 안 떠올랐다. 이때 말을 통 하지 않을 것 같던 윤일순 여사가 입을 열었다.

"사장님은 혼자 사시나 봐요?"

"예. 혼자 산 지 벌써 삼 년 되았십니다. 그 여자 살 만한께 병 들더이 죽어뿝디다. 시상살이가 참 허망합디다. 사장 땍도 혼자 기신다고 그라데요."

"네. 저도 혼자 있어요. 근처에 애들 집이 있어서 애들이랑 손자들이 자주 오고가긴 해도 저 혼자 지내요."

"그라구만이라우. 그래도 아그들이 곁에 있은께 덜 쓸쓸하제 멀리 있으면 영 안 좋아요. 집안에 사람 소리가 한나도 없은께 그것이 참말로 안 좁디다."

"아이들은 모두 도시에 있어요?"

"외국에 두 명 있고, 서울에 한 명 있고, 경기도에 세 명 있찌라우."

"자식들이 외국에도 있어요?"

"예. 지그들이 가서 유학공부해서 잘 살아요. 한 명은 미국에 있고 한 명은 캐나다에 있어요. 덕분에 미국도 가보고 캐나다도 가 보았십니다."

윤일순 여사는 고개를 끄덕였다. 그리고는 또 물었다.

"그럼 자식들이 생활비는 보내 주시겠네요?"

"쪼끔씩 보내는 자석이 있어요. 그라제만 나는 즈그덜 덕 안 보고 살아가자 주입니다. 내 연금 나 살 망큼은 나와요."

"연금이 나와요?"

"예. 지가 이래뵈도 육 이오 참전 용삽니다. 전투 중에 몸이 다채서 몸에 숭태가 쪼끔 있는데 정부에서 고것 땜시 연금을 쪼끔씩 줍디다. 사장 땍은 어찌께 삼니짜?"

"저는 그냥 제 것으로 살아요. 그 사람이 좀 남기고 간 게 있거든요."

"그락 껏입니다. 킬 때는 팽생 같이 살 쭐 알었드이 다 떠나고 혼자 남으니 참 맘이 맘이 아닙디다. 지 엄매 떠나분께 아그덜 맘이 더 멀어져뿐 것도 같고……."

그들은 잠시 말이 없이 걸었다. 따사로운 노오란 가을빛이 길바닥 위에 깔려 있었다. 길가로는 단풍든 나뭇잎들이 실바람에 흔들리고 있었다. 가로 하얗게 핀 억새꽃들이 쫙 깔려 있는 길로 나오자 그 너머로 푸른 바다가 시원하게 펼쳐졌다.

"쩌그 보이는 쩌 곳이 개초립니다. 그라고 저 모탱이만 돌면 양기밉니다. 거그서 쬐끔 더 가면 요새 관강맹소로 뜨고 있는 시방낙조가 나오는데 그곳도 참 볼만 해라우. 사장 땍 이 곳에 오래 계시먼 언제 한 번 가봅시다."

"아, 세방낙조가 바로 저기에 있어요? 딸이 몇 번 말했어요."

"예, 사람들이 해 지는 것 보러 많이 옵띠다. 사람도 어느 날 그케 져분께 와서 공부는 잔 하고 가는 모냥입띠다."

종은 씨는 쓸쓸한 표정으로 바다 쪽을 바라보았다. 수 분 후 그들은 양기미에 닿았다. 큰 길에서 비탈을 타고 내려가 크고 작은 갯돌이 깔려 있는 넓은 해변으로 들어섰다. 십여 미터 앞에서는 파도가 철썩철썩 소리를 내면서 출렁거렸다. 그 뒤로는 푸른 바다가 한없이 펼쳐져 있었다. 크고 작은 섬들도 여럿 보였다.

"바로 여그가 고동밭입니다. 이 도팍들을 들씨먼 거그에 고동들이 붙어 있어요. 저 물살치는 큰 바우 밑에는 전복하고 소래도 있어요. 젊어서는 자주 들어가 봤는데 요새는 통 안 들어갑니다. 그람 한 번 들째 볼랍니다."

종은 씨는 곁에 눕혀져 있는 큰 돌을 세웠다. 그러자 바닥에 닿아 있던 돌면 부분에 고동이 옹기종기 붙어 있었다. 윤일순 여사는 이 모습을 처음 보는지라 소녀처럼 입을 벌리며 신기해했다. 종은 씨는 그런 윤 여사의 얼굴을 보자 신이 났다. 그는 고동을 따면서 말했다.

"잘 보시오 사장 땍, 이 고동 눈 생긴 것이 꼭 명씨 같지라우? 그래서 이것은 명씨고동이라고 한답니다. 그라고 이것은 새고동이고, 요것은 참고동이고요."

"참 그러네요. 모양이 제각기 다르네요."

"그라지라우. 이것들이 맛또 달러요. 참고동이 젤로 크고 맛도 젤 나서요. 사장 땍도 한 번 들째 볼라우? 그란데 첨 해보는 일이라 다칠랑가 모르것소. 꿀쩍에 빌지 모른께 작은 도팍만 한 번 들째 보시오."

"네."

윤 여사는 곁에 있는 돌 하나를 들추었다. 그러자 새고동 몇 개가 붙어 있었다. 그녀는 "어머나" 소리를 내면서 그것들을 따 들고 있는 주전자에 담았다.

"그케 잡으면 되아요. 그람 나는 나대로 잡을 텐께 사장 땍도 찬찬히 잡으시요."

종은 씨는 물가로 좀 더 다가가 큰 돌들을 들추기 시작했다. 윤 여사도 근처에서 작은 돌들을 하나씩 들추며 고동을 땄다. 갯가에는 아무도 없었다. 그들 둘만 있었다. 철썩거리는 파도소리와 바닷새 우는 소리만 들렸다. 한참 고동을 따다가 부웅- 울리는 뱃고동 소리를 듣고 그들은 함께 허리를 펴 푸른 수평선 쪽으로 시선을 주었다. 큰 화물선이 근처를 지나며 뱃고동을 울리고 있었다. 종은 씨는 윤 여사를 보면서 말했다.

"외국 가는 화물선 같십니다. 이따끔 저리 지나 댕게요. 많이 땄십짜?"

윤 여사는 웃으면서 고개를 저었다. 종은 씨도 웃었다. 그들은 다시 돌을 들추기 시작했다. 그런데 얼마쯤 뒤였다. 갑자기 "아, 아파~" 하는 짧은 비명소리가 들렸다. 종은 씨는 허리를 펴고 윤 여사를 보았다. 그리고는 깜짝 놀랐다. 윤 여사가 큰 바위 근처 돌들 위에 누워 있는 것이었다. 종은 씨는 뛰어갔다.

"워마! 미끄러졌구만이라우!"

윤 여사는 잠시 반반한 바위 위에서 쉬려고 곁에 있는 바위 위로 올라가다가 미끄러져 내려서 아래 있는 돌에 다리를 부딪친 상태였다. 무릎에서는 피가 흐르는지 추리닝의 그 부분이 갈색으로 물들어 있었다. 종은 씨가 추리닝을 올려보니 사실이 그랬다. 살가죽이 많이 벗겨져 있었다. 그녀는 통증 때문에 몸을 일으키지 못하고 있었다. 종은 씨는 얼른 윤 여사를 안아 일으켰다. 그리고는 무릎에서 흐르는 피를 보고 어찌할까 생각했다. 일단 가로 나가기로 했다. 그런데 윤 여사가 다리를 제대로 움직이지 못했다. 그는 윤 여사를 불끈 들어서 잔모래들이 있는 가로 나왔다. 그리고는 다시 갯밭으로 들어와 그릇들을 옮겼다.

"사장 땍, 암만 생각해도 요 넘에 동상 집에 가서 약을 잔 발러야 하것 십니다. 요 바로 넘에 고기 장시하는 잘 아는 동상이 살어요. 일단 고리 가 십시다."

윤 여사는 걸어보려고 몸을 일으켰다. 그러나 아~ 소리를 내고는 금방 쓰러졌다.

"아니 이거 대게 다친 모양인데……. 허허, 참……. 이거, 안 되겠십니다. 일딴 지 등어리에 업해요. 자, 업해요."

윤 여사는 종은 씨의 등에 업혔다. 종은 씨는 윤 여사를 업었다. 그리고는 큰 길로 나가는 비탈길을 오르기 시작했다. 그런데 이 순간 종은 씨는 물컹 와 닿는 윤 여사의 젖가슴을 느꼈다. 그러자 갑자기 전신은 이상한 전율로 달아올랐다. 종은 씨는 저 수십 년 전 총각시절에 동갑네기 순심 씨를 업고 바로 이 길을 오른 적이 있었다. 그녀도 고동을 따다가 넘어져서 다리를 다쳤고 걷지를 못했었다. 그래서 집까지 업고 왔다. 그런데 그 때도 종은 씨는 물컹 와 닿던 순심 씨의 젖가슴을 느꼈었다. 순심 씨는 종은 씨를 좋아했다. 종은 씨도 순심 씨를 좋아했다. 그래서 가끔 함께 고동을 따러 이곳에 오곤 했었다. 그러나 종은 씨는 순심 씨에게 너를 좋아한다는 말을 끝내 하지 못했다. 당시 종은 씨네는 너무 가난하여 종은 씨는 초등학교를 중퇴하고 남의 집 일을 다녔다. 결국 순심 씨는 동네에서 제일 잘 사는 대학생 청년에게로 시집을 갔다. 그 청년은 종은 씨의 친구로 서당에서 천자문을 욀 때 항상 종은 씨 다음의 성적을 냈었다.

종은 씨는 당황했다. 갑자기 일어나는 이상한 육신의 불로 인하여 몸이 더워지고 가슴도 뛰는 것이었다. 그래서 숨을 한 번 크게 내쉬고는 입을 꼭 다물었다. 뛰듯이 동일 씨 집으로 오자 마침 동일 씨는 마당에서 그물을 깁고 있었다.

"아니 성님, 누구를 그케 업고 뛰어 오시오?"

"우리 사장 댁인데 빨리 소독약 잔 내게. 고동 따다가 미끄러지셨어."

"아 그래라우. 거그 조심해야 되아라우. 나도 한 번 미끄러져갔고 한참 고생 했어라우. 바구뚝이 아주 미끄러라우. 쪼끔만 지달리시오. 참 방이로 대꼬 오시오. 방에서 약 볼라야제 여그서 볼르겄소."

종은 씨는 동일 씨를 따라서 방으로 들어갔다. 윤 여사는 여전히 다리가 많이 아픈 듯 표정이 안 좋았다. 그녀는 종은 씨를 보면서 입을 열었다.

"미안해서 어째요, 사장님……."

"멋이 미안하다우. 미안한 것은 접니다. 좋게 똘짱기만 잡는 것인데 맬 압시 고동 따러 오작해갔고 몸 다치게 했으니 다 지 잘못이지라우."

동일 씨는 약을 주고 밖으로 나갔다. 종은 씨는 상처 부위의 피를 다 닦아내고 약을 발랐다. 그리고는 윤 여사를 눕게 하여 혹시 뼈가 부러지지는 않았는가 무릎을 폈다 오므렸다 해보았다. 다행히 뼈가 부러진 것 같지는 않았다. 약을 발라서인지 윤 여사의 표정이 한결 나아졌다. 그녀는 천장을 올려다보며 가만히 그 자리에 누워 있었다. 이 때 종은 씨는 자기도 모르는 사이에 눈길을 누워 있는 윤 여사의 가슴 부위로 가져갔다. 그리고는 얼른 고개를 돌려버렸다. 갑자기 종은 씨의 마음이 혼란해졌다.

종은 씨는 윤 여사를 일어나 앉게 하였다. 그리고는 물었다.

"어찌게 하면 좋것십니짜? 아그덜을 불러서 차로 가면 좋것십니짜 아니면 기양 걸어가면 좋것 씹니짜?"

종은 씨의 말에 윤 여사는 조심히 몸을 일으켜 서 보았다. 그리고는 걸음을 걸어보았다. 그녀는 좀 통증이 느껴지는 듯 아픈 표정을 지었다. 그러나 이내 표정을 고치고 말했다.

"그냥 걸어서 가는 게 좋겠어요. 사위한테 이런 모습 보이는 것도 안 좋을 것 같고, 손님 왔다는데 바쁠 거예요."

"그라긴 그라요. 그람 기양 걸어갑시다."

그들은 동일 씨 집을 나왔다. 종은 씨는 윤 여사더러 좀 기다리라 해놓고 그릇을 가지러 고동밭으로 갔다. 잠시 후 종은 씨는 양동이와 주전자를 가지고 왔다. 그는 윤 여사의 위아래를 살펴보고는 물었다.

"걸어가도 갠찬 것지라우?"

윤 여사는 웃으면서 고개를 끄덕였다.

"네. 걸을 것 같아요. 천천히 걸으면 괜찮을 것 같아요."

그들은 신작로로 나왔다. 조금 걷다가 종은 씨가 무엇이 생각난 듯 그 자리에 섰다.

"왜 그러세요?"

"과자하고 음료수 몇 개 사올랍니다."

"여기에 상점이 있어요?"

"아까 그 집에서 다 폴아요. 술도 폴고, 회도 폴고, 해초도 폴고, 다 폴아요. 여그 가만 있으시오. 금방 갔다 올랑께."

종은 씨는 다시 동일 씨 집으로 갔다. 몇 분 후 그는 비닐봉지 하나를 들고 왔다.

"자, 가십시다."

그들은 집을 향하여 걷기 시작했다. 다행히 윤 여사는 걷기에 크게 불편하지는 않은 모양이었다. 그녀는 입을 다문 채 묵묵히 앞만 보면서 걷기만 했다. 그런데 종은 씨는 아까 느꼈던 그 감정 때문에 마음이 좀 답답했다. 흘깃흘깃 윤 여사의 가슴을 살피다가는 못 볼 것을 본 듯이 얼른 고개를 돌리곤 하였다. 종은 씨는 집이 몇 채 있는 개초리에 오자 윤 여사에게 좀 쉬었다 가는 게 어떻겠냐고 물었다. 윤 여사는 그러자고 했다. 종은 씨는 윤 여사를 데리고 바닷가로 내려갔다. 개초리에 사는 어부 진석 씨가 인사를 했다.

"성님이 어짠 일로 여그 오셨십니짜?"

"응, 우리 사장 땍 데리고 소풍 왔네. 개기 잡으로 가는가?"

"예. 요새 운조리하고 비듬이 잔 걸래서 그물 노러 갑니다."

"댕게 오게. 동네 올라오먼 한 번 오게. 술 한 잔 해야제."

"아, 그라지라우. 그람 잘 놀다 가시오. 나 배 타고 나갈랍니다."

"어이."

종은 씨와 윤 여사는 자잘한 갯돌 위에 앉았다. 종은 씨는 비닐봉지에서 과자랑 음료수를 꺼내어 비닐봉지 위에 놓았다. 오징어도 한 마리 있었다. 윤 여사가 오징어를 찢었다. 이제 서서히 물이 드는 모양이었다.

종은 씨는 바다를 보면서 말했다.

"마흔 쪼끔 넘어서 말이오, 집이 하도 심들어서 돈을 잔 벌어볼까 하고 해우발을 해봤십니다. 짐 맨드는 일 말이오. 서울네는 김이라고 하던데 고 짐 말이오. 고 일은 춘 개울에만 하는데 얼음을 깸시로 짐을 뜯어야 했십니다. 바로 요 앞에 쩌그서 했지라우. 수년 동안 했지라우. 돈을 못 벌고 사실상 망했는데 여그 오면 꼭 그때가 생각납니다. 지 집사람이 몸이 짝었어요. 그래서 지 따라 일할라고 고생 원 없이 했지라우……. 생각하면 참 가심이 아픕니다. 나 만나서 고생만 하고……. 기양 그라다가 병들어서 가분께 이 시상이 멋하겠십니짜……."

종은 씨는 음료수를 한 모금 마셨다. 윤 여사도 음료수를 마셨다. 그녀도 무엇을 생각하는지 아무 말도 하지 않고 눈만 껌벅거렸다. 그런 그녀를 보고 종은 씨가 물었다.

"사장 땍은 기양 무난하게 사신 것 같은데, 지 생각이 맞는가 모르겠십니다?"

윤 여사는 빙그레 웃다가 입을 열었다.

"사람 겉만 보고는 몰라요."

"아 그라고 말고라우. 사람 겉에 모냥만 보고는 알 수 없지라우. 그래도 사장 땍은 고생 안 한 것 같구만이라우."

"맞아요. 저는 고생은 안한 것 같아요. 하지만 한숨은 있었어요."

"한숨이요? 먼 한숨이 있었으까라우?"

윤 여사는 웃으며 오징어를 집어서 입으로 가져갔다.

"내가 씰 데 없는 것 물었지라우?"

"아녜요, 아녜요. 잘 물어보셨어요. 저도 사실은 후처로 갔었더랬어요."

윤 여사의 얼굴이 조금 상기되었다.

"후처요?"

"네."

"후처라면, 작은 각시로……."

"그건 아니고요. 그 사람 본처가 세상을 떠났어요. 병으로요. 그래서 나이 어린 제가 그 자리에 들어간 거예요. 버스 회사에서 경리로 일했는데, 우리 집도 너무 가난해서 동생들 교육시키려고 자식이 셋이나 딸린 우리 사장님의 아들한테 그냥 간 거예요. 제가 장녀였거든요. 사귀던 사람도 있었는데 돈 때문에……."

갑자기 윤 여사의 눈시울이 붉어졌다.

"아, 그랬구만이라우. 그람 서울네는……."

"제가 가서 둘 더 낳았어요. 딸만요. 금희 저 애는 제가 낳은 큰 딸이예요."

종은 씨는 고개를 끄덕였다.

"음, 그랬구만이라우, 서울네가 사람이 참 그만인데 알고 본께 엄매를 탁했구만이라우."

푸른 바닷물이 점점 가까이 다가오고 있었다. 갈매기들이 끼룩끼룩 소리를 내면서 수면 위로 날고 있었다.

"쑤루매 쪼끔 더 먹으시오, 사장 땍."

윤 여사는 오징어 살 부분을 찢어서 종은 씨에게 주고 자기 것도 찢어서 입으로 가져갔다. 이 모습을 보고 종은 씨가 말했다.

"참말로 존 데가 있는가 어짠가, 그 사람이 죽은 후에 꿈에 한 번 찾아왔십디다. 얼굴이 훤히 펴져갔고 웃음시로 말합디다. 자기는 잘 있은께 절 보고 잘 살다가 자기 있는 곳으로 꼭 오라고 그랍디다. 그람시로 하는 말이 시상은 야든부턴께 존 사람 있으면 만나서 잘 살다가 오라고 그래라우. 먼 말인지 모르것십디다. 하야튼 잘 있는 것 같았어라우."

윤 여사의 눈이 반짝 빛났다. 그녀는 무슨 말인가를 하려고 하다가 그냥 입을 다물었다. 종은 씨는 바다를 한 번 보고는 윤 여사를 보았다.

"인자 우리 일어날까라우?"

"네."

윤 여사는 어렵게 몸을 일으켰다. 그러나 곧 아~ 하는 소리를 내면서 다시 주저앉고 말았다.

"아니 사장 땍 다리가 다시 아퍼요?"

"다리가 아직도 온전치 못한 것 같아요. 쉬고 나니까 더하는 것 같아요."

"아 그라요. 빨리 가서 고채야 것는데. 그람 내 손을 잡고 한 번 일어나 보시오."

윤 여사는 종은 씨가 내민 손을 잡고 겨우 몸을 일으켰다. 그러나 윤 여사는 제대로 걷지 못했다. 그런 그녀를 보고 종은 씨가 말했다.

"걷기 심들먼 지한테 업히시오. 빨리 가서 고채야 하는데 그래야 빨리 갈 것 같소."

이 말에 윤 여사는 손사래를 쳤다.

"아니예요. 집에까지 어떻게 절 업고 가요. 제가 얼마나 무거운데."

"아녀라우. 지가 아까 업어본께 사장 땍 정도라면 십 리도 업고 갑니다. 아, 그라지라우. 아직은 지가 나락 한 가마이는 어깨에 미고 뜁니다. 자, 어서 업해요. 빨리 동네 보건소로 가봅시다."

"마을에 보건소 있어요?"

"있지라우. 그란데 소장 집이 읍내여서 다섯 시 반만 넘으면 가불 때가 많십디다. 그랑께 빨리 업히시오 사장 땍."

윤 여사는 종은 씨 등에 업혔다. 종은 씨는 다시 물컹 와 닿는 윤 여사의 가슴을 느꼈다. 그는 속으로 '허허, 참' 하면서 빠르게 걷기 시작했다.

3

:

승용차

비는 계속 쏟아졌다. 날이 어두워지면서부터는 더더욱 세차게 쏟아졌다. 하늘 어느 한쪽이 무너지기라도 하듯 우르르쾅쾅 소리를 내면서 번개가 치면 온 천지가 일순간 환해졌다가는 다시 어두워지곤 하였다. 요란한 천둥 번개와 함께 불빛이 공구가 널려 있는 카센터 안을 속속들이 비추고 지날 때엔 고강수 사장은 왠지 두려워지곤 하였다. TV에서는 오늘 밤 내내 비가 올 것이라며 틈틈이 재난 대비 방송을 내보내고 있었다.

"이렇게 퍼붓다간 뭔 일 나겄군, 뭔 일 나겄어."

염 기사는 피우던 담뱃불을 재떨이에 비벼 끄며 말했다. 그 말을 받아서 카센터 고 사장도 한 마디 했다.

"요즘은 걸핏하면 재난이예요. 비도 오기 시작했다 하면 재난이지요, 날씨가 좀 덥거나 추웠다 하면 재난이지요, 바람도 불었다 하면 재난이요, 걸핏하면 재앙이예요."

"이게 다 말세의 징조인기여. 세상살이 다 끝난 노인네는 움직였다 하면 문제 생기잖아. 그와 비슷한 거여. 그나저나 문 안 닫어? 여덟 시 반 다 되어가는구만."

"닫아야지요. 본오동까지 가시려면 조심해야겠는데요."

"왜? 벼락 맞을 것 같어?"

"아이 형님도 농담은……."

"알았어. 또 시간 나면 들르지. 서비스 고마워."

승용차

3.

"고맙긴요. 형님 제 단골손님 아닙니까. 조심히 가세요."

염 기사는 사무실 책상 위에 놓아두었던 열쇠 꾸러미를 집어 들었다. 그는 사무실을 나가자 순식간에 빗속을 뚫고 달려 트럭에 올라 이내 시동을 걸었다. 몸체가 육중한 트럭이 카센터 마당을 빠져나가자 거세게 떨어지는 빗방울이 튀는 모습이 아까보다도 훨씬 요란해 보였다. 시계를 보니 여덟 시 이십 분이 넘고 있었다. 고 사장은 보통 여덟 시 반이 넘으면 퇴근했기 때문에 오늘도 퇴근 준비를 하리라고 생각했다. 그는 바닥에 널려 있는 몇 개의 공구들을 주워 제자리에 놓았다. 이것저것 점검을 하고는 손을 씻으려고 수도가 있는 화장실 쪽으로 걸어갔다. 바로 이때였다. 쏟아지는 무수한 빗줄기를 환히 비추며 승용차 한 대가 마당으로 들어서고 있었다. 고 사장은 손을 씻으려던 마음을 접고 마당 쪽으로 갔다. 차는 정비실 바로 입구에서 멈추었다. 이내 헤드라이트가 꺼졌고 시동도 꺼졌다. 차에서 나오는 이는 가끔 들르는 이 여사였다. 부동산업을 하는 이 여인은 수단이 좋기로 소문이 나 있었다. 그래서 이 불황에도 항상 콧노래를 부르고 다녔다.

"어서 오세요, 이 여사님. 차에 무슨 이상이라도 생겼습니까?"

하지만 그녀는 아무런 대꾸 없이 사무실로 들어오자마자 소파에 풀썩 주저앉았다. 그리고는 핸드백에서 담뱃갑을 꺼내 한 개비를 뽑아 입으로 가져갔다. 곧 라이터 불을 켜 담배에 붙였다. 한 모금 깊이 들이키고는 곧 후~ 하고 연기를 불어냈다. 그리고는 입을 열었다.

"나 오늘 죽을 뻔했어요."

"그래요? 무슨 일 있었나요?"

"한 건 잘하고 오는 중에 역전에서 다른 차하고 꽝 했어요. 사건 수습하고 곧장 이리로 달려온 거예요. 나 죽는 줄 알았어요."

그녀는 당시의 아찔한 순간을 떠올리는 듯 고개를 흔들었다.

"그래요. 어떻게 그런 사고가 났죠? 차는 멀쩡한 것 같은데?"

"오늘 종일 비가 억수 같이 쏟아지잖아요. 아깐 와이퍼를 돌려도 앞이 잘 안 보였어요. 역전에 택시들이 쭉 서 있길래 손님 기다리는구나 생각하고 그냥 달렸지요. 그런데 한 택시가 갑자기 내 차선으로 들어오는 거예요. 너무 갑자기 튀어나와 어떻게 해볼 시간이 없었어요. 그냥 박았어요. 꽝~ 하는 순간 정신을 잃었어요. 그러나 곧 정신이 들었어요. 나는 저 건너에 튕겨져 나가 있는 차 안에서 하늘을 쳐다보고 있더라고요. 겨우 몸을 빼서 나와 보니 내 차와 부딪친 택시는 거의 다 부서져 있었어요. 다행히 운전사는 죽지 않았지만 치료 받으려면 한참 걸릴 것 같아요. 아, 악몽이에요 악몽……."

그녀는 머리를 흔들며 다시 몇 모금을 급히 빨아 후후~ 담배 연기를 토해냈다.

"그랬어요. 큰 일 날 뻔했네요. 한데, 몸은 괜찮아요?"

"보다시피요. 목이 좀 뻑적지근한데 내일 병원에 한 번 가보려고요."

그녀는 고개를 좌우로 몇 번 돌려보았다. 고 사장은 고개를 끄덕이고는 그녀에게서 차 키를 받아 차를 정비소 안으로 들였다. 그리고는 차를 한 번 살펴보았다. 그는 곧 사무실 안으로 들어왔다.

"그렇게 세게 들이받은 차 치고는 상태가 좋은 편이네요?"

고 사장의 말에 그녀는 기분이 좀 나아진 듯 이를 드러내며 웃었다.

"나도 놀랐어요. 난 차 안에서 힘들게 빠져나올 때만 해도 차가 완전히 망가져 폐차를 해야만 할 줄 알았는데 보다시피 앞의 범퍼와 프론트 휀더, 보닛만 좀 부서졌지 너무 멀쩡한 거예요. 경찰들도 놀래더라고요. 그 영업택시는 종이장 꾸겨지듯 부서졌어요. 그래도 사람이 산 게 다행이예요."

고 사장은 고개를 끄덕이며 그녀의 담배 곽에서 담배 한 개비를 뺐다. 그리고 곧 입으로 가져갔다. 그녀는 계속 말을 이었다.

"나 이 차 팔아버릴려고요. 좀 오래 되기도 했고 오늘 사고를 당한 후 왠지 기분이 좀 그래요. 고 사장님이 사 준 거니까 좀 처리해 주세요."

"그러죠 뭐. 한데 얼마나 생각하시는데요?"

"요즘 중고차 가격을 잘 모르겠지만 아직도 탈 만하니까 한 이백 정도 생각하는데……."

이 말에 고 사장은 갑자기 너털웃음을 터뜨렸다.

"이 여사님, 요즘 중고차 시세를 몰라도 한참 모르시네요. 요즘 웬만한 사람들 이런 차 그냥 타라고 해도 안 타요. 출고된 지 이미 십 년 이상 되었겠다, 사고까지 낸 차라는 사실을 알면 그냥 주어도 안 탑니다. 중고시장에 가 보아요. 이백만 원이면 새 차와 다를 바 없는 멀쩡한 차 살 수 있어요."

그녀는 고 사장의 이 말에 좀 실망한 듯, 자신이 좀 실수한 듯 멋쩍은 표정을 지었다.

"요즘 중고차 시세가 그래요?"

"그럼요. 이젠 이 차도 수명이 거의 다 된 거예요. 꼭 필요한 사람이 나타난다면 혹시 얼마라도 받을지 모르지만 보통 사람은 이런 차 타지 않아요. 벌써 외장부터가 구식이잖아요. 그리고 이 차, 제 모양 갖추려면 범퍼와 보닛, 프론트 휀더도 갈고 엔진도 한 번 제대로 점검을 해야 하는데, 배보다 배꼽이 더 큽니다."

"그렇다면, 폐차하라는 거예요?"

"방법이 없어요. 이 여사님 주위에 탈 만한 사람이 있는가 한 번 알아보세요. 전 단돈 십만 원에도 팔 자신이 없어요."

그녀는 고개를 끄덕이며 담배 연기를 후후 불어냈다.

"그렇군요. 하긴 요즘 세상에 이런 차 탈 사람이 어디 있겠어요. 나 같은 바보나 되니까 타고 다녔지. 그래요. 그냥 폐차시키지 뭐. 한데, 폐차해도 돈 들 텐데?"

고 사장은 그녀의 얼굴을 한 번 얼른 살피고는 손사래를 치면서 말했다.

"이 여사님, 폐차 비용 같은 건 염려 마세요. 그건 제가 다 서비스합니다. 그리고 이 여사님이 바보여서 이런 차를 탄 게 아니고 이 시대에 보기 드문 알뜰한 여성이어서 이런 차를 오래 탄 겁니다. 사실 이 차 사고 나기 전만 해도 멀쩡했잖아요. 좀 오래되긴 했지만 외장도 멀쩡했고 엔진도 잘 돌았잖아요. 너무 자책하지 마세요. 사고에 대한 기억 모두 떨쳐버린다 생각하고 폐차해 버리세요. 그리고 이젠 새 차 하나 뽑으세요. 꼭 새 차를 원하시지 않는다면 제가 하나 적정선에서 찾아볼 수도 있고요."

그녀는 고개를 끄덕이며 담뱃불을 껐다. 그리고는 핸드폰을 들어 시간을 확인했다. 고 사장은 그녀의 표정을 살피고는 물었다.

"오늘 한 건 잘 하셨다면서 어째 표정은 좀 우울하십니다. 집안에 무슨 일 있으십니까?"

그녀는 짧게 한숨을 쉬면서 대답했다.

"사실은 나 어제 이혼했어요."

"이혼이요? 정 선생님과 각별했잖아요."

"처음에야 각별했지요. 하지만 그 사람 무능하잖아요. 회사에서 퇴출당한 후 수년간 놈팽이 생활만 했어요. 그런 주제에 자존심은 있어서 일 문제로 가끔 외박을 할 때면 술주정, 폭언… 말 마세요. 얼마나 괴롭혔는지. 더 이상 못 참겠어서 끝냈어요. 고 사장님도 아시겠지만 여자가 이 부동산 비즈니스를 한다는 건 결코 쉬운 일이 아니에요. 때로는 외박도 필요한 거예요. 그게 프로잖아요. 안 그래요?"

"아, 그렇죠. 한데 그 민 사장님이란 분과는 계속……."

"네. 그분은 유능한 분이예요. 언제 그 사람과 내가 데이트하는 걸 보았나 보네요. 여하튼 남편과는 끝냈어요. 속 시원하다 생각했는데 애들을 생각하니까 마음이 좀 그러네요. 사고까지 터지니 머릿속이 개운치 않아요."

다시 쿵쾅쿵쾅 짜르르~ 소리를 내면서 번갯불이 번쩍 일었다. 구리색이 조금 섞인 붉고 노란 불빛이 순간적으로 카센터 구석구석을 휙 밝히고는 사라졌다. 그녀와 고 사장은 잠시 입을 다물었다. 그러나 고 사장이 곧 입을 열었다.

"이 여사님, 저녁 식사 아직 안 하셨지요? 우리 여기서 저녁 시켜 먹고 간단히 한 잔 할까요? 이 여사님 마음도 그러는데 오늘은 제가 한 잔 대접하겠습니다."

그녀는 고개를 끄덕였다. 고 사장은 곧 근처의 식당으로 전화를 했다.

술이 한 잔 들어가자 그녀는 고 사장에게 물었다.

"남자가 여러 여자와 관계를 갖기 시작하면 그 버릇도 고치기 힘들겠죠?"

"그러겠죠. 사람이 다 그렇잖아요. 무엇에 맛을 들이면 거기에 곧 빠져들잖아요. 왜요? 민사장님이 벌써부터 걱정되세요?"

그녀는 희미하게 웃으면서 잔을 들어서 털어 넣듯 마셨다.

고 사장이 그녀를 택시에 태워 보내고 다소 얼얼한 기분으로 그의 아파트에 도착했을 때엔 11시가 넘어 있었다. 아내가 고 사장의 웃옷 벗는 것을 도우며 물었다.

"그 여자는 왜 늦은 시간에 가게에 왔대요?"

"응. 사고 때문에. 그 여자 오늘 운수 대박 났어. 꼭 죽을 상황인데 살았더라구. 어제 이혼까지 했다고 하잖아. 그래서 내가 밥 산거야. 우리 단골 손님이잖아."

"이혼할 줄 알았어요."

"그래? 당신은 이미 그걸 알았어?"

"척 보면 몰라요? 그 민 사장이란 남자한테 푹 빠졌던데 뭐. 남편이 알면 가만있겠어요? 하루 이틀도 아니고. 그건 그렇고 사고가 크게 난 거예요?"

"응. 그 차 폐차하기로 했어."

"그렇게 사고가 컸어요?"

"응. 한데 말이야. 그 차 한 번 더 팔 수 있겠어. 말을 들으면 대형사고가 분명한데 차는 너무 멀쩡하거든. 내가 폐차해야 한다고 딱 잘라버렸지만 한 번 더 팔 수 있어. 엔진 한 번 점검하고, 범퍼와, 보닛, 휀더만 갈고, 다른 색으로 도색만 잘 하면 될 것 같애. 이백만 원까지는 안 되어도 백만 원 정도는 너끈히 받을 것 같아."

"그래요. 그런데 그 차는 왜 그러죠?"

고 사장의 아내는 고 사장을 빤히 쳐다보면서 말했다.

"왜 그런다니?"

고 사장도 자기의 아내를 보면서 의아한 표정을 지으며 말했다.

"좀 이상하잖아요. 처음부터 이상한 사람만 주인이 되잖아요. 그리고 큰 사고가 나도 항상 멀쩡하잖아요."

"가만 있자……. 그러고 보니 그러네. 그러니까 그 차를 맨 처음 끌고 우리 카센터에 온 사람은……."

"동관이라는 총각이었잖아요. 문동관이라는 그 바람둥이 총각 말예요. 큰 회사 경리과에서 일한다고 하던 키 큰 총각 말예요. 당신한테 '형님, 형님' 하면서 가게에 자주 왔잖아요. 당신하고 노래방도 자주 갔었고."

"맞아. 저 차의 첫 주인은 바로 그 자식이야. 하~ 그 지저분한 새끼……. 하루가 다르게 여자 바꾸고, 돈도 물 쓰듯이 잘 썼지. 알고 보니 전부 다 지 회사 공금을 횡령한 돈이었지만. 지금 걔 어디서 사나? 한 번 보고 싶은데."

"보기는 뭘 보아요. 사기꾼인데. 감방에나 안 있는지 모르겠네요."

"그래도 우리한테는 잘 했잖아."

"도둑질한 돈으로 대접 받은 거 생각하면 다 토하고 싶어요."

고 사장의 아내는 역겨운 표정을 지었다.

"그때 그 자식 전화 받고 달려가니까 차는 개울에 처박혀 있는데, 그 와중에도 애인 끌어안고 있더라구. 조물주가 자비하셔서 살려 준 거지. 에이 지저분한 새끼……. 그래서 폐차를 하기로 했지만 차가 너무 멀쩡해서 다시 손을 보아 팔았는데……."

"다음 주인은 그 유명한 좀도둑 평양에서 온 사나이 아니예요?"

"맞아. 자기가 평양에서 왔다며 평양 사투리를 구사하면서 이 집 저 집 다니며 도둑질을 하던 그 황만철이란 놈이었어. 결국 경찰의 추격을 받아 도망을 가던 중에 전복되어서 폐차를 하기로 했는데 차가 너무 멀쩡해 또 손을 좀 보아 팔았는데……. 누구더라……."

"마사지 집 운영했던 중국 동포였잖아요. 중국에서 다시 들어와 지금도 그 장사 계속 하나 보던데요."

"맞아. 그놈은 우리와 같은 고씨였지. 고우상. 내가 고물상이라고 놀리면 화를 냈던 놈."

"당신 그때 마사지 집 다니면서 나하고 많이 싸웠잖아요. 고 미스 왕이라는 년, 당신한테 착 달라붙어서……. 생각하면…….."

그녀는 남편 고 사장을 두 눈으로 흘겼다.

"다 지난 일 가지고 뭘 그래. 지나고 보니 그때가 바로 권태기란 거였어. 그래서 내 잠깐 바람 좀 났던 거지. 지금은 모범생이잖아."

"모범생? 감시 안 하면 지금도 당신 어디로 튈지 모르는 축구공이예요."

"이 사람, 하늘 같은 남편을 그래, 비유할 게 없어서 축구공에 비유하나. 그건 그렇고, 그 자식 여자 문제로 난리 나서 중국으로 도망갔는데, 업소에 있던 놈이 면허증도 없이 차를 몰고 다니다가 사고가 나서 폐차를 하게 되었는데, 차는 멀쩡해서 또 손을 좀 보아 팔았지. 누구더라?"

"건달."

"맞아. 건달 주용성. 말쑥한 외모로 순진한 공단 아가씨들 꼬셔서 돈 뺏고 몸 뺏던 더러운 놈. 한 무서운 아가씨에게 걸려 죽을 뻔했지. 그 아가씨 그 놈에게 술 먹이고 차 안에 서 자게 한 뒤 휘발유를 뿌리고는 불을 질렀지. 그래도 잽싸게 튀어나와서 목숨은 건졌는데 차는 폐차를 하게 되었으나 엔진은 멀쩡하여 또 수리를 해서 팔았는데 바로 이 여사라는 그 여자야. 가만 있자, 그러고 보니까 스토리가 좀 이상한데 당신 말처럼."

폭탄이 터지듯 우르르 꽝 소리를 내면서 또 다시 번개가 터졌다. 비가 좀 그친 것 같더니 기상청에서 예보한 대로 비가 다시 세차게 쏟아지고 있었다. 고 사장은 샤워를 하고 곧 침대에 가 자려고 했다. 그러나 욕실로 가지 않고 옆의 소파에 몸을 앉혔다. 그는 고개를 갸웃거리며 잠시 생각에 잠겼다. 아내가 꿀물이라며 한 컵 가지고 왔다. 그녀도 옆에 앉았다. 아내는 남편 고 사장의 얼굴을 살피다가 멀리서 천둥소리가 들려오고 있는 창밖으로 시선을 주었다. 고 사장은 그런 아내를 보면서 말했다.

"당신 말 듣고 보니까 이 차가 보통 차가 아닌 것 같애. 주인이라고 태웠던 인간들이 하나같이 문제인물들이야. 여자의 운명으로 친다면 개 같은 남편들 만나 죽도록 고생만 한 운명이야. 승용차 팔자 치고는 되게 꼬인

팔자야. 그런데 말이야. 희한하게도 생명은 끈질겨. 내 기름밥 수십 년 먹으면서 저 차처럼 부서지지 않은 차는 처음 보았어. 참 희한해. 오늘도 그 여자 말대로라면 종잇장처럼 꾸겨져야 하거든. 그런데 멀쩡하잖아. 불사조가 따로 없어……. 맞아. 불사조야, 불사조……. 여하튼 저 차는 우리한테는 이문을 남기게 하는 차야. 우리한테는 그게 중요하잖아. 안 그래?"

그러나 고 사장의 부인은 남편의 말에 아무런 대꾸 없이 비 오는 창밖만 바라보고 있었다. 다분히 우울한 표정이었다. 아내의 이런 표정을 보자 고 사장의 마음도 괜히 우울해졌다. 고 사장은 이제야 비로소 중요한 한 가지 일을 생각해내고는 아내에게 물었다.

"오늘 은주 담임 선생님 만나 상담 잘 받았어?"

"네."

고 사장의 아내는 여전히 비가 쏟아지는 창밖을 보면서 대답했다.

"뭐라고 그래?"

"늘 하던 그 얘기죠 뭐."

"아무리 가르쳐도 변하지 않는다는 거지?"

그녀는 고개를 끄덕였다.

"어떻게 하겠어. 우리 팔자려니 해야지. 당신 힘들면 시설에 맡기자구. 요즘 좋은 시설들 많잖아."

그녀는 남편의 이 말에 아무런 말도 더하지 않았다. 몇 초가 지난 후 그녀는 혼잣말로 한마디 했다.

"우리가 무슨 큰 죄를 지었나……."

또 한바탕 우르르~ 천지가 무너지는 듯한 소리가 들렸다 그리고는 꽝~ 하면서 방 안이 환히 밝아졌다. 하도 소리가 커서 고 사장의 아내 몸이 순간적으로 흔들렸다. 그녀는 자리에서 일어섰다.

"빨리 씻고 자요. 비가 많이 오려나 봐요."

"알았어. 먼저 들어가라구."

아내가 방으로 들어간 후 고 사장은 초등학교 육학년인 장녀 은주를 생각하였다. 그러자 견디기 힘들 만큼 마음이 답답해졌다. 은주는 이급

정신지체아였다. 장애인을 잘 다룬다는 특별교사를 붙여 수년 동안 교육을 시켜 보았지만 아이의 상태는 전혀 나아지지 않았다. 시간이 지나면서 오히려 더 바보처럼 변하는 것 같았다. 전에는 곧잘 혼자서 화장실에도 가더니 이제는 그러한 자발적인 행동들을 하나 둘 잊어가고 있었다. 의사의 말에 의하면, 딸의 상태가 나아지리라는 기대는 하되 지나친 기대는 하지 말라고 하였다. 지나치게 큰 기대를 가지면 그만큼 큰 실망도 할 수 있다는 것이었다. 왜냐하면 딸 은주의 경우 뇌신경 상태가 어린이임에도 불구하고 점점 더 쇠퇴해 가는 듯한 경향을 보인다는 것이었다. 같은 장애라 해도 뇌신경이 다른 아이들보다 나쁘다는 것이었다.

고 사장은 딸 은주가 정신에 문제가 있을 줄은 전혀 몰랐었다. 그녀가 아기였을 때에는 두 눈이 초롱초롱하였다. 얼굴도 포동포동하여 탄력이 있는 게 뺨을 맞대어 비빌수록 더더욱 예쁘기만 한 것이었다. 그러나 은주는 체격이 커지면서 문제를 드러내었다. 그녀는 통 말을 알아듣지 못했다. 처음에는 귀에 좀 이상이 있나 생각하였다. 하지만 걸어다니는 때가 되었어도 여전히 말을 알아듣지 못했다. 그래서 이상하다 싶어 병원에 데리고 가 정밀검사를 받아보니 뇌가 비정상적인 아이였다. 그때 고 사장이 느꼈던 절망감은 말로 형용하기 어려운 것이었다. 은주가 장애인 판정을 받던 그날 밤 그들 부부는 많이 울었다. 그의 아내는 그 후 일 년 정도를 웃음을 잃은 채 생활하였다. 영락없는 우울증 환자였다. 그는 그러한 아내를 달래느라 아주 힘든 시간을 보냈다. 의학이 발달한 세상인 만큼 최선을 다하면 얼마든지 상태가 나아질 것이라고 그녀를 설득하였다. 고 사장의 이러한 노력으로 그녀는 겨우 마음을 잡았다. 거기에 둘째인 남자 아이가 태어나면서, 그 애를 키우는데 마음을 쏟게 되면서 상태가 많이 나아졌다. 그러나 은주의 문제는 여전히 집안의 큰 어두움이었다.

새 날이 밝았으나 비는 완전히 그치진 않았다. 여전히 부슬부슬 내리고 있었다. 고 사장은 일찍 일어나 부동산업자인 그녀에게 전화를 걸었다. 폐차를 시킬 테니까 오전까지 카센터로 와서 위임을 해 달라는 전화였다. 그녀는 그러겠다고 대답했다. 고 사장은 이제 이 차를 누구에게 팔까 궁리하기 시작하였다. 우선 카센터를 드나드는 고객들 중에서 이 차가 필요한 사람이 있을까 헤아리기 시작했다. 한참을 생각하던 그는 반짝 뇌리를 스치는 한 사람을 생각해냈다. 아직도 오래된 구식 소형 승용차를 아슬아슬하게 끌고 다니는 한 사람이 있었던 것이다. 그 사람이 타는 차에 비하면 이 차는 고급 대형 승용차라고 할 수 있었다. 외장이나 기능, 효용 면에서 이 차는 그 사람이 타는 차와는 비교도 할 수 없을 것이다. 고 사장은 어느새 백만 원 이상의 수입이 잡힌 듯 기분이 좋아졌다. 그는 아침밥 준비를 하고 있는 아내에게로 달려갔다.

"여보, 찾아냈어!"

"뭘요?"

"그 차를 팔 고객 말이야."

"그 차라면 부동산하는 여자가 타던 차 말예요?"

"응, 금방 손볼 수 있거든. 백만 원 이상은 받을 수 있어."

"웬만하면 그만 폐차장에 갖다 주지 그래요. 또 어떤 결과가 나올지 불 보듯 환하잖아요. 당신하고 살면서 느낀 내 생각인데요, 차도 사람처럼 팔자라는 게 있는 것 같아요."

이 말에 고 사장은 웃었다.

"차가 팔자가 있다? 하하하~ 거참 재미있는 말인데. 하긴 그건 그래. 나도 동감하는 말이야. 처음부터 대통령이 타도록 만들어진 차가 있다. 돈 많은 회장님들이 탈 차들도 그렇고. 누가 그 차를 타느냐 하는 것은 그 차의 운명을 결정짓는 거야. 맞아. 당신 말이 맞아. 하하하, 거참, 그리고 보니 그러네. 하하하~"

"그러니까 그 차는 그냥 폐차시켜요. 팔자 사나운 차잖아요. 또 누가 그 차를 타고 다니다가 큰 문제 만날지 모르잖아요. 이제 수명도 거의 되었고요."

"아, 아냐. 수명이 다 된 건 아니야. 이 차는 불사조야. 당신도 보았잖아. 사람은 죽게 되어도 차는 여전히 멀쩡하잖아. 이런 차를 내가 죽이면 안 되지. 만약 그러면 차가 내게 복수할 걸."

남편 고 사장의 이 말에 그녀는 하던 일을 멈추고 고 사장을 빤히 쳐다보면서 웃었다.

"그래, 누구한테 또 그 차를 팔려고요?"

"그 주 목사님이라는 분 있잖아. 털털거리는 고물 소형차 타고 다니는 분 말이야."

"뭐라고요? 당신 지금 정신 있어요?"

아내는 크게 놀란 표정으로 고 사장을 쏘아보았다.

"아니, 왜 그래?"

"팔 사람이 따로 있지. 그 분은 성직자잖아요. 그분이 좋은 일을 얼마나 많이 하는 줄 알아요. 이 동네 사람들 대부분이 그분이 어떤 분인지 알고 있어요. 은주도 그분은 잘 따르잖아요."

"그러니까 좀 더 좋은 차를 탈 필요가 있는 거야. 지금 타고 다니는 그 차 언제 어디서 갑자기 설지 몰라. 말 들으니까 그분 그 차로 고속도로도 다니는가 보던데 만약 고속도로 한복판에서 섰다고 생각해봐. 백 프로 박살나는 거야. 그 차에 비하면 이 차는 고급 승용차지."

"하지만 이 차는 항상 사고를 치는 차잖아요. 사람으로 치면 사고뭉치를 결혼상대자로 소개하는 거예요."

고 사장은 아내의 말이 어이가 없다는 듯 입을 벌린 채 고개만 흔들며 서 있었다. 그런 남편을 보고 아내는 못 박듯 말했다.

"절대로 그 목사님한테 그 차 팔면 안 돼요. 양심이라는 게 있잖아요."

"당신 지금 사람 차별하는 거야?"

고 사장은 어이가 없다는 듯이 말했다. 아내는 냉장고에서 반찬을 꺼내면서 말했다.

"나 은주 생각할 때마다 우리가 처음 가게 시작했을 때 일들 떠올라요. 그때 당신 실수 많이 했잖아요. 고장 난 차 고치러 오면 수리한답시고 오히려 고장 내서 보낸 경우도 많이 있었잖아요."

"누구나 처음엔 그래. 몇 년은 그런 수습기간이 있는 거야. 그래서 의사도 인턴과정이라는 게 있잖아."

"인턴 의사야 생명에 문제가 있는 일은 하지 않잖아요. 하지만 당신은 수리 후 차들을 도로로 내 보냈잖아요. 잘못 수리된 차들이 어떻게 되었을까 상상을 해보세요. 실제로 우리 가게에서 수리를 받고 난 직후 큰 사고를 당한 차들도 더러 있었잖아요."

"그래. 그건 나도 인정하지. 그건 그런데, 그 일로 인해서 우리 은주가 저 모양이라는 거야?"

"누가 알아요. 사실이 그런지…….."

"뭐야? 당신, 점쟁이한테라도 갔다 온 거야 뭐야?"

"솔직히 요즘 와서는 별 생각이 다 들어요. 왜 은주 같은 아이가 하필이면 우리 집안에 태어났나, 왜 우리들을 통해서 저런 아이가 이 세상에 나왔나, 혹시 우리가 지은 죄 때문에 그러지는 않았나……. 등등 온갖 생각이 다 들어요."

고 사장은 식탁에 털썩 주저앉았다.

"괜스레 사람 다운시키지 말고 빨리 밥 줘. 센터에 가서 할 일 많아."

"어쨌든 당신 그 차 그 목사님한테는 팔지 말아요. 꼭 팔아야 한다면 적임자가 나올 거예요. 내 말 알았죠?"

"알았어. 빨리 밥 줘."

아침밥을 먹고 아파트를 나온 고 사장은 기분이 전 같지 않았다. 카센터를 개업한 후 아주 혼란하게 보냈던 삼 년여의 지난 세월들을 떠올렸기 때문이다. 아내의 말처럼 그때 그는 엉터리였다. 군대 제대 후 먹고 살려고 카센터를 개업했지만 승용차에 대해서는 문외한이나 다름없었다. 군대 수송반에서 삼 년 가까이 일했지만 그가 다루었던 차는 트럭과 지프차 두 종류뿐이었다. 그런데 수리를 해 달라며 매일 카센터에 들어오는 차들은 여러 가지의 승용차들이었다. 하나같이 바쁘게 사는 사람들이어서 차를 맡기면 몇 시간 안에 수리를 해 내야만 하였다. 그래서 고 사장은 일단 시동만 걸리게 해서 차들을 내 보내곤 하였다. 사실 자동차는 사람과 같아서 문제가 생기면 근본적인 치료를 해야만 하였다. 시동이 걸리고 차가 움직인다고 해서 그대로 내 보내면 차가 달리는 중에 무서운 사고를 만날 수 있었다. 그러나 승용차에 대하여는 깊은 지식이 없는 그였던지라 근본적인 문제를 찾아내어 차를 수리할 수 없었다. 물론 공부를 열심히 하였다. 어떨 땐 밤을 새워서 공부를 했다. 그러나 차종이 많아서 모든 승용차를 제대로 안다는 것은 하루 이틀에 될 일이 아니었다. 그래서 그냥 대충 손을 보아 내보낸 차들도 많았다. 어떤 경우엔 그대로 내 보내면 백 프로 사고가 생길 것이라는 생각을 하면서도 차를 내보내곤 했었다. 그래서 며칠 후 무서운 소식을 듣고 잠을 설친 적도 한두 번이 아니었다. 개업 후 몇 년 동안 승용차에 대하여 제대로 알지 못함으로 많은 실수를 했던 것은 부인할 수 없는 사실이었다.

정말 그래서 은주가 저 모양이 된 것일까?

고 사장은 고개를 갸웃거리면서 카센터에 도착하였다. 그런데 카센터 마당에 벌써 차가 한 대 와 서 있었다. 바로 그 주 목사의 차였다. 고 사장이 마당으로 들어오자 차안에 있던 주 목사가 운전석에서 문을 열고 나왔다.

"안녕하십니까, 고 사장님. 은주는 학교에 잘 다니지요?"

"예, 목사님. 아침 일찍 웬일이세요?"

"제가 급히 부산에 좀 가야 합니다. 차를 좀 손보려고요. 워낙 오래된 차고 소형이라서 좀 먼 거리에 가려면 아무래도 점검을 좀 해야 되잖아요. 한 번 살펴 주세요. 차를 바꾸긴 바꾸어야 하는데……."

고 사장은 주 목사의 이 말에 입에서 '목사님, 좋은 차가 한 대 있습니다.' 라는 말이 금방 튀어나올 것 같았다. 그러나 아내의 신신당부도 있었고 걸어오면서 가졌던 여러 생각들도 있어서 반사적으로 입을 꼭 다물었다.

"네네, 살펴 드리지요. 오래된 차이니까 장거리 뛰려면 당연히 점검을 하셔야지요. 하지만 목사님, 이젠 차를 좀 바꾸긴 하셔야겠어요. 모든 것이 너무 늦었거든요. 차도 사람과 같아서 나이가 들면 제 기능을 못해요. 목사님도 잘 아시겠지만."

"그렇지 않아도 차를 바꿀 생각을 늘 하고 있어요. 하지만 형편이 여의치 않으니 제가 구입할 수 있는 적정선의 차를 만나기가 쉽지 않은 것 같아요. 이 차보다 조금 나은 차면 괜찮겠는데……. 고 사장님이 한 번 알아봐 주세요."

"네. 그렇게 하겠습니다."

고 사장은 주 목사의 차를 점검하였다. 부산까지 간다니 각별히 신경을 써서 아주 세밀하게 구석구석을 모두 살폈다. 고 사장은 차의 구석구석을 살펴 본 후 주 목사의 얼굴을 다시 한 번 훔쳐보았다. 선한 두 눈과 온화한 얼굴이 이 세상 때가 하나도 묻지 않은 사람처럼 보였다. 그는 정중하게 인사함으로 주 목사와 차를 보냈다.

고 사장은 마당 한쪽에 세워 둔 불사조와 같은 그 문제의 승용차로 갔다. 승용차는 아주 당당하게 고 사장을 맞는 것 같았다. 아직도 팔팔한 기운이 느껴지는 묘한 분위기도 풍기고 있었다. 비록 앞부분이 좀 손상되긴 했지만 여전히 균형을 유지하고 있는 승용차였다. 고 사장은 시동을 걸려고 문을 열고 운전석으로 들어갔다. 어제는 몰랐는데 차안이 아주 지저분했다. "여자가 타는 차가 왜 이리 더럽나. 도깨비 나겠어……." 고 사장은 툴툴 거리며 시동을 걸었다. 어제 엄청난 사고를 만난 차라고는 전혀 생각할 수 없을 정도로 엔진 소리가 좋았다. 고 사장은 엔진을 점검하기 시작했다. 놀랍게도 엔진에는 아무 이상이 없었다. 고 사장은 감탄하지 않을 수 없었다. 그처럼 큰 충격을 받았는데도 엔진이 이 정도로 무사하다니 믿어지지가 않았다. 고 사장은 이번엔 차체를 두루 점검하기 시작하였다. 역시 아무런 이상이 없었다. 고 사장은 갑자기 기분이 좋아졌다. 그래서 그는 차에게 말했다.

"이봐, 그동안 미안했어. 하지만 이번에는 니 팔자를 고쳐 주겠어. 너라고 맨날 난봉꾼들만 만나 고생하라는 법은 없어. 기다려 봐. 정말로 깜짝 놀랄 사람을 소개할 테니까."

고 사장은 이 차를 수리하여 주 목사에게 팔리라 결심하였다. 물론 아내에게는 이 사실을 절대 알리지 않으리라는 결심도 하였다.

열한 시 경에 차 주인인 그 여인이 왔다. 고 사장은 그녀를 소파에 앉히

3. 승용차

61

고 말했다. 수리해서 되팔 수 있는 차를 얻어낼 때엔 누구에게나 사용하는 방법이었다.

"이 여사님, 기왕에 폐차되는 차인데 이 차로 좋은 일 한 번 하실래요?"

"좋은 일이라니요?"

"이 차가 꼭 필요한 아주 훌륭한 분이 있습니다. 주위 사람들에게 좋은 일을 많이 하시는 분인데 그분에게 이 차를 주면 어떨까 하고요. 물론 모든 수리비는 제가 봉사하고요. 그런 분한테 좋은 일하면 사업이 더 잘될 거예요. 어때요? 그렇게 할까요?"

"그렇죠, 뭐. 더 이상 타지도 못할 차인데 고쳐서 타겠다는 사람이 있다면 주지요, 뭐. 난 상관없어요."

"됐습니다. 위임해 주시면 제가 알아서 잘 처리할게요."

"대신 당장 쓸만한 차 하나 알아봐 줘요. 나 오늘은 버스로 출근해요."

"염려 마세요. 이따 저녁에 한 번 들르세요."

그녀를 보낸 고 사장은 아내와 그녀가 했던 말 따위는 이미 잊어버렸다. 딸 은주에 관해서도 일을 할 때엔 늘 그러는 것처럼 그러려니 하고 괘념하지 않았다. 그는 콧노래를 부르면서 차를 수리하기 시작하였다.

고 사장이 주 목사와 이 차 매매 문제로 만난 때는 고 사장이 차 매매에 대한 일체의 권한을 위임 받은 며칠 후였다. 주 목사는 고 사장의 전화를 받고 카센터로 왔다. 주 목사는 차를 한 번 살펴보고는 아주 만족한 표정을 지었다. 이 표정을 보고 고 사장이 물었다.

"어때요, 목사님. 마음에 드세요?"

"네. 마음에 듭니다만 제가 능력이 될런지 모르겠습니다."

고 사장은 그동안 수백 번 생각한 가격을 말했다.

"칠십만 원 어때요? 대신 목사님 차 십만 원 쳐 드리겠습니다. 그러면 딱 육십만 원입니다. 이 차 다른 분한테 팔면 최하 백만입니다. 하지만 목사님이니까 이 가격으로 주는 겁니다. 제 생각인데 이런 기회 쉽게 오지 않아요."

"육십만 원이면 괜찮겠습니다. 사도록 하죠."

고 사장은 흡족한 미소를 지으며 말했다.

"이 차가 이래 뵈도 불사조입니다. 임자 제대로 만났으니 좋은 일 많이 있을 거예요."

"불사조요?"

"네. 불사조요. 아, 그런 게 있어요. 차가 좋아서 제가 붙인 별명입니다."

이렇게 해서 이 문제의 승용차는 인근에서 목회를 하고 있는 주 목사에게 넘어갔다. 고 사장은 주 목사에게 차를 주고 나자 왜 그런지 막힌 가슴이 뻥 뚫린 것 같았다. 그 날 저녁 퇴근하여 집에 들어가자 아내가 문제의 차에 관하여 물었다.

"당신 요즘 왜 그 차 얘기 안 해? 폐차한 거야 아님 임자 나타나서 또 판 거야?"

"아, 그 차……. 그냥 폐차했어. 당신 말처럼 팔자 사나운 차, 또 어떤 사람 잡을지 모르잖아. 그래서 그냥 폐차장에 갖다 주었어."

고 사장의 말에 아내는 고 사장의 얼굴을 빤히 쳐다보면서 물었다.

"당신, 그 말 사실이지?"

"아, 그럼. 왜? 내가 거짓말하는 것 같아?"

"쌈짓돈 만들어서 또 바람피워 봐. 난 그땐 용서 안 해."

"이 사람 말을 해도 밥맛 떨어지게……."

이후 주 목사는 가끔씩 카센터에 왔다. 어떨 땐 아내가 있을 때도 왔는데 이때는 아내에게 그럴 듯하게 둘러댔다. 아내는 초록색으로 외장이 바뀐 차를 알아보지 못했다.

그런데, 그 차를 주 목사에게 판 지 삼 개월째 접어든 때였다. 한밤중에 주 목사로부터 전화가 걸려왔다. 시간을 보니 새벽 두 시가 좀 안 된 시각이었다. 주 목사가 다급한 어조로 말했다.

"고 사장님, 큰일 났습니다! 빨리 좀 오셔야겠습니다!"

"왜요, 목사님? 이 야심한 밤에 무슨 사고라도 났나요?"

"말 마세요! 저 지금 차를 몰고 동네를 급히 빠져나가는 중입니다!"

"아니 왜요? 차에 무슨 문제가 생겼습니까?"

"네. 갑자기 차에서 클랙슨 소리가 울리기 시작해서 동네 사람들 잠 다 깨웠어요! 지금도 계속 악을 쓰듯 클랙슨 소리가 울리고 있어요! 빨리 좀 오셔야겠어요!"

"그래요. 클랙슨이 울리는 거라면 퓨즈에 문제가 있는 것 같은데, 알았습니다. 제가 지금 가지요. 아니, 제가 가는 것보다 보험회사에 전화를 하는 게 더 빠를지도 모르겠어요. 가입한 보험회사 전화번호 알지요? 그리로 빨리 전화하세요. 이십 분 안에 기사가 올 거예요."

"아, 그래요. 알았습니다. 전화해보죠."

고 사장은 방으로 들어가지 않고 응접 소파에 앉았다. 그리고는 중얼거렸다. "악을 쓰듯 클랙슨이 울려……." 고 사장은 어둠을 응시하였다. 이때 아내가 방에서 나왔다.

"누구 전화야, 이 밤중에?"

"당신, 내가 전화 받은 줄 알았어?"

"알았지. 신난 꿈을 꾸고 있었는데 핸드폰 벨이 울리더라고. 난 꿈에서 그런 줄 알았지."

"무슨 신나는 꿈인데."

"응. 우리 가족들이 야외로 놀러갔는데 우리 은주가 멀쩡해졌더라고. 혼자서 화장실도 가고, 말도 잘하고. 여하튼 너무 재미있었어."

고 사장은 "그래" 그러면서 다시 한 번 핸드폰을 열어 시간을 보았다.

4

사람은 언제 겸손해지는가?

호텔이 보였다. 이준혁은 십오 년 전 바로 저 안에서 분노로 인해 어쩔 줄을 몰라 했던 자신을 떠올렸다. 그리고는 빙긋이 웃었다. 지금은 너무나 담담한 마음이었기 때문이다. 아니 좀 더 솔직히 말한다면 준혁은 그날의 그런 자신의 모습을 부끄러워하고 있었다. 불같이 일어나는 미움의 감정을 즉석에서 드러내곤 했던 자신이 너무 유치해 보였던 것이다. 준혁은 십오 년의 세월이 흐르면서 자신이 너무 많이 변해 있음을 새삼 느끼는 것이었다. 그리고 변화된 지금의 마음, 지금의 모습이 훨씬 좋았다.

준혁은 주변을 둘러보았다. 못 보던 건물들이 우뚝우뚝 서 있었다. 가로수들도 부쩍 많이 자란 것 같았다. 잎이 검푸르게 보이는 게 사람으로 치면 청년 티를 모두 벗은 것 같았다. 몇 년 만에 와서 본 서울은 많이 변해 있었다.

호텔 근처에서 시계를 보니 약속 시간이 되려면 아직 사십 분 정도는 더 있어야 했다. 준혁은 장모 최윤경 여사가 이십 분 전에는 꼭 온다는 것을 알고 있었다. 그래서 일찍 출발했는데 적당한 시간에 도착했다고 생각했다. 준혁은 주변을 좀 걷다가 들어갈까 생각했지만 그냥 호텔 커피숍으로 들어가기로 했다. 좀 오후 늦은 시간이어서인지 커피숍 안에는 사람들이 많지 않았다. 그는 수족관 옆의 의자에 앉았다.

준혁은 물고기들이 헤엄치는 것을 구경하기 시작했다. 그리고 참으로 오랜만에 수족관 안을 들여다보았다. 수초랑, 작은 오두막집이랑, 물레방

아랑, 모래들이랑, 고기들이 만들어내는 버큼이랑……. 이런 것들이 문득 회한을 몰고 왔다. 아내와 연애할 때 그들은 늘 한 찻집에서 만났었다. 그 찻집에도 예쁜 수족관이 있었다. 그들은 다른 사람들이 그 의자를 차지하지 않고 있을 때엔 언제나 수족관 옆의 의자에 앉았다. 그리고 지금처럼 수족관 안을 구경하곤 했었다. 준혁은 그런 날들을 생각하고는 빙긋 웃었다. 꿈같은 시간들이 엊그제 같은데 어느새 강산도 변한다는 세월이 훌쩍 지나버렸으니…….

준혁은 시간이 지나면서 좀 초조해지기 시작하였다. 장모 최 여사와 만난다는 일은 여전히 부담이 되고 있는 게 사실이었다.

준혁은 바로 이 장소에서 아내의 엄마인 장모 최 여사와 처음 만났다. 물론 그녀가 이 장소를 택했다. 그때 그녀는 준혁보다 먼저 이곳에 와 있었다. 그녀가 손을 들어서 곁으로 갔지만 준혁은 그녀의 얼굴을 제대로 보지도 못한 채 꾸벅 인사를 했다. 그리고 자리에 앉았다. 조심히 그녀의 얼굴을 보았을 때 그녀의 그 싸늘한 눈빛은 독수리나 매의 그것처럼 아주 매서운 것이었다. 그녀는 준혁이 자리에 앉은 지 일 분도 채 안 되었는데 역시 싸늘한 어조로 말했다. "청년과 긴 말하기 싫어요. 은영이랑 끝내세요. 우린 어떤 일이 있어도 청년에게 우리 딸을 줄 수 없어요." 이 말을 끝낸 그녀는 자리에서 일어났다. 그리고는 카운터로 가 찻값을 지불하고 호텔을 나가 버렸다. 준혁은 큰 망치로 머리를 한 방 세게 맞은 기분이었다. 그러나 준혁은 곧 정신을 가다듬었다. 그리고는 물컵을 들어 단숨에 마셨다. "매너 한 번 더럽군." 물컵을 놓으며 준혁이 혼잣말로 뱉은 말이었다.

준혁은 그날을 떠올리고는 고개를 끄덕이며 또 빙긋 웃었다. 그날 이후 준혁은 펄펄 끓는 오기로 아내의 집안 식구들을 대했다. 지금도 그렇지만 당시 아내의 집은 알 만한 사람은 모두 아는 재벌가였다. 준혁은 아내가 그런 집안의 아가씨인 줄은 전혀 몰랐다. 더구나 야간대학에 나와 공부를 하고 있었으니 더더욱 그랬다. 당시 야간부에서 공부하는 학생들은 대부분 집안 형편이 어려운 학생들이었다. 준혁도 마찬가지였다. 당시 준혁은 은영도 자신과 비슷비슷한 형편에 있는 아가씨가 아닐까 생각했다. 그녀가 비록 직장생활은 하지 않고 있었다 해도 외형상으로는 형편이 좋은 여학생처럼 보이지는 않았다. 은영은 전혀 재벌가의 딸 같은 티를 내지 않았다. 옷은 언제나 티셔츠 같은 가벼운 옷을 입고 다녔다. 신발도 그랬다. 특별한 일이 없으면 항상 운동화를 신고 다녔다. 대학 사 년을 붙어다닌다는 말을 들을 정도로 가깝게 지냈지만 은영이 부유한 집안의 딸 같은 느낌을 준 적은 한 번도 없었다. 삼십여 명의 동기들 중엔 나이가 지긋한 학생들이 많이 있었다. 이런 학생들은 대부분 직장을 가지고 있었다. 준혁도 직장을 가지고 있었다. 그는 군대 가기 전에 이미 직장을 잡았던 것이다. 이제 막 군대에서 제대한 준혁은 젊은 층에 속했다. 은영은 당시 이십대 초반이었다. 다른 대학 주간부를 다니다가 이 대학 야간부로 편입한 것이었다. 이들은 자연스럽게 친해졌다. 항상 수석을 하여 장학금을 받는 준혁에게 은영이 자주 공부에 대한 도움을 청했기 때문이다. 이들은 누가 보든지 영락없는 애인 사이였다. 그러나 이들은 내 마음이 이렇다고 서로에게 고백한 적은 없었다. 그냥 그렇게 가깝게 지냈다. 은영은 "형, 형" 하면서 준혁을 부담 없이 따라다녔고 준혁은 그런 은영을 동생처럼 받아 주었다. 그러나 졸업이 다가오던 어느 날 준혁은 은영에게 정식으로 자기의 마음을 고백했다. 그녀 역시 준혁을 사랑한다고 말했다. 사 년 동안 그렇게 생활하였기 때문에 그들의 그러한 감정 확인은 자연스러운 과정에 불과하였다. 준혁은 졸업 후 곧 은영과 결혼을 해야겠다고 생각했다. 그래서 그러한 자기의 계획을 은영에게 말했다. 은영은 그렇게 하자고 아주 쉽게 대답했다. 준혁은 이미 직장을 가지고 있었기 때문에 결혼이 큰 문제는 아니었다. 식을 올리고 좀 더 넓은 처소를 마련하여서 함께 살면 되는 것이었다. 이 순간까지만 해도 그들의 마음은 공중을 마음껏 날아다니는 새들처럼 마냥 자유하고 행복하기만 했다.

　그러나, 졸업 후 결혼을 추진하면서부터 전혀 예기치 못한 문제들과 만나야만 하였다. 장모인 최 여사가 만나자고 하여 결혼불가를 선언한 것이 무시무시한 태풍의 시작이었다. 물론 최 여사의 말에 순응하여 은영을 포기했다면 아무런 문제도 만나지 않았을 것이다. 여하튼 최 여사의 선포는 준혁의 기질과 야망을 밖으로 드러내는 도화선이 되었다. 가난한 농가에서 태어난 준혁은 아주 우수한 소년 시절을 보냈다. 그는 초등학교와 중학교, 고등학교 시절 내내 그의 학년 전체에서 삼 등 밖으로 벗어난 적이 없었다. 이를테면 그는 수재였다. 거기에 그의 부모들이 건강을 염려하여 공부하는 것을 말릴 만큼 노력파이기도 했다. 그래서 그는 그 스스로가 자신을 굉장한 사람으로 평가하고 있었다. 또 나름대로 커다란 야망도 지니고 있었다. 그는 우선 돈을 많이 버는 사업가로 성공하리라 결심하였다. 그리하여 나중에는 정계에 진출하여 정치를 하리라는 꿈을 꾸고 있었다. 그는 장차 대통령에도 도전해보리라 굳게 마음먹고 있었다. 아니 그는 더 나아가 세계적인 지도자가 되고 싶었던 것이다. 그러므로 비록 지금은 가진 게 없는 그였지만 마음만은 이미 저 상류계급의 사람으로 활보하고 있었던 것이다.

이러한 그에게 최 여사의 차가운 언행과 결혼불가 선포는 그의 자존심을 보통 상하게 만든 것이 아니었다. 준혁은 자신이 최 여사에게 일생일대의 대모욕을 당한 것이라고 생각했다. 준혁은 은영만 흔들리지 않으면 기필코 은영과 결혼하리라 생각하였다. 은영의 가정이 지니고 있는 부에 관하여는 추호의 관심도 없었다. 그런 것들은 자신도 훗날 다 가질 수 있다고 믿었기 때문이다. 준혁은 자신을 무시하는 은영이네 식구들의 그 거만한 콧대를 기필코 꺾고 싶었다. 결국 무시무시한 전쟁이 시작되었다. 은영이네 집에서 먼저 준혁을 공격하기 시작했다. 그러나 은영의 마음이 흔들리지 않자 준혁은 아주 의연하게 대처해 나갔다. 준혁은 깡패들에게 여러 번 납치되어 죽을 고비를 아슬아슬하게 넘기곤 하였다. 최 여사도 몇 번 더 만났다. 나중에는 은영의 아버지 곽 회장도 만났다. 자기 딸을 놓아 달라는 것이었다. 하지만 준혁은 끝까지 그들과 맞섰다. '이에는 이 눈에는 눈'이라는 식으로 강경하게 맞섰다.

은영의 집안과 싸우는 동안 준혁은 두 가지의 명분을 분명히 했었다. 하나는 은영과의 사랑에 생명을 걸자는 것이었다. 남녀의 사랑은 세상의 그 무엇보다도 숭고할 것이었다. 준혁은 그렇게 생각했다. 남자는 그 신성한 사랑의 가치를 알고 그것을 지키는 것이 지극히 당연한 의무일 것이다. 그리고 그 가치를 진정한 나의 것으로 획득할 때에 인생의 기쁨도 얻게 될 것이다. 다른 하나의 명분은 순수한 사랑까지도 제멋대로 짓밟고자 시도하는 그릇된 재벌가의 사고방식을 뜯어고치자는 것이었다. 하지만 은영 집안의 반대를 위한 계략은 점점 더 치밀해졌다. 밀고 나오는 방법도 훨씬 더 폭력적이었다.

안 되겠다 생각한 준혁은 회사에 휴직계를 내고 은영과 지방으로 내려가 몸을 숨겼다. 그리고 그곳에서 단둘이 결혼식을 올려버렸다. 그렇게 일 년 남짓 숨어 살자 그들에게서 아기가 태어났다. 딸이었다.

준혁은 서울 본사에 청원서를 올렸다. 그리하여 지방에 있는 지사에서 근무할 수 있게 되었다. 이러한 상황을 파악했는지 아내의 집안에서는 그들을 더 이상 추적하지 않았다. 은영을 차지한 준혁은 더욱더 자신을 신뢰하였다. 자기가 내세웠던 두 가지의 명분을 생각할 때마다 흡족한 마음이 되었다. 그는 자신의 능력에 대하여 한 번 더 큰 확신을 갖게 되었다. 그는 비록 인생을 많이 살지는 않았지만 언제나 그렇게 의도하는 것들을 이루었고 성공자가 되었던 것이다.

지방에서 근무한 준혁이었으나 그의 탁월한 능력은 곧 드러나기 시작하였다. 그래서 그는 다시 서울 본사로 올라오게 되었다. 그는 열심히 일하였다. 어학과 경영에 대한 공부도 계속하였다. 그리하여 이 년 뒤 회사의 가장 중요한 부서로 들어가 일하게 되었다. 사업계획을 세우고 그것이 결실을 거두도록 연구하는 부서였다. 이를테면 그는 이 회사의 기발한 아이디어맨이었다. 그의 능력은 경영진에게 인정되어 승승장구하였다. 이무렵 둘째 아이가 태어났다. 둘째도 딸이었다. 그는 어느새 두 공주의 아버지가 된 것이다. 이 무렵 그는 회사의 도움으로 아파트도 한 채 구입할 수 있었다. 뛰어난 능력을 인정받아 아주 짧은 기간에 집도 한 채 마련할 수 있었던 것이다. 준혁의 처신과 일을 처리하는 능력은 보통 사람들이 생각할 수 없는, 한 마디로 비상한 것이었다. 준혁은 그러한 자신을 믿었다. 그리고 머지않아서 자기가 소년시절에 그렸던 인생의 그림들이 현실로 다가오리라 확신하였다. 그는 종종 국회의 의원석에 앉아 있는 자신을 상상하였다. 또 어떤 때는 청와대에서 업무를 보고 있는 자신을 그려보기도 하였다.

그러나, 인생은 그렇게 만만한 게 아니었다. 준혁은 또 한 번 전혀 예기치 못한 황망한 상황에 직면했던 것이다.

준혁은 가장 빠르게 헤엄치고 있는 한 열대어에 시선을 집중했다. 검정 줄무늬들이 세로로 멋지게 그어진 몸매를 자랑하면서 사방을 휘젓고 다니는 놈을 유심히 보았다. 녀석이 헤엄을 치고 재빠르게 앞으로 나아가면 다른 고기들은 도망치듯 옆으로 비켜나는 것이었다. 이때였다. 최 여사가 다가와 의자에 앉았다. 준혁은 일어서서 공손히 인사를 했다.

"나오셨군요."

"응. 일찍 왔나 보지?"

"장모님이 워낙 일찍 오시는 분이라서 오늘은 제가 좀 서둘렀습니다."

"그랬군. 애들은 잘 있고?"

"네. 덕분에요. 집안 별 일 없으시죠?"

"응. 별일 없어."

최 여사는 물컵을 들어 물을 조금 마셨다. 그리고는 준혁의 얼굴을 찬찬히 살폈다. 그런 최 여사에게 준혁이 물었다.

"특별하게 하실 말씀이라도 있으세요?"

최 여사는 고개를 끄덕이면서 가볍게 웃었다.

"있지. 있어."

준혁도 알았다는 표정을 지으며 고개를 끄덕였다.

"다른 게 아니고 그동안 우리 가족들이 이 서방에게 했던 온전치 못한 말과 행동들을 정식으로 사과하고 싶어서 만나자고 한 거야. 진작 이런 자리를 가지려고 했는데 이제야 말하게 되는군. 은영이 아버지 마음도 내가 동시에 전하는 거야. 그러니 우리 집안에 가졌던 모든 좋지 않은 감정들일랑 이제 정리해 주었으면 해. 그리고 은영이 엄마로서 진심으로 말하는데 참으로 고마워. 내 딸 잘 돌보아 주어서. 자넨 부모인 우리보다 나아.

정말이야. 너무 고마워. 이 마음도 동시에 전하는 거야. 은영이 아빠 마음까지. 참 한 가지 더 말하겠는데……. 은영이 이젠 우리에게 돌려 줘. 우리가 보아 놓은 좋은 시설이 있거든. 이 서방도 이젠 자신의 길을 가야잖아. 나이 더 들기 전에 좋은 여자 만나 새로 시작해야지. 필요한 것 있으면 우리가 도와주겠어."

최 여사의 이 말에 준혁은 빙긋이 웃었다. 그리고는 말했다.

"장모님, 제 감정은 이미 정리되었습니다. 사람이기 때문에 저도 모르는 어떤 감정의 부스러기가 제 의식에 남겨져 있는지는 모르겠지만 최소한 제 생각으로는 모두 정리했다고 믿습니다. 좋지 않은 감정은 누구를 향하여 가지고 있든지 우선적으로 본인에게 해로운 것 같았습니다. 그래서 모두 정리했습니다. 그리고 애들 엄마 문제는 제게 맡겨 주십시오. 은영이는 법적으로 제 아내입니다. 우린 어느 한 쪽이 이 세상을 떠날 때까진 끝까지 함께 갈 거예요. 그러니 출가외인이라 생각하시고 제게 모두 맡겨 주세요. 지금까지 잘 살아오고 있잖아요."

최 여사는 준혁의 결연한 표정을 보고는 잠시 생각에 잠겼다. 그녀는 짧게 한숨을 내어 쉬고는 말했다.

"자라면서 단 한 번도 병원에 가보지 않은 애가 은영이 걔인데……. 사람의 일이란 참으로 모르는 일이야……. 세월이 흐를수록 자네한테 미안해. 우리가 했던 행동들을 생각하면 잠이 안 와……."

"장모님……. 저라도 그랬을 거예요. 제가 무례하게 행동했던 것 용서하세요. 살면서 깨달은 거지만 인생이란 게 단순하지 않은 것 같아요. 어떤 경우에도 경거망동해서는 안 되는 거 같아요. 여하튼 은영이는 제 아내인 만큼 제가 끝까지 책임질 테니까 이 문제로는 더 이상 신경 쓰지 마세요. 제게 모두 맡기세요."

최 여사는 준혁의 오른손을 양손으로 꼭 붙잡았다. 그리고는 말했다.

"내 사위가 이렇게 든든한 사람인 줄을 처음에 알았어야 하는 건데……. 미안해. 정말 미안해……."

그녀는 끝내 눈물을 보였다. 준혁도 장모의 눈물을 보자 눈물이 핑 돌았다.

"장모님……."

최 여사는 손수건을 꺼내 눈물을 닦고는 가방을 열어 봉투 하나를 꺼냈다. 그리고는 준혁 앞으로 내밀었다.

"자존심 건들까봐 조심히 조금 준비했어. 생활비에 보태. 아무 소리 말고."

"장모님……. 저희들은 괜찮습니다. 하지만 이거 거절하면 장모님 마음 더 상할 것 같으니 받겠습니다. 감사합니다. 잘 쓰겠습니다."

"시골이라면서. 애들 교육은 괜찮겠어?"

"좋아요. 잠자리도 쫓아다니고, 개울에서 고기도 잡고, 논둑을 걸어다니며 메뚜기도 잡고……. 그런 자연에서 현장감 있는 공부, 도시 애들은 못하잖아요."

최 여사는 고개를 끄덕였다.

"은영이는 여전히 속 많이 썩히지? 애만도 못하니 오죽하겠어……."

"그래도 잘 지내고 있어요. 친구들이 많이 있어서 늘 즐거워하고요."

"친구들이 많이 있어?"

"시골이잖아요. 동네 사람들이 다 친구죠, 뭐. 전에 비하면 천국에서 사는 거예요."

준혁이 웃으면서 말하자 최 여사도 그 모습을 보고 모처럼 웃었다.

"고마워 이 서방. 변함없이 내 딸 사랑해 주어서."

"장모님, 은영이는 요즘 더 귀엽고 더 이뻐졌어요. 얼굴도 밝고 이상한 행동도 하지 않아요. 그러니 염려 마세요."

"그래. 좋은 소식이군. 이 서방만 믿을게."

이때였다. 준혁의 핸드폰 벨이 울렸다. 준혁은 일어섰다.

"장모님, 저 잠깐 전화 좀 받고 오겠습니다."

준혁은 일어나 커피숍을 나왔다. 한 쪽으로 가 전화를 받았다. 저쪽에서 급하게 말했다.

"이 선생님, 저 손 목사입니다. 별이 어머님에게 문제가 생겼습니다. 지금 서울이시죠?"

"네, 목사님. 저 지금 서울에 있습니다. 한데 별이 엄마에게 무슨 문제가 생겼습니까?"

"사고입니다. 하지만 자세한 이야기는 나중에 해야겠습니다. 별이 어머님이 지금 G시의 은진병원 응급실에 있습니다. 곧 수술을 받아야 할 것 같습니다."

"아니, 갑자기 무슨 일로……?"

"설명이 좀 길어요. 당장 수술을 해야 한다고 하니까 담당의사 선생님과 통화를 좀 하세요."

손 목사는 핸드폰을 의사에게 넘기는 모양이었다. 의사는 준혁에게 말했다.

"부인께서 뇌를 다치셨습니다. 급히 수술을 해야만 합니다. 그러니 보호자인 선생님께서 수술을 허락한다는 문자를 즉시 보내 주세요. 문자 받는 즉시 수술을 시작하겠습니다. 일 초가 급해요. 지금 문자 보내세요."

"아, 알겠습니다……."

준혁은 곧 수술을 허락한다는 문자를 보냈다. 그리고는 급히 커피숍으로 들어왔다. 준혁의 표정을 본 최 여사가 근심스러운 얼굴로 물었다.

"은영이가 또 무슨 사고 쳤어?"

"아, 아니예요 장모님. 사고는 무슨 사고요. 제가 즉시 해결해야 할 일이 좀 생긴 모양입니다. 아무래도 오늘은 제가 이만 일어나야 할 것 같습니다."

"알았어. 빨리 가 보아야지. 오늘은 이야기 좀 많이 하고 같이 저녁 먹으려고 했더니……."

"다음에 먹죠, 장모님. 오늘은 아무래도 지금 곧 가야만 될 것 같아요."

"알았어."

최 여사는 어떤 느낌을 받은 듯 자리에서 일어났다. 준혁은 호텔을 나오자 최 여사에게 인사를 했다.

"장모님, 고맙습니다."

"고맙긴. 내가 고맙지. 어서 가봐. 급한 일인가 본데."

"그럼……."

준혁은 최 여사와 헤어진 후 곧 택시를 잡았다. 그리고는 고속버스터미널로 달렸다. 준혁은 머릿속이 어수선하고 마음이 답답하여 어쩔 줄을 몰랐다. 무슨 사고로 머리를 얼마나 다쳤길래 급히 수술을 해야 한단 말인가? 산에 올라가 벼랑에서 굴러 떨어지기라도 했단 말인가? 아니면 넘어져 머리를 돌에 찍히기라도 했단 말인가? 아니면……."

준혁은 터미널에 와 표를 산 후 대합실을 나왔다. 사람들이 좀 덜 모여 있는 곳으로 가 핸드폰을 꺼냈다. 그리고 손 목사에게 전화를 했다. 마침 전화를 받았다.

"목사님, 저 지금 터미널에 있는데 너무 궁금해서 전화했습니다."

"그렇지 않아도 제가 전화 드리려고 했습니다. 우린 지금 병원에 있습니다. 별이 어머님은 방금 전에 수술실로 들어갔습니다. 전혀 예상치 못한 사고였어요. 오늘이 장날이잖아요. 그래서 제가 교회 차에 동네 사람들을 싣고 파장을 보러 갈려고 출발했습니다. 차를 출발시켜 한참을 가는데 아무래도 뒤가 이상해요. 그래서 차를 스톱시켰습니다. 그런데 그 순간 퍽 하는 소리가 나잖아요. 무슨 일인가 하여 차에서 내려 뒤로 와 보니 별이 어머님이 쓰러져 있었어요. 저도 몰랐는데 별이 어머님도 장에 따라오려고 뒤늦게 나왔나 보아요. 그런데 차가 이미 출발한 거예요. 그래서 달려와 차 뒤의 범퍼를 잡았던 모양이예요. 그걸 꼭 붙들고 질질 끌려온 거예요. 저는 그것도 모르고 백여 미터를 갔지요. 그러다가 급정거를 하니까 차에 머리를 받아버린 거예요. 순전히 제 실수입니다. 천천히만 섰어도 이러지는 않았을 텐데……."

"그랬군요. 목사님, 이번 사고 목사님 실수 아닙니다. 별이 엄마 실수지요. 그러니 마음 아파하지 마세요. 그동안 잘 해 주신 것 너무 감사해요. 전혀 괘념치 마세요. 정말이예요. 제 진심이예요. 별이 엄마 애잖아요. 항상 그랬잖아요."

준혁은 핸드폰을 끄고 하늘을 보았다. 그리고는 후~ 하고 한숨을 내쉬었다.

버스가 터미널을 빠져나갔다. 날이 어두워지고 있었다. 준혁은 창밖으로 보이는 서울의 빌딩들을 바라보았다. 빌딩들은 이제 막 불을 밝히고 있었다. 서울은, 가늠할 수 없는 어떤 낭만 같은 게 여전히 빌딩의 불빛들과 함께 반짝이고 있었다. 인생에 대하여 여전히 커다란 수수께끼를 남겨둔 채 서울의 밤은 또 시작되는 모양이었다.

서울 본사에 와서 생활한 지 삼 년이 되었어도 은영의 가족들은 전혀 연락이 없었다. 결혼 전에 그들이 늘 그렇게 말했던 것처럼 은영을 자식으로 생각하지 않은 것 같았다. 은영 역시 가족은 잊어버린 듯 가족 이야기는 일체 하지 않았다. 은영은 준혁이 자신과 결혼하면서 겪어야만 했던 그 혹독한 시련을 너무나 잘 알고 있었다. 그래서 더더욱 가족에 관하여는 입을 다무는 모양이었다. 감정을 지닌 사람이기 때문에 은영도 때로는 가족들을 생각했을 것이다. 소식이 궁금했을 것이다. 그리고 찾아가서 만나보고 싶었을 것이다. 하지만 그녀는 그러한 마음을 일체 밖으로 내비치지 않았다. 막내인 그녀는 순전히 준혁 때문에 그 모든 순수한 인간의 감정을 가혹하게 잘랐을 것이다. 준혁은 또 하늘을 보면서 긴 한숨을 내어 쉬었다. 버스는 이제 서울 시내를 벗어나 고속도로로 진입하고 있었다.

전혀 예기치 못한 그 황당한 사건은 결혼 오 년째 되던 봄에 일어났다. 준혁의 아내는 그 날도 아침 일찍 일어나 아침밥을 준비하였다. 준혁이 좋아하는 된장국을 끓여 구수한 된장국 냄새가 집안을 가득 메웠다. 식탁에 앉은 아내는 기분이 좋은 듯 이것저것을 준혁에게 물었다. 그리고 전날에 여고 동창들을 만났던 일들을 이야기했다. 아이들은 아직 잠에서 깨어나지 않고 있었다. 준혁도 즐거운 마음으로 아침밥을 먹었다. 아내는 준혁이 식사를 다 끝낼 즈음에 준혁에게 물을 주려고 물주전자를 들었다. 그러나 주전자 안에는 물이 없었다. 그녀는 주전자를 들고 몸을 일으켰다. 그러나 그녀는 갑자기 아~ 하며 짧은 비명을 토하고는 바닥으로 넘어졌다. 그리고는 일어나지를 못했다. 준혁은 벌떡 일어나 그녀에게로 갔다. 그녀는 눈을 치켜뜨고는 입을 벌린 채 몸을 벌벌 떨고 있었다.

"여보, 왜 그래? 갑자기 왜 이러는 거야?"

준혁은 그녀의 몸을 주무르며 얼굴을 매만졌지만 그녀는 말을 하지 못했다. 여전히 온몸을 벌벌 떨고만 있었다. 심상치 않다고 느낀 준혁은 곧 119로 전화를 했다. 구조대의 차로 실려간 아내는 병원 응급실로 들어갔다. 아내는 몇 시간 동안 응급실에서 치료를 받았다. 다행히 그녀의 표정은 정상으로 돌아왔다. 걸음도 제대로 걸었다. 그러나 그녀는 준혁을 얼른 알아보지 못했다.

한참 후에야 알아보는 것 같았는데 뭔가 이상했다. 전 같지 않았다. 아무래도 정상이 아닌 것 같았다. 의사는 조용히 준혁을 불러 아내의 뇌에 문제가 생겼다고 말했다. 뇌혈관이 터진 것은 아닌데 사물을 인식하는 뇌 기능이 손상되었다고 말했다. 그러면서 앞으로 치매증상이 있을 것이니 대비하라고 말했다. 이런 경우엔 일단 몸은 건강하니까 뇌수술은 하지 않는 게 좋다고 말했다. 잘못하면 몸을 제대로 쓰지 못하는 무서운 결과가 올 수도 있다는 것이었다. 준혁은 의사의 말에 따라 일단 아내를 데리고 집으로 왔다. 아내는 아이들을 알아보았다. 하지만 알아보는 것만으로 끝이었다.

그녀는 더 이상의 일들은 하지 못했다. 그녀는 아이들과 똑같은 사람으로 변해 있었다. 밥을 할 줄도 모르고 빨래를 할 줄도 몰랐다. 하는 일이란 온종일 거울을 들여다보면서 히죽히죽 웃는 일이었다. 아이들이 "엄마, 엄마" 하고 품으로 파고 들면 웃으면서 안아주긴 했지만 역시 그것으로 끝이었다. 준혁 자기에 대하여도 그랬다. 무슨 말을 하면 찬찬히 듣고 있긴 했지만 더 이상의 반응은 하지 않았다. 이를테면 바보가 된 것이었다. 사태의 심각성을 깨달은 준혁은 시골의 노모를 서울로 데려왔다. 아무래도 누군가가 집안을 돌보아야만 했기 때문이다. 그러나 이미 칠순이 넘은 노모가 아이 셋을 돌본다는 것은 무리였다. 또 형제들이 그것을 원치 않았다. 어느 날 아내가 집 밖으로 나가 한 바탕 소동을 겪은 준혁은 노모를 시골로 돌려보냈다.

그리고 한국에서 가장 시설이 잘 되어 있다는 요양원으로 아내를 보냈다. 그리고 아이들을 돌볼 가정부 한 사람을 매일 집으로 오도록 했다. 준혁은 일주일에 한 번씩은 꼭 아내를 데리고 와 아이들과 놀게 하였다.

이러한 생활을 삼 년 정도 하게 되자 준혁은 지치지 않을 수 없었다. 그가 받는 봉급보다 생활비가 더 많이 들었다. 아내의 요양비와 가정부의 사례비, 아이들 양육비는 준혁을 압박하였다. 그는 자연히 빚을 얻어서 사용하게 되었다. 그리고 생활이 이러다 보니 전처럼 회사일에 전념할 수도 없었다. 단말마의 버둥거림으로 버텨보았지만 그는 서서히 밀려나기 시작하였다. 그리고 나중에는 지방 읍으로 좌천을 당하는 사태가 발생하였다. 그처럼 충성을 다했지만 회사의 인사 처리는 냉정하였다. 아주 잘라 버리지 않은 걸 다행으로 생각하라는 투였다.

준혁은 이 어처구니없는 상황들이 계속해서 현실로 닥쳐오자 어쩔 줄을 몰라 방황하기 시작했다. 한때는 금방 재벌이 되고 대통령도 곧 될 것 같았는데 자기의 인생이 정 반대의 방향으로 끝없이 추락하자 별의 별 생각이 다 들었다. 그는 이 때 처음으로 자살이라는 것을 생각해보았다. 밤새 술을 마신 어느 깊은 밤, 그는 가족 모두와 함께 차를 몰고 깊은 강으로 들어가고 싶은 충동을 느꼈던 것이다. 이러한 생각은 며칠 동안 그의 뇌리를 서성거렸다. 그러나 그러기엔 자신은 아직 젊었다. 다행히 그는 자신이 아직 젊다는 생각을 했던 것이다. 또 자신이 여기서 죽어버린다면 자신을 묵사발 만든 아내의 가족들에게, 그리고 이 비정한 세상에게 복수를 할 수 없을 것이었다. 그래서 그는 죽음의 유혹을 일단 물리쳤다. 그는 서울의 집을 팔아 빚을 갚았다. 서울 생활을 정리하였다. 아내와 아이들을 데리고 지방의 읍으로 내려갔다. 아내는 데리고 있을 수 없어서 근처의 값싼 요양시설에 맡겼다. 그리고 아이들과 집안을 돌볼 아주머니 한 분을 구해 집안일을 돕도록 하였다.

그런데, 아내를 맡긴 지 한 달 정도가 지났을 때였다. 요양시설에서 급히 좀 오라는 것이었다. 그래서 갔더니 원장은 심각한 표정으로 아내를 데려 가라고 말했다. 이유를 물으니까 아내가 사람 얼굴에 침을 뱉는 이상한 행동을 한다는 것이었다. 누가 조금만 큰 소리를 치면 얼굴에 침을 퉤~

하고 뱉는다는 것이었다. 준혁은 아내를 차에 태우고 집으로 왔다. 그녀는 방에 들어오자마자 준혁의 얼굴에 침을 퉤~ 하고 뱉았다. 준혁은 손수건으로 얼굴을 닦으며 "이 사람 왜 이래? 이거 나쁜 행동이야" 하고는 웃었다. 그러자 아내도 싱긋이 웃었다. 그리고는 두 번 다시 침을 뱉지 않았다. 준혁은 아내를 가정부에 맡기고 직장에 나갔다. 그러나 단 한 순간도 마음이 편치 않았다. 정말이지 하루하루를 사는 일이 작두날 위를 걷는 것 같았다. 아무리 생각해도 이런 상태로는 직장생활을 하지 못할 것 같았다. 인생의 대 결단이 있어야만 할 것 같았다. 이때 그는 또 한 번 죽음의 유혹을 받았다. 인생을 구질구질하게 이런 식으로 살 바에는 깨끗이 끝내는 게 나을 것 같았다. 가족들과 함께 조용히 이 세상을 떠나면 모든 게 정리될 것 같았다.

그는 결국 사표를 제출했다. 그리고 그날 밤 늦은 시간까지 배회하다가 집에 돌아왔다. 아무래도 죽는 게 가장 현명한 선택 같았다. 그는 굳게 결심하고 집에 돌아왔다. 아내는 아이들과 방바닥에 누워 자고 있었다. 같이 뛰놀다가 잠이 든 모양이었다. 준혁은 두 아이와 아내를 한참 동안 내려다보았다. 그들을 그렇게 내려다보고 있노라니 가슴 깊은 곳에서 치고 오르는 한 같은 게 그의 심령을 뒤흔들었다. 내 인생이 정말 이것밖에 안 되는 것인가? 나와 이 죄 없는 아내, 그리고 두 딸은 이대로 죽어야만 한단 말인가? 도대체 왜 그래야만 한단 말인가? 자학과, 대상도 없는 원망이 그의 상한 가슴을 계속 후려치는 것이었다. 그리하여 그는 철퍽 무릎을 꿇었다. 그리고 참으로 오랜만에 아내의 얼굴을 유심히 들여다보았다. 손도 만져보았다. 재벌가인 자기 집을 놔두고 무엇 때문에 나를 따라와 이 모양이 되었는가 생각하니 갑자기 눈물이 솟구쳤다. 준혁은 아내의 손을 번갈아 만졌다. 오른손, 왼손……. 그는 처음으로 아내에게 미안한 마음이 들었다. 그리하여 그는 흐느끼며 말했다. "여보, 미안해. 정말 미안해. 당신 이렇게 만들어서 미안해……." 그는 점점 소리를 내어 울기 시작하였다. 그의 울음소리에 아이들과 아내가 일어났다. 아이들은 아빠가 울고 있는 것을 보고 덩달아 울었다. 그녀는 남편과 아이들이 엉엉 소리 내어 울자 한참을 바라보더니 역시 울기 시작하였다. 그들은 껴안고 한 덩어리가 되어 더욱 큰 소리로 울었다.

　가족과 통곡의 밤을 보낸 준혁은 일단 자살은 접기로 하였다. 새롭게 한 번 살아보기로 했다. 그러나 어떻게 살 것인지 뾰족한 방법이 없었다. 그는 일단 가정부를 더 이상 오지 않게 하였다. 그리고 자신이 집안일을 꾸려나갔다. 약간의 퇴직금과 서울의 집을 팔아 남은 돈이 좀 있었음으로 일 년 정도는 별 문제 없이 살 것 같았다. 그 동안에 살 길을 찾아보리라 생각했다. 그 날도 준혁은 찬거리를 사러 시장에 갔다. 그런데 누군가가 등을 툭툭 쳤다. 돌아보니 군대생활을 함께 했던 공병석이라는 친구가 웃는 얼굴을 하고 서 있었다.

　"너 공 병장 아냐?"

　"그래. 나 공병석이야. 너 이준혁 맞지?"

　"맞아. 나 이준혁이야. 한데 여기서 널 만나다니. 웬일이냐? 너 이 부근에서 사니?"

　"아니. 여기서 오십 리 더 들어가는 산골에서 살아. 거기가 내 고향이거든. 한데 넌 웬일이냐? 넌 서울에 직장이 있는 줄 아는데?"

　"이야기하면 길다. 우리 차 한 잔하면서 이야기하자."

　공병석은 이 부근의 도시에서 전문대학까지 졸업했다. 그는 집에 농토가 많아서 제대 후 도시생활을 하지 않았다. 제대하자마자 특용작물을 재배하기 시작하였다. 그리하여 지금은 몇 가지 특수품종을 개발하여 성공한 상태였다. 그는 농촌은 다 좋은데 일꾼이 없어서 탈이라고 한숨을 쉬었다. 준혁은 이 말을 듣는 순간 혹시나 하는 마음으로 물었다. 자신과 같은 사람도 거기에서 할 수 있는 일이 있는가를 물었던 것이다. 공병석은 처음엔 의아해했으나 준혁의 사정 이야기를 모두 듣고는 당장 오라고 말했다. 그런 현실이라면 이곳으로 와서 생활하는 게 최상이라는 것이었다. 이렇게 하여 전혀 예기치 못했던 준혁의 산골생활이 시작되었던 것이다.

　공병석의 고향은 칠십여 호의 아담한 산골마을이었다. 공병석의 주선으로 준혁도 이곳에 작은 오두막집 하나를 마련했다. 그리고 공병석의 농장에서 일을 시작하였다. 이 마을에 사는 사람들은 팔십 퍼센트가 노인들이었다. 마을은 온종일 조용하였다. 이 마을에는 작은 교회가 하나 있었다. 마을 사람들 대부분이 이 교회에 다니고 있었다. 마을 사람들은 바로 이 교회를 통해 다분히 답답해 보이는 산골의 적막감을 해소하고 있었다. 일을 못하는 동네의 노인들은 날만 새면 교회에서 운영하는 행복교실에 갔다. 여기에서는 뜨개질, 봉투 만들기, 조화 만들기, 율동하며 노래 부르기 등 여러 프로그램들을 운영하였다. 이렇게 한데 모여서 일을 하다가 텔레비전도 같이 보고, 음식도 함께 나누는 것이었다. 노인들은 이 맛에 날만 밝으면 교회로 모이는 것이었다. 담임목사인 손 목사가 이 모든 일들을 관장하였다. 그리고 여기에 대한 모든 경비는 공병석이 대고 있었다. 그는 이 교회의 집사였다. 놀라운 사실은 옆의 할머니를 따라 준혁의 아내도 매일 그곳에 나갔다. 그녀는 그곳에서 노는 일이 아주 재미있는 모양이었다. 준혁은 아내의 문제가 이런 식으로 해결되자 참으로 수년 만에 아내 때문에 받았던 압박감에서 해방되었다. 그런데, 오늘 또 이런 일이 뻥터지니 준혁은 다시 긴 한숨을 내어 쉴 수밖에 없었다.

준혁은 장모 최 여사가 준 봉투를 들여다보았다. 수표 수십 장이 들어 있었다. 어머니인 그녀에게 어떤 예감이라도 왔던 것일까? 이 돈은 엄마가 딸의 수술비로 준 돈 같았다. 준혁은 캄캄한 창밖으로 시선을 주고는 또 생각에 잠겼다. 나중에 알았지만 아내 은영의 집에서는 준혁의 삶 일거수일투족을 세밀히 살피고 있었다. 그러나 아내가 쓰러진 직후에도 그들은 전혀 반응을 보이지 않았다. 삼 년 정도가 흘렀을 때야 비로소 최 여사가 준혁을 찾아왔었다. 그리고 치료비에 쓰라며 봉투 하나를 내밀었다. 그러나 준혁은 그 돈을 받지 않았다. 그 이후 최 여사는 몇 번 더 준혁을 찾아와 봉투를 내밀었다. 하지만 준혁은 어떠한 도움도 원치 않는다며 모두 거절하였다. 그는 오늘 처음으로 장모 최 여사가 건네는 봉투를 받던 것이다.

준혁이 버스 터미널에 닿았을 때는 밤 열 시가 다 된 시각이었다. 그는 곧 택시를 잡았다. 그리고는 병원으로 달렸다. 늦은 시간인지라 병원 안은 한가해 보였다. 그러나 아직도 오고 가는 사람들이 여기저기 눈에 띄었다. 아내는 삼 층에 있었다. 급히 병실로 올라가니 손 목사와 마을 사람들 몇 명이 병실을 지키고 있었다. 그들은 준혁이 들어오자 근심 반 기쁨 반의 표정을 지었다.

"안녕들 하세요. 제 집사람 때문에 폐를 끼치게 되어 죄송합니다. 그리고 정말 감사합니다. 이 늦은 시간까지 여기에 이렇게들 계시고……."

"어서 오세요, 이 선생님. 그러지 않아도 우리 모두가 계속 기다렸어요."

손 목사가 말했다.

"목사님, 감사합니다. 심려를 끼쳐드려 대단히 죄송하고요."

"죄송하긴요. 우리가 미안하지요. 조금만 신경을 썼으면 이런 일 안 당하는 건데 그걸 모르고 차를 달렸으니, 원……. 하지만 수술은 빨리 끝났어요. 의사 선생님 말씀이 수술이 잘 되었다고 했습니다. 그분 이미 퇴근하신 것 같던데……."

"내일 제가 한 번 만나 보겠습니다. 좋은 결과가 있겠죠. 이렇게 모두들 성원을 보내 주시는데……."

"우리들이 남이예요? 주 안에서 다 한 식구들이지. 당연히 기도하고 당연히 맘을 모아야지요."

교회의 여전도회 회장인 봉심이 어머니가 말했다.

"감사합니다. 저도 우리 동네 모든 분들을 한 식구로 생각하고 있습니다. 그래서 항상 든든합니다. 목사님, 이젠 모두 모시고 돌아가세요. 너무 늦은 시간입니다. 너무 감사합니다."

"그래요, 이 선생님. 무슨 일 있으면 빨리 전화 주세요. 참, 공 집사님도 계속 함께 계시다가 급한 일 때문에 먼저 가셨어요. 수술비 같은 건 염려 마세요. 집사님과 교회에서 알아서 할 거예요."

"알았습니다, 목사님. 너무 감사합니다. 어서 가세요."

준혁은 병원 마당에 내려와 동네 사람들을 전송하였다. 그리고는 곧 병실로 올라왔다. 아내는 머리를 붕대로 감은 채 잠들어 있었다. 얼굴은 그 어느 때보다도 평안해 보였다. 이 때 간호사가 들어왔다. 그녀는 준혁에게 보호자인가 묻고는 말했다.

"수술 후 아직 안 깨어 나셨어요. 시간이 지나면 깨어나실 거예요. 그러실 리는 없겠지만 혹시 통증을 호소하거나 이상한 몸짓을 하시면 저희들에게 즉시 알려 주세요."

"잘 알겠습니다. 한데 깨어나지 못 하거나 그런 일은 없는 거죠?"

"아니예요. 그런 일은 없어요. 못 깨어나는 건 천만 분의 일, 그런 확률이예요. 사모님 수술 잘 되었어요. 염려 마세요."

"네. 잘 알았습니다. 한 번 해본 말이예요."

간호사가 병실을 나가자 아내와 단둘이 있는 병실은 고요하기만 했다.

준혁은 아내의 얼굴을 찬찬히 들여다보다가 피식 웃었다. 인생이 이런 것인가 생각하니 그냥 웃음이 나왔다. 준혁은 아내의 손을 잡았다. 그리고는 마음으로 말했다.

'은영아, 정말 미안하다. 나는 내가 굉장한 사람인 줄 알았는데 이것밖에 안 돼. 너를 정말 행복하게 해 주고 싶었는데 그게 맘대로 안 돼. 너 나 때문에 마음으로 몸으로 고생 참 많이 한다. 은영아, 다 용서해라. 그리고 우리 이대로라도 한 번 행복하게 살아보자. 내가 너 사랑하는 거 너도 알잖아. 니 인생은 염려 마. 내가 평생 책임질 거니까. 알았지?'

준혁은 다시 한 번 아내의 얼굴을 들여다보았다. 그리고는 옆의 의자에 앉았다. 그는 아내의 손을 만지작거리다가 침대에 기대어 잠이 들었다.

얼마나 잤는지 준혁이 눈을 떴을 때엔 병실은 적막에 싸여 있었다. 그는 핸드폰을 통해 시간을 보았다. 새벽 두 시가 가까워 오고 있었다. 준혁은 일어나 아내의 얼굴과 몸을 살폈다. 바로 이 순간이었다. 아내가 눈을 떴다. 그녀는 천정을 보더니 곧 준혁을 보았다. 그리고는 마치 꿈에서 깨어난 듯한 표정을 지으며 말했다.

"여보, 여기가 어디야? 내가 지금 어디에 있는 거야?"

"병원. 당신 어제 사고 당하고 수술했어."

"무슨 사고?"

"차 사고."

"내가 그랬어? 애들은 집에 있는 거야?"

"그럼. 애들은 오늘도 학교에 가야지."

이렇게 말한 준혁은 뭔가 느낌이 이상하여 아내의 얼굴을 유심히 들여다보았다. 그녀도 준혁을 유심히 올려다보았다. 아내의 눈빛이 전과 달랐다. 준혁은 갑자기 아내의 손을 꼭 잡았다.

"여보, 은영아!"

"응, 왜? 당신도 오늘 출근해야 되잖아?"

"여보……."

준혁은 아내의 가슴에 얼굴을 묻었다. 뜨거운 눈물이 계속 솟구쳐 올랐다. 아내가 그런 준혁의 등에 한 손을 올렸다.

5

크리스마스 선물

마당에는 며칠 전에 내린 눈이 그대로 쌓여 있었다. 대문에서 마루 사이에 발자국 몇 개가 찍혀 있을 뿐이었다. 요 며칠 동안 처남이나 이웃 사람들이 통 오지 않은 모양이었다. 이 마을에도 몇 년 사이에 양옥들이 많이 들어섰다. 주로 음식점들이지만 전과 같은 마을 풍경은 점점 사라지고 있었다. 들은 바에 의하면 이곳도 이미 주택단지로 지정이 되었다고 한다. 지금도 농사를 짓는 사람들이 꽤 있지만 전처럼 이웃을 오가며 서로 품앗이를 하던 정서는 사라졌다고 보아야 할 것이다. 그러니 이 겨울에 홀로 사는 노파의 집에 찾아올 사람이 누가 있겠는가.

은규는 아이들과 함께 마루 앞 댓돌 아래 서서 장모를 불렀다. 곧 창문이 열리며 장모 박무숙 씨가 얼굴을 내밀었다. 그녀는 수건으로 머리를 묶고 있었다. 한 동안 세수조차 하지 않은 듯 얼굴이 부스스하고 머리도 헝클어져 있었다. 아니 병색이 짙은 얼굴을 하고 있다고 보아야 더 정확한 표현이 될 것이다. 하지만 그녀는 사위와 손주들의 얼굴이 반가운 듯 이내 문을 열고 나왔다.

"이 서방 왔구만. 내 강아지들도 오고……."

"장모님 어디 아프셔요? 얼굴이 영 좋아 보이지 않아요."

"응. 며칠째 감기몸살이여. 약 지어다 먹는데도 통 차도가 없어. 독감인가 봐."

"그러셨구나. 몸 조심하셔야죠. 나이 들면 아무래도 병 이기기가 힘들잖아요."

"알어. 추운데 어서 들어와. 명수와 명자도 어서 들어온. 그동안에 많이 컸구나."

아이들이 이제야 "안녕하세요, 할머니."하고 인사를 했다. 은규는 아이들과 함께 방으로 들어갔다. 예상대로였다. 방바닥이 찼다.

"감기 드신 분이 방을 이렇게 차게 하고 계시면 어떻게 해요. 병이 더 커지지 감기가 나가지는 않겠어요. 방안 온도 좀 올릴게요."

"추워? 그럼 올려. 난 괜찮은데."

"아이구 장모님도 참……. 아무리 기름 값을 아낀데도 그렇죠. 감기몸살이 오면 쩔쩔 끓는 방에서 땀을 쭉 빼야잖아요. 잘 아시잖아요."

"알지. 그건 알지……."

은규는 빙그레 웃었다.

"장모님 마음 잘 알아요. 기름 값은 비싸겠다, 형편은 여의치 않겠다, 그래서 이렇게 절약하시는 것 잘 알아요. 그래서 제가 크리스마스 선물로 홈매트 하나 사왔습니다. 바로 이겁니다."

은규는 사가지고 간 홈매트 커버를 벗겼다. 그리고는 방에 쫙 펼쳤다. 황금빛깔의 홈매트가 방에 펼쳐지자 벌써부터 방에 온기가 도는 것 같았다. 홈매트를 보면서 무숙 씨가 물었다.

"이것이 뭐여? 전기담욘가?"

"홈매트요. 지금 한창 홈쇼핑에서 광고하는 아주 품질 좋은 홈매트예요. 전기담요와 비슷한데 좀 달라요. 제가 장모님 드리려고 오래 전부터 벼르다가 이번에 하나 사왔습니다. 이건 전기로 사용하는데 전기세가 많이 안 나와요. 기름보일러보다 훨씬 경제적이에요. 이거 하나면 추운 겨울 따뜻하게 보낼 수 있다고 하대요. 제가 지금 당장 전기를 꽂아 드릴게요. 자, 몸 좀 일으키세요."

은규는 매트에 전기를 연결하였다. 그리고 장모 무숙이 그 위에 앉도록 하였다. 무숙은 매트 위에 앉아 신기한 듯 손바닥으로 매트를 만졌다.

"금방 따뜻해질 거예요. 한데 처남은 자주 안 와요?"

"가을에는 몇 번 왔는데 요즘은 통 오지 않아. 바쁜가 보지."

은규는 고개를 끄덕였다.

"그 아가씨하고는 잘 살죠?"

"사는 데를 안 가보아서 자세히는 모르겠는데 그냥 잘 사나봐. 가을에는 늘 같이 왔었거든. 잘 살아야 할 텐데……."

"아, 잘 살겠죠. 두 번짼데 처남도 이젠 모든 일을 신중히 잘 할 거예요."

"술과 담배는 끊었다고 하드만. 독하게 맘은 먹은 것 같은데 모르지. 자식들이 잘 되어야 부모들이 힘을 받고 사는데 내 생전에는 그런 복이 없는 것 같아. 참, 점심은 먹고 왔어? 애들도 밥 먹었어?"

"예. 저희들은 먹고 왔습니다. 장모님은요? 참 먹을 것 좀 사 왔습니다. 장모님 좋아하시는 만두랑 찐빵, 곶감 등을 좀 사왔습니다. 우선 제가 찐빵부터 좀 찌겠습니다."

"올 때마다 뭘 그렇게 많이 사와. 살기도 힘들 텐데. 애기들 둘 키우기가 어디 쉽남. 나 차 한 잔 끓여야겠어."

"아니예요, 장모님. 제가 다 하겠습니다. 그 몸으로 무얼 하시겠다고 그러세요. 좀 누우세요. 약은 있어요? 없으면 제가 나가서 좀 지어오고요."

"있어. 노인이라고 일주일분을 한꺼번에 주더만. 그나저나 명수와 명자가 쑥쑥 잘 크는구만. 그새 많이 컸어. 인제 명수는 삼 학년 올라가고 명자는 초등학교에 가겠네?"

"네, 그렇게 됩니다. 세월이 참 빠르지요?"

"그럼. 세월 빠르지. 나 늙은 것 봐. 어느새 일흔 살이 넘었잖어. 해놓은 것 없이 세월만 보냈어. 참 눈 깜짝할 새야."

"그래요. 세월이 날아간다더니만 그러는 것 같아요."

"집안 어른들은 잘 지내고들 있어?"

"예. 큰 형님이 잘 돌보시고 있어요. 두 분 다 팔십이 넘었지만 아직은 건강하신가 봐요."

"그렇겠지. 그분들 뵌 지도 십 년 다 되어가는구만. 나한테만 잘하지 말고 그분들한테도 잘 해드려. 죽고 나면 후회 없도록."

"네. 그런데 거리가 워낙 멀어서 자주 가지 못하니 그게 안 좋아요. 이 시흥만 해도 가까우니까 핑하니 왔다가 가니 얼마나 좋아요. 하긴 어머니 아버지는 형님과 누님들이 잘 돌보고 계시잖아요. 또 자주 가보아야 별 환영도 못 받고요. 애들 엄마가 없으니 항상 한쪽 어깨가 기울죠, 뭐."

"재혼하라고 그러지?"

"네. 오 년이 다 차니까 이젠 아주 귀찮을 정도로 전화를 해대요. 누나들이 더 성화예요."

"그러겠지. 한 살이라도 더 먹기 전에 재혼하라고 하겠지. 세상 살아본 사람들은 그 마음 다 알어. 인생은 참 짧고 허망한 것 같어. 참내. 차 한 잔 끓이겠어."

"아니예요, 장모님. 우선 제가 찐빵을 좀 따끈따끈하게 찌겠습니다."

은규는 자리에서 일어났다. 그리고 가스레인지가 있는 주방으로 갔다. 혼자 사는데다가 성격 또한 유별나게 깔끔한지라 주방은 늘 그러는 것처럼 깨끗하기만 했다. 은규는 이 주방을 볼 때마다 자신이 명수 엄마와 살던 저 오 년여의 생활들이 떠오르는 것이었다. 마치 차창을 스쳐가는 가로수들처럼 상처로만 남은 사건들이 뇌리를 스치는 것이었다. 그녀 역시 유별날 정도로 청결한 성격을 지니고 있었다. 아이들이 방바닥에 무엇을 어질러놓은 꼴을 보지 못했다. 어지르기를 좋아하고 치우기를 어지간히 싫어한 자기와는 정 반대의 성격이었다. 이 두 성격은 결혼을 하자마자 부딪치기 시작했다. 아내는 아무렇게나 벗어놓은 신발을 정리하면서 투덜댔고, 별 생각 없이 벗어서 던져놓은 옷들을 치우면서도 제발 이러지 말라고 훈계를 하였다. 그러면 은규 역시 가만있지 않았다. 여자가 둥글둥글 너그럽지 못하고 칼날 같이 민감하여 무슨 잔소리가 그렇게 많으냐고 받아쳤던 것이다. 그러면 그것이 발단이 되어 여지없이 싸움이 일어나곤 했었다.

은규는 피식 웃었다. 아내가 자기 어머니에게 배운 이 깔끔한 생활습관을 이해하지 못하고 계속 자기 생각만 밀어붙였던 그날들이 부끄럽고 한심스럽기만 하였다. 참 속 좁은 날들이었다. 아니, 참 멍청하고 아둔한 날들이었다고 해야만 옳을 것이다. 아주 이기적이고 야만적인 날들이었다고 표현해야 더 옳을 것이다. 은규는 긴 콧숨을 내쉬었다. 이제 와서 천만 번 후회한들 무슨 소용이 있겠는가 생각하니 마음만 아픈 것이었다. 은규는 어두운 생각들을 털어버리기 위해 고개를 흔들었다. 그리고 찜통을 찾아 물을 부어 빵 몇 개를 앉히고는 가스불을 켰다. 그리고는 다시 아이들과 장모 곁으로 오려고 그쪽으로 눈을 돌렸다. 명수와 명자는 할머니의 등을 두드리고 있었다. 무숙 씨는 은규가 들어올 때보단 얼굴이 한결 나아져 있었다. 얼굴에 화색이 돌았다. 그 모습을 보자 문득 결혼 허락을 받으려고 이곳에 처음 왔을 때가 생각났다. 그 때 무숙 씨는 농사도 조금 지으면서 안산의 공단에 있는 작은 공장에 다니고 있었다. 그녀는 아주 부지런한 여자였다. 공장에서 돌아오면 다시 밭으로 나가 밤늦게까지 일을 하였다. 은규가 생각할 때엔 아주 피곤하여 늘 지쳐 있는 표정을 하고 있을 것 같았는데 그렇지가 않았다. 그녀는 언제나 밝은 표정이었다. 얼굴이 웃는 상이어서 그런 것만은 아니었다. 천성이 그렇게 밝은 것이었다. 명수 엄마의 말을 들으면 이 집은 원래 훈장 집안이라고 했다. 명수 엄마가 초등학교에 다닐 때 까지도 장인 영감은 아침저녁으로 소리 내어 명심보감을 읽었다고 한다. 그래서인지 장인 영감은 어떻게 보면 시대에 아주 뒤떨어진 사람처럼 보였다. 그리고 농사일 외엔 달리 잘하는 일이 없었다. 또 다른 일을 해볼 생각도 안 했다. 그러다 보니 생활이 어려웠고 남매인 자식들을 대학에도 보내지 못하는 형국에 이른 것이었다. 이런 남편 아래서 삼십 년을 넘게 사는 일이 아주 힘들었을 텐데도 은규의 장모 무숙은 얼굴이 항상 밝았다. 이곳에 처음 왔을 때 보았던 장모의 그 밝은 얼굴은 아주 인상적인 것이어서 지금도 그 얼굴이 뇌리에서 지워지지 않고 있었다. 그러나 지난 십여 년 사이에 장모는 많이 늙어 있었다. 남편을 교통사고로 보내고 두 자녀마저 이혼하는 큰 사건들을 겪으면서 그녀의 그 밝은 얼굴에도 그늘이 내려앉았고 주름도 여러 개 생겼다. 은규는 장모 곁으로 왔다.

"장모님, 오래오래 사셔요."

은규의 말에 무숙은 웃었다.

"이런 생활 오래 해서 뭐해. 빨리 가야지."

"장모님, 처남의 생활이 여의치 않으면 제가 장모님 모신다고 했잖아요. 제가 늦어도 삼, 사 년 후면 조그마한 아파트 하나 마련할 거예요. 그땐 저희들과 같이 살아요."

"말이라도 고맙구만. 하지만 새 장가 들면 색시 말 따라야지. 나만 생각할 거여?"

"장모님, 제가 재혼을 한다 해도 장모님을 모시는 여자를 택할 거예요. 정말이예요. 저 요즘 그런 기도하고 있어요. 그러니 오래오래 사셔요."

"자네 식구들 오면 기분이 좋아져. 나 벌써 병 다 나은 것 같어. 아이구, 이런 식구들 두고 그것은 어디 가서 이렇게 소식이 없어. 아이구……."

무숙 씨는 갑자기 표정이 바뀌어 두 눈에 눈물이 글썽글썽 했다.

"장모님……."

"아녀. 내 처음에는 자네 탓도 많이 했지만 지난 오 년간 자네 보면서 문제는 자네가 아니고 명수 에미라는 걸 알았어. 그것이 어려서부터 참을성이 없었거든. 공부도 잘하고 사람이 지 앞가림은 아주 잘 했지만 참을성이 없는 게 큰 문제였거든. 지 맘에 안 들면 부모한테도 막 대들었거든. 내그걸 잡아주지 못한 게 이렇게 한이 될 줄을 몰랐어. 자네한데 미안하고 이 내 강아지들한테 미안해서 잠이 안 올 때가 많아. 이 말 사실이야."

무숙 씨는 눈물을 주르르 흘렸다. 은규는 그런 장모의 두 손을 꼭 잡았다.

"장모님……. 명수 엄마한테만 문제가 있는 게 아녜요. 사실 저한테 더 큰 문제가 있었어요. 제가 지난 오 년간 변화되어서 이만큼이라도 사람되었지 저도 너무 엉터리였어요. 당시의 제 행동거지를 보았다면 어느 여자라도 도망갔을 거예요. 그건 제가 알아요. 이해력 없고, 무능력하고, 말과 행동 제멋대로 하는 인간을 어느 여자가 좋아해요 장모님. 다 용서하세요. 진심으로 제 잘못을 뉘우칩니다, 장모님……."

"알았네. 알았어. 이제 오 년 기다렸으니 재혼해. 그거 돌아온다 기대 말고, 내 생각도 말고 좋은 사람 만나 새 출발해."

무숙 씨는 자리에서 일어났다.

"어딜 가시려고요, 장모님?"

"빵 가지고 오려고. 냉장고에 음료수도 있으니까 가져와야지."

"몸 괜찮아요?"

"다 나은 것 같아."

주방으로 걸어가는 무숙 씨의 뒷모습을 보고 은규는 빙그레 웃었다. 뒷모습이 어떻게 저렇게 명수 엄마와 같은지 판에 박은 것 같았다. 이때였다. 밖에서 사람 소리가 났다. 은규는 몸을 일으켜 마루로 나갔다.

"아니, 처남 아냐!"

"아니, 매형!"

처남인 강동식이 동거하고 있는 아가씨와 마당에 들어오고 있었다.

"용케 만나게 되는군. 오늘 크리스마스여서 회사 쉬나 보지?"

"예, 매형. 매형도 그러는가 보죠?"

"응. 나야 뭐 그날 벌어 그날 사는 노동자니까 언제든지 맘먹으면 휴일이지. 하여튼 반갑군. 정숙 씨도 어서 오셔요. 두 사람 아주 건강하고 좋아 보이는군요."

"고맙습니다. 그동안 안녕하셨어요?"

작은 체격이지만 언제 보아도 두 눈이 아주 영민해 보이는 그녀는 은규에게 공손히 인사를 했다.

"삼촌!"

명수와 명자가 말소리를 듣고 마루로 나왔다.

"야, 너희들도 왔구나! 그동안 아빠 말 잘 들었지?"

동식은 마루로 오르자 그들의 머리를 쓰다듬어 주었다. 그리고는 주방 쪽에 대고 큰 소리로 "엄마, 우리 왔어요."고 하고 말했다.

동식은 컴퓨터 수리공이었다. 고등학교 졸업 후 십여 년 동안 줄곧 그 계통에 있었다. 그래서 지금은 대기업체의 정식 사원이 되었다. 그는 사년 전에 결혼했지만 반 년도 되지 않아 이혼하였다. 이 년 정도를 방황하다가 함께 온 아가씨를 만나 동거하고 있었다.

"처남 내외가 오니까 집안 분위가 확 살아나는데. 장모님, 아들 오니까 기분 좋죠?"

은규는 주방을 향해 큰 소리로 말했다.

"그렇구만. 닭이라도 한 마리 잡을까?"

"아이구, 장모님. 그건 사양하겠습니다. 사실 저희들은 오늘 좀 빨리 가야 해요."

"오늘도 무슨 일 있어요?"

동식이 은규를 보면서 물었다.

"응. 일이 있지. 좀 빨리 가보아야 돼."

"그렇군요. 모처럼 만났는데 저희들과 식사라도 같이 하면 좋을 텐데."

"다음에 하자구. 오늘은 너무 중요한 일이 있어서 그게 좀 힘들겠어. 미안하군. 모처럼 만났는데 말이야."

"건강하시죠?"

"보다시피. 처남도 좋아 보이는데?"

"이 사람 임신했어요. 아무래도 식을 빨리 올려야 할 것 같아요."

"아, 그래. 이거 이 집안에 경사 났군. 축하해. 그럼. 배 안에 있는 아기 더 크기 전에 빨리 식을 올리는 게 좋아. 의논할 일 있으면 전화하라구."

"알겠습니다, 매형. 항상 고맙구요, 이렇게 늘 찾아주시니 너무 감사해요."

"이 사람. 내가 어디 남인가. 자네 매형 아냐. 당연한 거지."

"그래요, 매형. 제가 방황할 때 매형이 아니었으면 우리 어머니 쓰러지셨거나 아니면 세상 뜨셨을지도 몰라요. 그 고비 넘기게 한 건 순전히 매형 덕분이었어요. 아들로서 너무 감사 드려요."

"그런 말 마. 나 지금도 다 속죄한 건 아니야. 누나 데려다가 상처만 주고 인생 망쳐놨잖아. 내 잘못 알았으니 어머니에게나 잘 해야지. 안 그래?"

"그런가요?"

동식은 가볍게 웃었다. 이 때 무숙 씨가 찐빵이랑 과일을 깎아 담은 접시를 들고 주방에서 나왔다. 옷을 갈아입고 나온 정숙이 얼른 가서 그것을 받았다. 노파만 사는 집에 모처럼 훈김이 가득하였다.

"이거 너의 매형이 사왔다."

무숙 씨는 손바닥을 홈매트에 대고 온기를 확인하며 흐뭇한 표정으로 말했다.

"그래요! 이거 저도 하나 사 드리려고 가격을 알아보았더니 꽤 비싸서 그만 두었는데 매형이 사 오셨군요. 매형은 엄마 일이라면 항상 저보다 한 수 위예요."

"오늘 크리스마스 아닌가. 좋은 날이어서 큰 맘 먹고 하나 사 온 거야. 내가 장모님에게 선물한 게 뭐가 있나. 이제부터 선물 좀 해보려고 시작한 거니까 대단하게 생각 마."

"매형 엄마에게 선물 많이 했잖아요. 선물다운 선물 하나 제대로 못한 건 바로 저죠."

"오늘 어머니에게 최고의 크리스마스 선물을 가져왔잖아. 장모님, 처남 아이 가졌답니다."

"그래?"

무숙 씨는 놀란 표정으로 정숙 씨의 배를 보았다.

"감사하구나. 너무 감사해."

무숙 씨는 큰 기쁨을 애써 감추며 말했다.

"장모님, 이렇게 좋은 일이 자꾸 생기잖아요. 앞으로 더 좋은 일이 많이 생길 테니까 희망을 가지고 살자구요."

"알았네, 알었어."

무숙 씨는 아들 동식이 아이를 가졌다는 게 아무래도 신기하기만 한 모양이었다.

"참, 제가 매형에게 선물 하나 드리겠습니다. 이번에 회사에서 크리스마스 선물로 우리 회사 전자제품 할인티켓 한 장씩을 주었습니다. 꽤 되는 액수 같아요. 제 생각에는 애들 컴퓨터나 한 대 사 주었으면 좋겠어요."

동식은 지갑에서 티켓을 꺼내 은규에게 건넸다.

"이거 고맙군. 정말 고마워. 잘 활용할게."

은규는 티켓을 살펴보고는 얼른 주머니에 넣었다. 그리고는 시계를 보았다.

"매형, 급한 약속 있어요?"

"응, 나 오늘 중요한 약속이 있어."

"그럼 애들 놔두고 어서 다녀오세요. 제가 애들 데리고 안산 시내나 시흥 시내에 가서 영화도 보여 주고 쇼핑도 좀 하겠습니다. 여기서 함께 자고 내일 같이 올라가요. 제가 가는 길에 집까지 모셔다 드리겠습니다."

"아냐, 아냐. 사실 나 혼자만의 약속이 아니고 애들하고 같이 가야하는 약속이야. 우리 함께 밤을 새우는 것은 다음 기회로 미루자구. 오늘은 그만 일어서야겠어."

"그래요? 무슨 약속인 줄은 모르지만 이렇게 헤어지면 너무 섭섭하잖아요. 얘들도 그렇구요."

"그건 나도 그래. 하지만 어쩔 수 없군."

"그럼 제가 약속 장소까지 모셔다 드릴게요. 장소가 어디세요?"

"일단 집으로 가는 거야."

"그럼 여기서 가까운 곳이니까 제가 얼른 모셔다 드릴게요. 그러니까 조금 더 있다 가세요."

"그렇게 하게나. 이 애들 오자마자 일어서면 너무 서운하지. 이렇게 빨리 갈라면 뭐하려고 와."

무숙 씨의 말에 은규는 고개를 끄덕였다.

"알았어요, 장모님. 실은 제가 중간에 한 군데 들렀다가 약속장소에 가려고 했는데 그걸 취소해야겠군요. 자, 우리 한 시간만 더 놀다가자."

은규는 아무래도 아이들과 함께 무랑저수지 주위를 한 번 걷고 싶었던 계획을 취소해야만 할 것 같았다. 명수 엄마와 연애할 때 자주 갔던 데이트 장소였다. 공단에서 버스를 한 번만 타면 올 수 있는 데다 풍광이 오붓한 느낌을 주는 곳이어서 늘 그곳을 찾곤 했던 것이다. 사실 가난했던 그들에겐 그곳만큼 좋은 데이트 장소도 없었다. 저수지 주위를 한 바퀴 빙 돌고 손짜장면 집에 들어가 이인분만 시켜 먹으면 이 세상에 부러울 것이 하나도 없었다. 왜 그런지 오늘 거기에 한 번 가보고 싶었다. 결혼하기 바로 전 해 크리스마스 날 그들은 그곳에서 눈을 맞으며 데이트를 했었다. 그때 명수 엄마는 까만 코트를 입고 있었는데 그 코트 위로 떨어지는 하얀 눈들이 이제 막 피어나는 꽃들처럼 예뻤다. 그 날 그들은 크리스마스 선물을 교환했는데 그녀는 은규에게 장미꽃이 예쁘게 수놓아진 목도리를 주었다. 오늘 은규가 목에 걸고 나온 목도리가 바로 그 목도리였다. 그리고 은규는 그녀에게 금목걸이를 주었었다. 그 목걸이는, 이제 우리가 결혼을 해야 되지 않겠느냐는 은규의 마음을 담은 것이었다. 일종의 청혼예물이었던 것이다.

"매형, 우리는 밖에 좀 나갈까요?"

동식이 은규의 얼굴을 찬찬히 보면서 물었다.

"그럴까? 그럼 좀 나가서 걷자구."

동식과 은규는 밖으로 나왔다.

"매형, 힘들죠?"

"힘들긴. 벌써 이 생활 오 년째야. 아직도 누나 소식 모르지?"

"네? 아, 네네. 잘 몰라요. 이제 매형도 재혼해야 되는 것 아녜요?"

"그렇게 생각해?"

"매형 나이가 있잖아요. 그리고 누나가 돌아온다는 보장도 없잖아요."

은규는 고개를 끄덕였다. 그리고는 동식을 보면서 말했다.

"처남, 사실 나 말이야……."

"예, 매형 말씀하세요."

"나 큰 결정 하나 했어."

"무슨 결정인데요?"

"나 사실 애들 보육원에 맡기기로 했어. 바로 오늘 말이야."

이 말에 동식은 놀란 눈으로 은규를 보면서 물었다.

"아니, 갑자기 왜 그런 결정을 하셨어요?"

은규는 입을 다물고 하늘을 보면서 긴 한숨을 내쉬었다.

"애들을 위해서라고 결정했는데 잘 모르겠어. 내 딴에는 오늘 녀석들에게 그럴 듯한 크리스마스 선물을 준다고 한 결정인데……. 내가 지금 노가다판 책임자로 일하고 있어. 이렇게 한 삼 년 벌면 작은 아파트 한 채는 마련할 수 있을 것 같애. 그런데 말이야, 내가 데리고 다니는 애들이 우리 집을 자주 드나드는데 아이들한테 영 좋지 않아. 얼마 전에는 일을 나갔다가 밤늦게 집에 오니까 두 놈이 애들하고 자고 있잖아. 한 놈은 명자를 아주 껴안고 자고 있었어. 눈이 뒤집히더라구. 애써 참았는데 마음이 놓이지 않아. 이제 명자도 초등학생이야. 내 환경에 애들을 이대로 두다간 무슨 일 당할지 모르겠더라구. 목사님하고 상담을 했지. 마침 목사님 후배가 안양의 좋은 보육원에 교육목사로 있다고 하더군. 꼭 보내고 싶다면 자기가 잘 해서 그리로 갈 수 있도록 해 준다는 거야. 그래서 오늘 목사님과 만나 애들 데리고 보육원에 가기로 되어 있어. 아주 맡기로 결정했어. 아파트 마련하면 다시 데려와야지. 장모님에게는 말하지 마. 내가 한 달에 한 번씩은 애들 나오게 해서 데리고 올 테니까."

"그랬군요. 한데 애들 하고는 의논했어요?"

은규는 고개를 저었다.

"애들이 가려고 하겠어. 우린 이래뵈도 서울역 지하도에서도 함께 지냈고, 청량리 쉼터에서도 함께 살았어. 그 추운 지하도에서 한 겨울을 신문지 깔고 덮고 보냈지……."

은규의 두 뺨으로 눈물이 주르르 흘러내렸다.

"매형……."

"하지만 어쩌겠어. 난 이제는 자신 없어. 나 하나 사는 건 자신 있는데 쟤들을 안전하게 잘 키울 자신 없어. 그 보육원 좋은 곳이래. 악착같이 일해서 아파트 한 채 빨리 마련하여 애들 최대한 빨리 찾아올 거야. 내 맘 이해하지, 처남?"

동식은 손수건을 꺼내어 은규에게 주었다.

"매형 눈물 닦아요. 전 매형 맘 충분히 이해해요. 전 매형 존경해요. 정말이예요. 매형은 제게 친 형님 이상이예요. 전 매형이 이런 마음 아픈 결정을 한 줄은 몰랐네요."

"내 부덕이지. 처남도 겪었지만 세상살이를 하는 중에 결코 해서는 안 될 일이 이혼이야. 아이들이 무슨 죄가 있나. 정숙 씨 잘해 드려. 그냥 우리 남자가 죽는 거야. 종처럼 아내를 섬겨 주면 어때. 내게 와서 인생 전체를 준 사람이잖아. 그걸 모르고 알량한 자존심으로 자네 누나한테 죄 많이 지었지. 우리 앞으로는 그런 조잡한 인생 살지 말자구. 남자답게 가슴 활짝 열고 좀 배포 있게 살아보자구. 내 말 알았지?"

"알아요. 저도 많이 뉘우치고 깨달았어요. 제일 큰 불효가 그거더라구요. 이제 애들 맡기면 재혼도 하셔야겠네요?"

"그렇지 않아도 생각 중이야. 자꾸 전화하고 찾아오는 여자가 있거든. 목사님이 소개한 노처녀인데 어떻게 해야 할지 모르겠어. 애들을 잘 감당할 수 있는지 우선 그것부터 알아보는 중이야. 누나도 어쩌면 재혼했을 거야. 그러니까 오 년 동안 아무런 소식이 없지."

"매형, 그런 약속 같으면 빨리 가보셔야 되겠어요. 우리 그냥 들어가죠."

그들은 곧 집으로 들어왔다. 동식은 곧 차에 시동을 걸었다. 명수와 명자는 아쉬운 얼굴로 차에 올랐다. 안산 원곡동의 집에 돌아오니 담임목사인 황태봉 목사와 약속한 시간이 거의 되어 있었다. 조금 있자 황 목사가 봉고차를 운전하여 집으로 왔다. 은규는 먼저 아이들의 옷가지를 싼 가방을 차에 실었다. 차는 곧 출발하였다. 명수와 명자는 자기들이 지금 보육원에 맡겨지기 위하여 가고 있다는 것을 전혀 모르고 있었다. 은규는 그들의 그런 얼굴을 보면서 쓸쓸히 웃기만 하였다.

중학교를 졸업하고 무작정 상경을 하여 서울 거리를 헤매다가 안산공단으로 온 일이며, 방송통신고와 방통대를 다니며 배움에 대한 한을 풀기 위해 무던히도 애를 쓴 일이며, 공장에서 아내를 만나 연애를 한 일이며, 비록 가난했지만 원곡동 사글셋방에서 즐거운 신혼시절을 보낸 일이며, 회사의 도산과 함께 시작된 방황과 이혼이며……. 이러한 일들이 이제는 추억처럼, 그의 뇌리를 가득 메우다간 이내 사라지곤 하였다. 인생은 사실 별 것 아니었다. 성실하게 제 도리를 다하여 살아가면 무난하게 살아지는 것이었다. 그러나 그것을 깨닫기 까지는 세월이 필요한 것이었다. 인생이 마치 특별한 것이라도 되는 것처럼 자신을 특별한 존재로 세우려고 안간힘을 쓰는 존재들이 바로 인간일 것이다. 그리고 이 특별한 존재로의 발버둥은 결국 아주 평범한 세상과 부딪쳐서 때로는 깨어지고 때로는 아주 망가져 재기 불능의 상태에 이르기도 할 것이다.

가정은 인간이 본래의 자신으로 돌아오는 장소일 것이다. 이곳에서는 부끄러움 없이 자기의 모든 옷을 훌훌 벗으면 된다. 평범과 비범이 비교되지 않은 곳이어서 누구 한 사람 구성원들의 인생에 자기 이익을 위하여 가타부타 관여하면 안 된다. 다 함께 모든 것을 벗어 버리고 거추장스러운 것들은 내려놓으면 되는 곳이다. 그러면 하나가 되고 기쁨이 있다. 사랑이 넘실거린다.

그러나 사람들은 육신의 옷은 벗어도 마음의 옷은 벗지 않는다. 어쩌면 더 화려한 옷을 입으려고 안간힘을 쓰는 게 서툰 부부들의, 가정에서의 모습인지도 모른다. 하나가 된 부부이며 가족인데도 나를 구별하고자 한다. 나를 세우고자 한다. 특별한 나를 구별하고자 하는 세상에서의 그 욕망을 이곳에서도 성취하고자 한다. 그러나 가정에서는 이러한 욕망이 이루어지지 않는다. 만약 이루어진다면 그것은 가정이 아니라 가정을 가장한 이익단체이리라. 그러므로 부부의 의식 안에서 이 헛된 망상이 부서지기 전에는 가정은 언제나 위기와 시험의 벽 앞에 놓여 있다. 그 벽은 그곳이 가정이기 때문에 세상의 어떤 벽보다 더욱 높은 벽이 되는 것이다. 아니 결코 허물 수 없는 벽이 되는 것이다.

그렇다. 나를 내려놓으면 벽은 사라진다. 내가 물처럼 녹아지고 낮아지면 벽은 존재하지 않는다. 때로는 스미며 때로는 담길 뿐, 앞에 벽은 없다. 다만 쉬지 않고 즐겁게 흐를 뿐이다. 물은 욕망의 불을 꺼버린다. "언제나 물처럼 녹아지고 낮아지자……." 저 방황하던 날 은규가 강가를 거닐며, 바닷가를 거닐며 수없이 되뇌던 말이었다.

차가 보육원 마당으로 들어서자 한 남자가 달려왔다. 바로 그 황 목사의 후배 목사라는 분이었다. 그는 은규 일행을 우선 원장실로 인도하였다. 원장은 여자였다. 머리가 흰, 첫눈에 인자한 성품이 느껴지는 분이었다.

"어서들 오세요. 기다리고 있었습니다. 저는 손주연이라고 합니다. 어서 이리들 앉으세요. 너희들도 앉고. 네가 명수고 네가 명자구나. 그렇지?"

명수와 명자는 고개를 끄덕였다. 손 원장은 차를 나누는 동안에 이 보육원에 관하여 설명해 주었다. 언제 설립되었고, 어떻게 발전해 왔으며, 지금은 어떻게 운영되며, 어떤 실정인지를 상당히 소상하게 말해 주었다. 이러는 동안에 명수와 명자는 점점 이 자리가 어떤 자리인가를 깨닫는 모양이었다. 그들의 얼굴은 이야기가 진행될수록 긴장의 빛이 더해지는 것이었다. 은규도 내색을 하지 않으려고 노력을 하고 있었지만 마음이 점점 긴장되는 게 편치 않았다.

"원장님, 잘 부탁드리겠습니다. 애들은 성격이 아주 온순합니다. 이렇게 신세를 지게 되어 아빠로서 부끄럽고 면목 없습니다. 자주 찾아와도 될는지 모르겠습니다."

은규의 이 말에 원장은 고개를 끄덕이며 말했다.

"그럼요. 언제든지 오세요. 언제든 만날 수 있습니다. 다만 외출은 제한됩니다."

이때였다. 명수와 명자가 소리 내어 울기 시작했다. 그들은 이내 큰 소리로 울기 시작했다. 그러더니 소파로 벌렁 누워서 우는 것이었다.

"아빠, 우리는 아빠랑 살 거야. 여기서 안 살 거야……."

황 목사가 어르고 달랬지만 이들은 마치 발광하듯 손발을 흔들며 큰 소리로 우는 것이었다. 은규는 자리에서 일어섰다.

"원장님, 잘 부탁합니다……."

은규가 발걸음을 옮기려고 하자 명수와 명자는 은규의 발을 하나씩 붙들었다. 그리고는 소리쳐 울었다.

"아빠! 우리는 아빠랑 살 거야……."

"이거 놔! 놓으란 말이야! 허엉……."

이번에는 은규가 털썩 주저앉으며 울기 시작했다.

"안 되겠어요. 아빠가 애들을 사랑으로 잘 키웠네요. 이런 애들은 아빠하고 있어야 해요. 그냥 데리고 가야겠어요."

원장의 말에 황 목사는 은규를 일으켜 세웠다.

"가십시다. 얘들아, 울지 마라. 아빠랑 같이 살 거다. 울지 마……."

은규는 애들과 함께 다시 봉고차에 올랐다.

"목사님, 일이 이렇게 되어서 어쩌죠?"

"어쩌면 더 잘 된 일인지도 모릅니다. 일단 가서 애들 안전에 대해 대책을 좀 세워봅시다. 어떤 좋은 방법이 있을 거예요. 우리 기분 전환 좀 하십시다. 제가 안양에서 아주 맛있게 이태리 음식을 만드는 곳을 압니다. 우리 거기 가서 맛있는 것 좀 먹고 갑시다."

"목사님, 감사합니다. 저희들 때문에 허구한 날 애만 태우시고……."

"그것이 제 할 일입니다. 원곡동 쪽방 사람들 그것이 주특기잖아요. 하하하! 해본 말입니다. 그래도 제가 존재하는 건 성도님 같은 분들이 있기 때문입니다. 저는 항상 행복합니다. 그러니 언제라도 할 이야기 있으면 부담 없이 하세요."

그들은 황 목사가 이끄는 대로 이태리 음식점으로 갔다. 그리고 신기하게 생긴 여러 음식들을 맛있게 먹었다. 명수와 명자는 놀라서 뒤틀렸던 마음이 많이 풀린 것 같았다.

원곡동 집 앞에서 차가 멈췄을 때엔 이미 캄캄한 밤이었다.

"아무 염려 말고 편히 쉬어요! 메리 크리스마스! 아직은 크리스마스예요!"

"목사님도 메리 크리스마스입니다! 고맙습니다!"

은규는 아이들을 데리고 지하 쪽방으로 향했다. 쪽방 십여 개가 빙 돌아가면서 붙어있는 삼 층 다가구주택의 지하 일층 귀퉁이에 붙어있는 방이 이들의 방이었다. 보증금 오십만 원에 월 삼십만 원을 주는 방이었다. 그러나 이곳은 벌써 삼 년째 살아오고 있는 이들의 보금자리였다.

그런데, 이들이 방 앞에 이르렀을 때였다. 이들은 문 앞에 시커멓게 앉아 있는 한 사람을 보고 흠칫 놀랐다. 앉아 있던 사람도 이들이 오는 것을 보고는 놀라서 일어섰다.

"누구십니까?"

은규는 가까이 가면서 묻다가 순간적으로 스치는 예감을 붙들고 소리쳤다.

"당신, 명수 엄마지!"

이 말에 시커먼 사람은 엉엉 울기 시작하였다.

"여보!"

은규는 그녀의 손을 잡았다.

"이거 손이 얼음처럼 차잖아. 빨리 들어와요, 여보!"

은규는 문을 열었다. 그리고 그녀를 끌어당겨 방으로 들였다.

6

똑똑한 여자는 시집부터 간다

"손님, 여기가 금은립니다. 내리셔요."

잠시 창밖의 풍경에 취해 있던 송명화 여사는 운전 기사의 말에 자리에서 일어섰다. 그리고는 출입문으로 걸어오면서 물었다.

"금은리가 확실하죠?"

"아, 그라믄이라우. 지가 이래 뵈어도 운전대를 잡고 이 황금면을 들락거린 지가 30년 거반 됩니다. 틀림없은께 어서 내래요."

"고마워요."

송 여사는 버스에서 내렸다. 버스가 달려가자 탁 트인 황금빛 들판이 시원하게 펼쳐졌다. 벌판 끝으로 그림처럼 앉아있는 단풍 든 산들도 보였다. 청량한 바람이 불어왔다. 아 좋다! 수십 년 만에 딛어 보는 고향 땅이 좋기는 좋구나! 송 여사는 모처럼 깨끗한 공기를 흠씬 들이켰다. 아, 하늘도 예전 그대로구나. 이 고추잠자리들까지도. 길가의 코스모스들도…….

송 여사는 트렁크를 끌고 마을로 들어섰다. 마침 한 아주머니가 몸뻬 차림으로 걸어오고 있었다.

"아주머니, 말씀 좀 물어도 될까요?"

"아, 그라쇼. 알먼 대답할 턴께."

아주머니는 송 여사의 위아래와 커다란 트렁크를 살피면서 시원스럽게 대답했다.

"다른 게 아니고, 춘영이 집을 좀 찾는데요. 심춘영이요."

"가만있어 바라, 춘영이 같으면 덕기 엄매 아닌가? 그 집 아들 판사 된 집 맞어요?"

"예예, 몇 년 전에 고등고시에 합격해서 지금 광주에서 판사로 있다고 그러대요."

"맞어요. 쩌그 보이는 저 큰 이층집 보이지요? 저 집이어요. 그란데 지끔 집에 있는가 모르겄소."

"무슨 말씀이시죠?"

"아, 그 남편이 이참에 군수되았어요. 읍내로 이사 간다고 해싸튼만 모르겄소."

"그래요! 어쨌든 감사합니다. 아주머니. 정말 고맙습니다."

"아이고, 질 쪼끔 갤쳐 준 것이 멋이 그게 고맙다우. 어서 가보시오."

송 여사는 아주머니를 보내고 잠시 아주머니가 가르쳐 준 2층집을 바라보며 그 자리에 서 있었다. 남편이 군수가 되었다… 남편이라면 초등학교 동창생 명식인데 그 명식이가 군수가 되었다……. 기집애 복도 많네. 송 여사는 슬며시 미소를 짓고는 춘영의 집, 즉 심 여사의 집으로 향했다.

대문에서 잠시 심호흡을 한 송 여사는 벨을 눌렀다. 이내 누군가가 걸어 나왔다. 그리고는 문을 열었다. 그녀는 심춘영이 분명했다.

"춘영아!"

"워매워매, 너 명화 아니냐! 니가 먼 일이디야!"

심 여사는 송 여사의 손을 꼭 붙잡고는 이내 몸도 끌어안았다.

"이 가시나야, 전화나 잔 하고 오제 이케 뜬금없이 오면 사람 놀래불제! 하여튼 어서 들어온나."

송 여사는 곧 집안으로 들어왔다. 시골에 있는 집이지만 실내는 도시의 여느 큰 집 못지않게 넓고 깨끗했다. 가격이 상당히 비쌀 것으로 보이는 밤색의 응접소파도 세트로 놓여져 있었다. 바로 정면에는 최신형 대형TV가 놓여 있었다.

심 여사는 허둥지둥 냉장고에서 음료수를 꺼내 컵에 부은 다음 쟁반에 담아 가져왔다.

"우선 이것부터 마새라. 아이 가시나야, 온다고 전화라도 한 통 했으면 내가 읍에까지 차로 마중 나갔을 턴데 이케 뜽금없이 와부냐. 너는 이전이나 지끔이나 니 멋대로 해뿌는구나. 하기사 그 천성이 어디 가겠냐. 하여간 잘 왔다. 요새 니가 올라고 그랬는가 초등학교 동창생들이 자주 꿈에 뵈드랑께. 춘자랑 앵심이랑 재덕이랑 순심이랑 이것들이 자주 꿈에 뵈드랑께. 그란데 너 미국에서 오는 길이냐?"

"응. 어제 서울에 도착해서 하룻밤 자고 곧장 이리로 온 거야. 고향이라고는 해도 내겐 가까운 연고자도 없고, 통상 너밖에는 찾을 사람이 없더라."

"아이고, 가시나야. 설사 아는 사람이 있어도 그라제 니가 황금면에 오면 나한테 와야제 어디로 갈라고. 나한테 안 오면 내가 카만 둔다던. 쫓아가서 머리끄댕이 뽑아뿔제."

"너는 하나도 안 변했구나. 초등학교 때하고 똑같아."

"그라냐? 나는 내가 많이 변한 줄 아는데. 몸도 이케 뚱뚱해졌고."

"아니야. 넌 안 변했어. 몸이 좀 나긴 했어도 눈웃음도 그대로고 괄괄한 말투도 그대로고. 시원시원한 태도도 그대로고… 너 보니 옛날 일들 금방 다 떠오른다."

"그라냐? 나도 너 본께 이전 생각난다. 사십여 년 전 그 때 참 재밌썼는데……. 세월이 너무 빠루게 가불지? 참 너 배 안 고파? 머 먹을래? 내가 다 해 주께."

"버스 타기 전에 뭘 좀 먹어서 배는 안 고파. 나 물만 좀 줄래? 약 좀 먹으려고."

"먼 약? 너 어디 아푸냐? 그리고 본께 니 얼굴 겁나게 심들어 뵌다. 긴 여행 땜시 그라냐 안 그라면 몸 어디가 아푸냐?"

심 여사는 송 여사의 얼굴을 근심스럽게 살피면서 물었다. 그러나 송 여사는 고개를 저었다. 자신이 지금 언제 죽을지는 모르는 중병상태에 있음을 수십 년 만에 만난 친구에게 굳이 알릴 필요가 없을 것이었다.

"몸이 아픈긴, 그냥 좀 피곤해. 니 말처럼 긴 여행 때문에 그러나봐."

"알었다. 그람 다행이고. 사람은 항시 건강이 최고 아니냐. 나가서 물 갖고 올게."

심 여사는 자리에서 일어났다. 송 여사는 갑자기 자궁에 통증을 느꼈다. 의사의 말이 다시 뇌리를 때렸다. "이미 수술을 할 수 없는 상태에 들어섰습니다. 그냥 이대로 놓아두는 것이 좋습니다. 그냥 여행이나 하면서 편히 쉬세요……." 갑자기 머리도 빙 돌았다. 송 여사는 정신을 수습하기 위하여 고개를 흔들었다.

"너 참말로 너무 심든 것 같다. 눈떠. 물 갖고 왔써."

송 여사는 심 여사의 말에 눈을 떴다. 그리고는 애써 웃어보았다.

"잠이 좀 부족하나봐."

"그람 약 먹고 한숨 폭 자그라. 자고 나서 야기하게."

"아니야. 그냥 버틸만 해."

송 여사는 진통제를 꺼내 물 몇 모금으로 넘겼다. 심 여사는 이런 송 여사를 물끄러미 들여다보더니 물었다.

"너 씨집 갔냐 안 갔냐?"

"왜? 나 시집 안 간 것처럼 보여?"

"그전에 누군가가 니 말을 하드라. 씨집 안 가고 혼자 산다고."

"누가 미국에 있는 내 소식을 알고 그렇게 전했다니. 사실 나 시집 안 갔어."

"오매, 이 가시나야! 우덜 낫살이 지끔 몇 살이냐. 오십 아녀 오십. 너 인자 어찌께 할라고 그래부렀냐?"

"그냥. 독신으로 이렇게, 이렇게 사는 거지."

심 여사는 눈을 흘겼다.

"야, 인생살이가 질먼 언마나 질다고 그케 살았냐. 기양 짝져서 살지. 기양 살면 되는데 멋이 그케 안 맞어서 지끔까지 혼자 살았냐. 하기사 나도 혼자 살았으면 할 때가 있끼는 있떠라만. 하야튼 낫살 먹어서 혼자 살먼 심들잔어. 손주 새끼들 뛰어댕기는 것도 못 보고, 혼차 밥 해먹고. 지끔이라도 존 영감 하나 만나 씨집 가그라. 미국 같은 데는 존 영감 많이 있을랑"

것이제."

이 말에 송 여사는 빙그레 웃었다.

"그나저나 춘영이 너는 복 많이 받았다. 아들은 판사에 남편은 군수까지 되었고."

"누가 그라던? 그것을 누가 갤차 주던?"

"아까 마을에 내렸을 때 어떤 아줌마가 이야기해 주었어. 정말 대단하다. 이 시골에서 아들이 고시를 패스하도록 공부시키고. 남편은 군수가 되게 하고. 너 어렸을 때엔 그런 어머니보다는 달리기 잘하는 운동선수로 성공할 것 같았는데."

심 여사는 흡족한 웃음을 지어 보였다.

"다 조상님들이 도와 준 것이제. 우리 둘째 아들은 공무원이고, 딸은 고등학교 선생이여. 해남써. 나는 아무 것도 한 것이 없는데 지들이 기양 알어갖고 그케 지성으로 공부하드라. 내가 멋을 알어서 공부를 시켓겠냐. 공부라고 하면 너 송명화 아니냐. 일등은 항상 송명화 너였제. 니가 씨집 가서 자석 났으면 틀림없이 천재 났을 것이다. 내가 알제. 참 너 황도향 선생님 소식 모르지?"

"황도향? 아, 우리 초등학교 때 선생님 말이지? 우리를 내리 삼 년 동안 가르친 선생님 말이야."

"맞어. 사학년부터 육학년까지 우리 담임했던 선생님. 그 선생님 지끔 정금리서 살어."

"그분이 우리 동네서 산단 말이야?"

송 여사는 좀 놀란 표정으로 물었다.

"그래. 정년퇴직하고 와서 진작부터 살어. 나 심심하면 놀러가. 그럼 꼭 니 말도 하고 니 소식도 물어봐. 참, 잘 되았네. 이참에 너랑 놀러가면 겁나게 좋아하겄따."

"아니, 그 분 서울 분 아니야?"

"맞어. 서울 사람이여. 그란데 자기는 정금리를 영영 못 이저서 여그다 아주 빼딱을 묻을라고 내래왔다고 하드라."

"그래. 참 재밌다."

송 여사의 뇌리로 문득 수십 년 전의 일들이 차창을 스치는 주마등처럼 지나갔다. 아담한 체격의 황도향 선생님의 얼굴이 떠올랐다. 언제나 밝은 얼굴로 아이들을 지도하여 아이들에겐 해 같은 선생님으로 통했다. 그래서 놀다가도 그 선생님이 나타나면 "해 떴다, 해 떴어" 하고는 수군거리던 일들이 생각났다. 그 선생님은 공부를 잘하던 송 여사를 끔찍이 사랑해 주었다. 일주일에 두세 번은 꼭꼭 집에 들러서 칭찬을 해 주고 격려의 말들도 해 주었었다. 사실 어머니와 단둘이 살던 송 여사는 처음엔 그 선생님의 격려와 인도로 늘 희망을 가질 수 있었다. 그러나 한 사건을 만나고 난 후부터 송 여사는 그 선생님을 미워하기 시작하였다. 어쩌면 그 미움의 앙금이 지금까지도 그녀의 영혼 어느 곳에 고여 있는지 모를 일이었다. 가을이 지나고 초겨울로 접어들던 그날, 송 여사는 여느 때처럼 공부를 마치고 잠자리에 들었다. 그때는 오학년이었다. 그런데 엄마가 자는 큰방에서 이상한 소리가 들려왔다. 말다툼을 하는 것 같기도 하고 신음을 하는 것 같기도 한 이상한 소리가 자꾸 들려오는 것이었다. 깊은 밤에 엄마가 자는 방에서 이런 소리가 들려오니 송 여사는 그대로 잠을 청할 수 없었다. 다시 옷을 입고 큰 방(당시 자기 방은 모방으로 불렀고 엄마가 자는 방은 큰방으로 불렀다)으로 갔다. 송 여사는 문을 여는 순간 너무나 어이없는 광경에 부딪혀 정신을 잃을 뻔하였다. 한 남자가 엄마를 덮치고 있었는데 엄마는 기를 쓰면서 그 남자를 밀치고 있는 것이었다. 남자는 송 여사가 들어오자 깜짝 놀라서 벌떡 몸을 일으켰다. 그는 오동나무집의 이장이었다. 그는 송 여사를 한 번 흘깃 살피더니 문을 열고는 부리나케 마당을 나갔다. 송 여사의 어머니는 그대로 누운 채 흑흑 흐느껴 울기만 했다.

이 사건 이후 송 여사는 이 세상을 다른 눈으로 보게 되었다. 그리고 이 사건 이후부터 자기 집을 자주 드나드는 남자들을 경계하기 시작하였다. 그런데 그 황 선생님이 일주일에 두세 번 정도는 꼭꼭 집에 들렀다. 엄마는 그 선생님이 집에 오면 아주 밝은 얼굴이 되었다. 송 여사는 엄마의 그런 표정을 볼 때마다 화가 치밀었다. 그리고 서서히 황 선생님을 미워하게 되었다. 그래서 나중에는 황도향 선생님이 집에 오는 시간이면 집을 나가 들판에서 혼자 서성거렸다. 그러면서 여러 가지의 상상을 해보는 것이었다. 그러면 어느 땐 황 선생님이 엄마와 부둥켜안고 있는 모습이 떠오르는 것이었다. 때로는 이불 속에서 함께 있는 모습도 상상되는 것이었다. 이때 그녀는 다시 집으로 달려갔다. 하지만 황 선생님은 이미 가버린 후였다.

"명화야, 너 먼 생각을 그케 지피 하고 있냐? 그 황 선생님, 우덜한테 참 잘했었지야. 명화 너는 친딸만이로 이뻐했고. 너를 너무 이뻐해서 우덜은 질투도 했는데 너는 모루지?"

"으응. 그랬어? 난 몰라. 나를 그렇게 이뻐한 것 같지는 않았는데 뭘."

"먼 소리여, 그 선생님 너를 보는 눈빛부터가 틸래 부렸당께. 니가 원채 쌀쌀맞어서 선생님이 민망할 때도 있었어. 하야튼 그 선생님 우덜한테는 참 잘했어. 너 생각나냐?"

"뭐가?"

"그 선생님이 우덜한테 자주 했던 말."

"뭔데?"

"똑똑한 여자는 씨집부터 간다!"

"아, 그 말……."

송 여사는 웃었다. 황 선생님은 남학생들에겐 "똑똑한 남자는 부모에게 효도부터 한다." 자주 말했었다. 그리고 여학생들에게는 "똑똑한 여자는 시집부터 간다."고 말하곤 했었다. 이 말들을 자주 했었다. 당시 우리나라는 '덮어놓고 낳다 보면 거지꼴 면치 못한다'고 정부에서 산아제한을 적극적으로 권장하던 때였다. 그래서 송 여사랑 심 여사랑 친구들이 정부에서 각 집마다 보급한 콘돔을 풍선으로 만들어 가지고 놀기도 했던 때였다. 그런 상황인데도 황 선생님은 마치 아기를 많이 낳아야 한다는 식으로 "똑똑한 여자는 시집부터 간다."는 말을 자주 했던 것이다. 그 선생님이 왜 그런 말을 한지는 모를 일이었다. 그러나 그 말을 워낙 자주 했었기 때문에 송 여사도 그 말은 금방 생각이 났다.

"너 모르지?"

심 여사가 또 물었다.

"이번엔 뭘?"

송 여사가 심 여사의 얼굴을 보며 궁금해 하자 심 여사는 싱글벙글 웃으며 말했다.

"내가 고등학교 마친 담에 대학 가는 것 그만 두어뿔고 씨집부터 간 것은 사실 그 선생님 말을 따라볼라고 그랬제. 그란데 지끔 돌아본께 틀린 말은 아닌 것 같어. 내가 씨집부터 안 갔으면 지금 이케 살 것냐."

송 여사는 좀 어이가 없다는 표정을 지으며 웃으면서 말했다.

"너는 참 유별나다. 선생님의 그런 말을 다 따라볼려고 했다니."

"나는 그 선생님이 너무 좋아서 걸음걸이도 숭내내본 적이 있는데."

"그랬어? 너 이제 보니 그 선생님 짝사랑했구나."

"아녀. 고것까지는 아니고 기양 좋아했제. 그 선생님은 하루도 안 빼놓고 우리 집에 왔꺼든. 우리 아부지하고 머시 잘 통했는가 보드라. 올 때마다 나보고 하는 말이 '춘영아, 너는 빨리 씨집부터 가그라이. 그래야 복 받어.' 이케 말하곤 했었써."

"너의 집에 하루도 안 빼놓고 매일 오셨어?"

송 여사는 황 선생님이 자기 집에 일주일에 두세 번 정도 오는 것을 엄마에게 흑심이 있어서 오는 줄 알았었다. 그래서 그가 오는 게 싫었었다. 그런데 춘영이 집에는 매일 왔다니…… 송 여사는 다시 묻지 않을 수 없었다.

"그 선생님 정말 너희 집에 매일 오신 거야?"

"그람. 그 선생님은 가정방문 일뜽이셨어. 춘자네 집도 앵심이네 집도 자주 갔었써. 느그 집도 자주 간 줄 아는데. 안 그랬냐?"

"자주 오셨지."

송 여사는 어린 날 자신이 가졌던 생각이 빗나갔다는 것을 이 순간 깨달았다. 송 여사는 황 선생님이 엄마에게 흑심을 품고 자기 집에만 자주 오는 줄 알았었는데, 알고 보니 자기 집엔 자주 왔던 것도 아니었음을 알게 된 것이다. 인간이 제멋대로 생각하는 게 어디 이 하나뿐일까. 송 여사는 헛웃음을 웃었다.

"명화야, 그 선생님, 지끔 거그서 머 하시는 줄 아냐? 당연히 모르겄찌."

"뭘 하시는데?"

"제목이 거창해. '은발의 집'."

"은발의 집? 그게 뭔데?"

"노인들 요양소. 노인들 스무 명 정도 데꼬 있써. 동네서 가장 큰 집 사 갔고 간판 크게 달고 고 일 하고 있써."

"그래. 사회복지사업하시네?"

"응, 고거 해. 우리 엄매도 나하고 쌈 한바탕 하고 나면 새끼들 다 씰 데 없은께 곧 글로 가겄다고 하드라. 거그 있는 노인들 사는 것이 솔차이 재 밌는 모양이여."

송 여사는 그저 웃음만 나왔다. 참으로 이 세상일은 알 수 없을 것이었 다. 마을 초등학교에 총각선생으로 오셨던 분이 이제는 그 마을에서 양로 원을 한다니……. 하지만 이 분이야말로 훌륭한 진짜 선생님일지도 모를 일이었다. 심 여사가 또 말했다.

"그 선생님 알고 본께 예수쟁이드라."

"예수쟁이?"

"응. 고 은발의 집에 가보먼 알 것지만 큰 십자가를 대문간에 세워놨어. 나보고도 만나면 교회 댕기라고 전도해. 선생님이 그라는데 자기 집안은 수대째 예수를 믿는다고 하드라. 총각으로 이 동네 왔을 때도 예수 믿었 다고 하드라. 우덜한테 예수 안 갤친 것은 그때는 자기 믿음이 작어서 그 랬닥 하드라."

"그래. 그러고 보니 그 선생님 기독교인이셨구나. 그런데, 우리 동네는 지금 어때?"

"동네가 팍 죽어뿌렀어. 우덜 때만 해도 사람들이 많었었는데 지끔은 노인들만 맷 십 명 사나 보드라. 맷 명 있는 젊은 사람들은 통 모르겄고, 너 가면 알아볼 사람 우리 엄매 빼놓고는 맷 명 안 되야. 말 나온 판에 이 따 한 번 가보까? 선생님도 만나보고 그라게."

"그래, 한 번 가보자. 나 선생님 만나보고 싶어."

"알었어. 참, 느그 아부지 맷동 안직 그 동네 있찌?"

"응. 요즘도 선산 관리하니?"

"안 하는 종씨들이 태반이여. 그래도 정금리 송 씨들은 안직 잘 하나 보드라. 느그 아부지도 선산에 묻혔은게 벌초는 받을 꺼여."

"그랬으면 좋겠다."

송 여사는 미국에 사는 수십 년 동안 한 번도 정금리에 묻혀 있는 아버지를 잊어본 적이 없었다. 송 여사 아버지는 도회지에서 초등학교 교사를 하다가 폐결핵에 걸려 사직서를 내고 고향으로 돌아왔다. 그리고 송 여사가 초등학교 이학년 때 세상을 떠났다. 송 여사 아버지는 송 여사를 아주 사랑해 주었다. 아버지의 죽음으로 공부를 잘 했던 세 살 위의 오빠는 도시에서 살고 있는 작은 아버지 집으로 갔다. 그리고 송 여사는 엄마와 단 둘이서 살게 되었다. 그러다가 송 여사와 그녀의 엄마도 송 여사가 중학교를 졸업하자 곧 작은 아버지가 살고 있는 도시로 이사하였다. 이후 송 여사는 딱 한 번 정금리에 가보았고 고향과는 영영 이별을 하였다. 오빠가 미국에서 의사가 되었기 때문에 엄마와 함께 미국으로 건너간 것이었다.

"명화, 너 미국서 큰 출세했다고 하든데 먼 출세를 그케 크게 했냐?"

"글쎄, 누가 그런 정보를 다 주었니?"

"사실은 우리 덕기 아부지가 어디서 듣고는 얘기해 주드라."

"군수님이 말해 줬어?"

"가시나는. 군수가 머 그케 큰 인물이냐. 기양 그라제. 하야튼 덕기 아부지가 느그 집안 소식 까끔 말해 주드라."

"그랬구나. 그런데 너, 너의 남편 군수된 것 별로 안 기쁜 것처럼 말한다. 큰 출세했는데."

"나도 멋 모르고 군수되면 졸 쭐 알었찌. 그란데 그것이 아니여. 고 양반 군수되고 난게 우리 집 사람 아니여. 수십 년 가정생활이 하루아침에 무너져뿌렀어. 오늘 아침에도 읍내 관사로 이사하자는 말로 한바탕 쌈했어. 나 고 양반 군수되고 나서 지끔까지 제 정신 아녀. 아, 모르겠어. 선거

때부터 내 정신 아니랑께."

"그래도 기왕에 된 거니까 니가 잘 내조해야지."

"아 글씨, 고케 맘을 먹었따가도 고 양반 보면 생각이 싹 달라져부러. 내가 이라먼 안 되겠찌? 그라지, 명화야?"

"그럼. 군수가 얼마나 중요한 직책이니. 니가 잘 내조하면 이 군사람들 모두가 평안하지만 니가 내조를 잘못하면 이 군사람들 모두가 평안치 못해. 그러니까 남편한테 잘 해라."

"아니, 그란데 고 젊은 것들은 멋할라고 그케 군수를 쫄쫄 따라댕긴디야?"

"젊은 것들이라니 누구?"

"가시나들. 다 공무원들 같은데 맨날 따라댕게. 내가 있어도 우리 집까지 온당께."

"비서들 아냐?"

"몰라. 덕기 아부지 요새 살판 났어. 맨날 밤 늦게 오고, 기양 안 와뿔 때도 많고. 군수 두 번 했다가는 기양 자동쩍으로 남남되겄어. 이것은 부부가 아니랑께. 밸 생각이 다 들어. 난 군수 밸로야. 참말이여. 야, 지끔 정금리 가보까?"

"지금?"

"그래. 여그 있으면 머해. 가서 우덜 댕기던 정금국민학교도 가보고, 선생님도 만나보고, 순심이도 한 번 만나보자."

"순심이도 거기서 사니?"

"응. 동네서 선배하고 연애했제. 특수농작물해서 성공해 잘 살어. 가도 너 보면 놀래 자빠저뿔 것이다. 지금 가보자. 나 준비할 텅께."

송 여사는 머리가 점점 무거워지는 것을 느꼈다. 송 여사는 말기 자궁암만이 아니라 갑상선기능항진증이라는 병까지 들어 있었다. 원래 이 병이 악화되어 직장을 그만 두었었다. 그런데 이 병을 치료 받는 과정에서 자궁암 말기라는 것도 알게 되었다. 결혼을 하지 않아 자기 자궁이라면 오줌 싸는 역할밖에 안 했을 것인데 어떤 연유로 암병이 들었는지 모를 일이었다. 하기야 이 세상에서 일어나는 일들 중에 그 연유를 알고 일어나는 일들이 얼마나 될까. 그것을 알면 인생에 불행이 없을 것이다. 오십 년 인생을 살아오면서 내린 결론, 그것은 인간은 아주 어리석다는 것이었다. 무얼 안다고 제멋대로 결정하고 깝죽거릴까. 하긴 그러니까 인간일 것이다. 허망한 것들을 인생이라고 계속 만들어 가면서도 제 잘난 맛에 사는 속물들. 흙덩어리들… 송 여사는 다시 진통제 몇 알을 얼른 삼켰다.

심 여사는 무엇인가를 후다닥 준비하였다. 그녀는 금방 큰 보따리 하나를 꾸려서 가지고 왔다.

"이게 뭐야?"

"이것저것 쌌어. 먹던 과실, 입던 옷들, 쩌번에 중국 가서 사온 엽차, 머 그런 것뜰이여. 내가 양로원 가면 노인들이 얼마나 좋아한 줄 아냐. 자 어서 가자. 너 보면 선생님이 무지무지하게 좋아할 것이다."

송 여사는 심 여사를 따라서 일어섰다. 심 여사는 대문을 활짝 열어놓고 차고에서 차를 뺐다. 작은 차였다. 마티즈라고 써 있었다.

"너 운전도 하고 대단하다."

송 여사는 차에 타자 심 여사에게 말했다.

"말도 마라. 내가 요 운전맨해쫑 하나 딸라고 스무 번은 미끄러졌을 꼈이다. 덕기 아부지 차도 하나 부사뿌렀고. 그 때 나 죽는 줄 알았써."

"시골에서 차가 꼭 필요하니?"

"이케 안 필요하냐. 이따끔씩 오는 버스 놓치먼 십 리 낄 이십리 낄 딸싹 없이 걸어야제. 걸어가는 것도 이전 말이제 인자는 심들어서 못 걸어 댕게 야. 명화 너는 운전 잘하지?"

"그냥 좀 해. 미국은 차 없으면 안 되잖아. 난 스물다섯 살 때부터 운전했어."

"참 인자 생각 나는데 너 증권인가 머 그런 회사 댕긴다고 하던데?"

"응. 지금은 사표 냈어. 증권사에 이십오 년 정도 근무했어."

"미국 회사에? 야, 너 영어 기차게 하겄따. 나는 '마이 냄 이즈 심춘영' 밖에 못한데."

차가 동네 앞으로 나왔다. 그리고 큰 길을 따라 달리기 시작하였다. 창문을 열자 맑은 바람이 쏴하니 차 안으로 들어왔다.

송 여사는 지난 이십오 년의 증권사 생활을 떠올렸다. 그녀의 별명은 '흑상어'였다. 치열한 생존경쟁 속에서 이십 대에는 백인들에게 치여 맥을 추지 못했다. 아니 매일 매일 죽지 않고 살아있는 게 기적이었다. 음모와 술수, 음란과 폭력이 난무하는 곳이 바로 미국 뉴욕의 증권가였다. 송 여사도 수백 번 위기의 상황을 맞았다. 그러나 신은 늘 그녀를 도왔다. 그리고 그녀는 그 세계에서 살아남는 생존의 법칙을 터득했던 것이다. 그리하여 그녀는 두 가지의 별명을 얻었는데 하나는 '흑상어', 하나는 '킬러'였다. 사실 이 별명들은 잔혹함을 상징하는 똑같은 의미의 별명들이었다. 그녀는 삼십 대 중반에 이미 부장이 되었고 나중에는 부사장까지 올라갔다. 사장으로 오르려는 상황에서 병 때문에 쓰러진 것이었다. 송 여사는 씁쓸히 웃었다.

"너 이 들판 보니까 먼 생각 나냐?"

심 여사가 생각에 잠겨 있는 송 여사를 흘깃 보면서 물었다.

"글쎄. 옛날 생각난다고 해야겠지. 우리들 방과 후엔 저 논둑길로 메뚜기 잡으러 다녔잖아."

"그람 그람. 그랬었써. 메뚜기 잡으러 많이 댕겼쩨. 요새는 아그들도 없제만 메뚜기도 밸로 없어야. 농약 땜시 메뚜기도 없꼬 또랑에는 매꼬락지도 없꼬 붕애도 없단다."

"오염되었구나."

"응. 농약 땜시 물들이 다 썩어부렀딴다. 시상이 이케 험하게 변할 쭐 누가 알었겠냐. 안 그라냐?"

"그러게 말이야. 참 너의 아버지와 어머니는 정금리에 아직 살아 계시니?"

"아부지는 삼 년 전에 가부렀고 엄매만 있어. 지금 혼자 살아. 나 지끔도 우리 엄매 만나면 맨 쌈만해. 노인네가 아직도 딸 알기를 우습게 알어서 한 번씩 쥐 박으면 죽을라고 하거든. 자식덜이 모실라고 해도 고집이 똥

고집이어서 같이 못 살아. 참, 느그 엄매 안직 살았냐?"

"응. 우리 엄마도 양로원에 계셔. 미국은 양로원이 웬만한 가정보다도 나아. 내가 모시고 있었는데 자신이 원해서 보냈어."

"느그 엄매 참 이뻤는데. 지끔도 이쁘지?"

"이젠 많이 늙었어. 백발 할머니야."

"거그 삼시로 고향 얘기 안 하든?"

"왜, 이곳 얘기 자주 하셨지. 항상 이곳이 그리운가봐."

"그라믄 선생님 운영하는 은발의 집으로 데꼬 와. 느그 아부지 옆에 무치먼 보기도 안 좋겄냐."

"정말 그러겠지?"

"그람. 아부지는 한국에 엄매는 미국에 무치먼 죽은 귀신이라도 서로가 심들제. 니가 잘 말해서 이리 데꼬 와. 여그서 말년 보내다가 가시라고 해."

"좋은 생각이다. 한 번 생각해볼게."

차는 어느새 언덕을 넘어 정금리로 들어서고 있었다. 아주 가끔씩 꿈나라처럼 다가오던 그 고향이 눈앞으로 펼쳐졌다. 동네를 둘러싼 산이랑 동네 앞으로 펼쳐진 들녘은 예전 그대로였다. 다만 지붕의 색깔들은 대부분 바뀌어 있었다. 초가지붕들이 슬레이트나 기와로 바꾸어져 있었다.

송 여사는 자신도 모르게 오동나무를 찾았다. 어느 날 어머니를 덮치던 그 남자의 집을 찾은 것이다. 그 집은 마을 중앙의 큰 기와집이었다. 대문 간에 커다란 오동나무 한 그루가 우뚝 솟아 있었다. 송 여사는 이 오동나무를 볼 때마다 전신이 부르르 떨리며 마음으로 마치 구름떼와 같은 어둠이 밀려와 덮이는 것을 느끼곤 했었다. 그 어둠은 그녀의 소녀 시절 한 구석을 온통 검게 덮어버렸다. 그녀는 자기 집을 드나드는 황 선생님을 미워했지만 어쩌면 다른 모든 남자들을 미워한지도 몰랐다. 그녀가 나이 오십이 되도록 남자에 대하여 큰 관심을 갖지 않았던 것도 어쩌면 이 어둠 때문이지도 몰랐다. 그러나 황 선생님이 엄마에게 흑심을 품지 않았다는 것을 알게 된 지금 송 여사는 마음이 흔들렸다. 오해 때문에, 아니 결코 오해라고 말할 수 없는 어떤 치명적인 고착 현상으로 인해 자신의 반 쪽 오십 년은 사장되었는지도 모를 일이었다.

차는 마을 중앙으로 들어갔다.

"질 잘 뚫어 놓았지야? 우덜 클 때만 해도 다 좁은 꼴목이었는데 지끔 은 이케 닐애 놔서 언마나 좋냐."

"그래. 동네가 완전히 달라졌다."

"그람 머한디야. 인자는 사람이 없는데. 이 동네 애기덜 모두 합채도 다 섯 명도 안 된닥하드라. 우덜 클 때는 사람들이 천 명 넘게 살았다는 동네 가 지끔은 하도 조용해서 낮에도 또깨비 나온당께. 우리 동네도 마찬가지 여. 기양 공기만 좋아."

차에서 내린 송 여사는 대문 옆에 세워진 특별한 십자가 탑을 볼 수 있 었다. 맨 위는 십자가였지만 중간은 은발의 집이라는 아크릴 간판이 붙어 있었다. 송 여사는 주위를 둘러보다가 물었다. 아무래도 이 집이 바로 그 오동나무집 같았기 때문이다. 그리고 그 오동나무 자리에 십자가 탑이 세 워져 있는 것 같았다.

"춘영아, 이 집이 우리 클 때 그 오동나무집 아니니?"

"맞어. 바로 그 집이어. 선생님이 그 집을 사갖고 이전 건물 밀어뿔고 새 로 이 집을 지셨써. 오동나무도 비어뿔고 그 자리에다 이케 십자가 간판 안 세왔냐."

"그 오동나무집 사람들은 다른 곳으로 이사 갔나 보지?"

"이사 가기는. 그 집이 쫄딱 망했써. 큰 아들이 사업한다고 땅 다 폴아 갔고, 이장하던 그 아잡씨도 중풍으로 고생하다 죽었어. 자석들이 한나도 제대로 된 놈이 없써. 우덜 클 때는 이 동네 최고 부자였는데 사람팔자 인 생무상이지 머야."

송 여사는 고개를 끄덕였다. 엄마를 덮치다가 들켜 순간적으로 딸 같은 자신을 쳐다보던 그 민망한 눈빛의 남자를 송 여사는 결코 잊을 수 없었 다. 그러나 그도 이제는 이 세상 사람이 아니라니… 송 여사는 높고도 가 파른 언덕을 올라 석양 노을을 바라보는 심정으로 지난 시간들을 떠올리는 것이었다. 그러나 송 여사는 이제 그 어둠의 날들을 전송해야만 하리라고 생각하였다. 이제 그 자신도 얼마 있지 않아서 이 세상을 저 영원 속으로 보내야만 하기 때문이다.

안으로 들어서자 큰 현관이 나타났다. 현관문은 열고 들어서자 넓은 응접실이 나왔다. 아니, 응접실이라기보다는 친교하는 넓은 방이라고 하는 게 더 맞을 것 같았다. 실제로 십 여 명의 노인들이 의자에 앉아서 즐겁게 놀고 있었다. 그들은 심 여사와 송 여사를 보면서 반갑게 웃었다. 이때 한 중년의 남자가 오더니 심 여사에게 꾸벅 인사를 하였다.

"심 여사님, 오셨어요."

"예, 안녕하십니까. 오늘은 광주 안 갔꾸마니라우?"

"아, 예. 오늘은 수요일이어서 수업이 없습니다."

"그라구만이라우. 선생님 어디 기세요?"

"나 여기 있다. 춘영이 왔구나."

황 선생님이 주방으로 보이는 응접실 오른 쪽에서 걸어 나왔다. 송 여사는 자신을 진심으로 사랑해 주었던 수십 년 전의 그 은사를 쳐다보았다. 머리는 백발이 되었지만 얼굴엔 예전 그대로 여유와 웃음이 가득하였다. 송 여사는 그에게로 나아갔다. 그리고는 꾸벅 인사를 했다.

"선생님, 저 송명화예요. 알아보시겠어요?"

황 선생님은 믿을 수 없다는 눈으로 송 여사를 보면서 그녀의 두 손을 꼭 붙들었다.

"명화야, 너 정말 명화구나! 꿈은 아니겠지? 반갑다! 정말 반가워!"

황 선생님의 눈에 이슬 같은 눈물이 맺혔다. 그 눈물을 보자 송 여사의 눈에서도 눈물이 솟구쳤다. 눈물은 마치 봇물을 터뜨린 듯 하염없이 솟구쳐 올랐다. 황 선생님은 눈물을 제어하지 못하는 송 여사를 데리고 방으로 들어갔다. 그는 손수건을 주면서 말했다.

"너를 위해 수십 년을 기도했는데 죽기 전에 만나게 되는구나. 눈물 닦아라. 우리의 만남은 처음부터 기쁨이었잖니. 이 순간은 기쁨의 순간이다. 너를 다시 만난 이 기쁨, 나 지금 꼭 천국에 온 기분이다."

"용서하세요, 선생님……."

"용서는 뭘? 네가 내게 뭘 잘못했는데 용서를 해. 용서는 내가 빌어야지. 부족했던 선생님을 용서해다오. 너와의 헤어짐이 영 석연치 않아서 나는 늘 내 자신을 뉘우쳐 왔다. 부덕했던 날 용서해다오."

"아니에요, 선생님. 제가 선생님의 마음을 아프게 했었어요. 그건 제가 알아요."

"명화야, 다 지난 이야기다. 우리는 오늘 이 순간 이렇게 다시 만났다. 다시 기쁨과 감사의 인연을 만들어보자. 서로를 진심으로 사랑해 보자."

이때 송 여사는 현기증을 느꼈다. 정신이 가물가물해지는 것이었다. 송 여사는 이틀째 진통제와 물만 먹고 아무 것도 먹지 않았었다. 송 여사는 엄습하는 죽음의 공포를 느꼈다. 송 여사는 숨을 가쁘게 내어쉬며 말했다.

"선생님, 저에게 기도 한 번 해 주세요. 그리고 제가 죽거들랑 제 아버지 옆에 묻어 주세요. 꼭 그렇게 해 주세요 선생님…"

"명화야, 너 지금 무슨 말을 하는 거냐? 죽는다니 무슨 말이냐? 명화야, 정신 차려라! 오, 주여……."

황 선생님은 몸을 가누지 못하고 쓰러지는 송 여사는 붙들고 간절히 기도하였다.

송 여사가 의식을 회복하여 눈을 뜬 때는 벽시계의 시침이 밤 두 시를 가리키고 있는 한 밤중이었다. 송 여사는 갈증을 느꼈다. 그래서 몸을 일으키려고 하였다. 그러나 하체와 허벅지가 너무 뻑적지근하여 쉽게 움직일 수 없었다. 하지만 너무 목이 말랐기 때문에 안간힘을 다하여 몸을 일으키려고 했다. 그런데 그녀는 아무래도 하체가 이상하다 싶어 아래로 눈을 돌리는 순간 깜짝 놀랐다. 요가 온통 피에 젖어 있었기 때문이다. 그리고 시커먼 핏덩이들이 아직 자신의 허벅지 사이, 팬티 안에 가득 차있었던 것이다. 내가 하혈을 했구나. 이 일을 어쩌지? 이 때였다. 누구인가가 문을 열고 들어왔다. 이곳에 처음 들어설 때 춘영이에게 공손히 인사하던 그 중년의 남자였다. 그는 방에 들어서자 깜짝 놀랐다. 그러나 차분한 어조로 말하는 것이었다.

"선생님이 가보라고 해서 왔습니다. 한데 하혈을 많이 하셨군요. 제가 치워 드리겠습니다. 우선 제가 부축해드릴테니 목욕실로 함께 가셔야겠어요."

송 여사는 일순간 부끄러운 생각이 들긴 했지만 이내 그에게 몸을 의지하고 목욕실로 향했다. 중년의 남자는 탕에 물을 가득 채워 주고는 나갔다. 송 여사는 몸을 씻었다. 그런데 몸이 전보다 가벼워진 것 같았다. 내 몸에 무슨 일이 일어났다는 것인가?

옷을 갈아입고 방으로 들어오자 황 선생님이 앉아 있었다. 그는 송 여사를 보면서 빙긋이 웃었다. 송 여사도 계면쩍게 웃었다. 황 선생님은 웃으면서 말했다.

"에이, 헛똑똑이, 내가 뭐라든? 똑똑한 여자는 시집부터 간다고 하지 않던."

"선생님……."

(7)
:

아버지 찾기

유전자 검사 결과를 받아든 장종영 형사는 너무 어이가 없어서 입만 딱 벌리고 있었다. 입을 반쯤 벌리고 멍하니 앉아 있는 그의 표정은 누가 보든지 정상인의 얼굴은 아니었다. 어쩌면 이런 얼굴을 보고 넋이 나간 얼굴이라고 말할 것이다. 그가 오분 이상을 이런 멍한 얼굴을 하고 앉아 있자 마주하고 앉아 있는 김보문 형사가 물었다.

"반장님, 무슨 문제 있습니까? 누구 유전자 검사하신 것 같은데 거기에 무슨 문제라도 있습니까?"

김 형사가 이렇게 물을 때야 비로소 장 형사는 퍼뜩 제정신을 차렸다.

"뭐? 문제? 아, 아니야. 좀 놀랄 일이 있어서. 하지만 별건 아니야. 우리들 수사와는 관계 없는 일이니까 신경 쓰지 마."

김 형사는 고개를 끄덕이면서도 궁금한 듯 물었다.

"지난 몇 개월 동안 유전자 검사를 하시던 것 같던데 오늘에야 그 결과가 나왔나 보죠?"

"이 사람 그 동안 내 언행을 유심히 지켜 보았구만. 남의 행동을 그렇게 관찰해도 되는 거야. 사실 뭘 좀 조사했었지. 하지만 우리들의 일과는 관계없는 거야. 전에 해결했던 사건에 좀 미심쩍은 게 있어서 유전자 검사를 의뢰했었거든."

"그러시군요. 반장님이 그 봉투를 받아들자마자 너무 놀라는 표정을 지어서 저는 또 무슨 일이 터졌나 생각했습니다."

"그랬군. 결과가 좀 놀랍게 나온 건 사실이지만 우리들이 수사할 내용은 아니니까 염려 말라구."

장 형사의 말에 김 형사는 웃었다.

"잘 알겠습니다, 반장님. 이 무더위에 또 사건 터졌나 했어요. 다행입니다."

장 형사도 웃었다. 그는 자리에서 일어나면서 말했다.

"날씨 정말 덥네. 선풍기 저거 몇 개 틀어놓아 보아야 열만 더 생기는 것 같아. 올핸 에어컨은 영영 사용 못하는 거 아냐?"

"국가 정책인 만큼 올 여름에는 에어컨 바람 쐬기는 틀린 것 같습니다."

장 형사는 김보문 형사의 말을 뒤로 하고 사무실을 나왔다. 장 형사는 화장실로 들어와 수도꼭지를 젖히고 세수를 했다. 물로 얼굴을 씻고 나니 마음이 좀 안정되었다. 그는 손수건으로 얼굴을 씻은 다음 다시 복도로 나왔다. 그리고는 자판기로 가 냉커피 한 잔을 뽑았다. 그는 커피잔을 들고 일 층으로 내려갔다. 삼십오 도에 육박하는 무더운 날씨였지만 경찰서의 현관은 여러 사람들이 오고갔다. 그는 안내석 옆의 복도 가로 죽 놓여 있는 의자 하나를 골라 몸을 앉혔다. 이곳은 그가 지휘권을 쥐고 있는 형사 3반의 사무실보다 훨씬 시원했다. 그는 커피를 마시며 검사 결과를 생각하였다. 그리고는 너무 어처구니가 없어서 고개를 끄덕이며 실성한 사람처럼 혼자서 웃었다. 그러다가 그는 뒤따라오는 여러 가지의 생각들로 머릿속이 복잡해졌다.

수년 전 한 사건이 있었다. 이 사건은 면 소재지에 위치한 시골 파출소의 평범한 순경이었던 장 형사를 대도시에 있는 경찰서의 형사로 승격시켜 준 사건이었다. 장 형사 안에 내재되어 있던 민첩한 수사능력을 마음껏 발휘할 수 있는 길을 열어 준 사건이었다.

그때는 쌀쌀한 날씨가 이어지는 일월이었는데, 그날도 장 형사는 면에 속한 여러 동네들을 자전거를 타고 순찰하고 있었다. 그런데 삼십여 호의 가옥들이 옹기종기 모여 있는 송월리라는 곳에 갔을 때였다. 칠십 대로 보이는 한 남자가 그에게 다가왔다. 장 형사는 어른들에겐 늘 그랬던 것처럼 그 남자에게 꾸벅 인사를 하였다. 그러자 그 남자도 공손히 인사를 하면서 자신을 소개하였다.

"안녕하세요, 경찰관님, 추우신데 수고가 많으십니다. 저는 몇 개월 전에 이 마을에 교회를 개척한 손양훈 목사입니다. 이 마을에 종종 오시는 모양인데 오늘에야 인사드립니다. 시간이 되신다면 교회에 오셔서 따뜻한 차 한 잔 마시고 가시지요. 사실 긴히 좀 드릴 말씀도 있고요."

"아, 그러셔요. 그렇게 하겠습니다. 이 마을에는 그 동안 교회가 없었는데 목사님이 교회를 시작하셨군요."

장 형사는 이 마을에 들어설 때마다 왠지 좀 적막한 느낌을 받곤 했었다. 그런데 교회가 들어섰다니 앞으로는 그런 적막감이 사라질지도 모른다는 막연한 기대를 순간적으로 가져보는 것이었다.

"사실 전 작년에 다른 교회에서 정년퇴임을 하였습니다. 하지만 나이는 칠십이 넘었어도 아직은 건강함으로 계속 일을 하고 싶었습니다. 그런데 이 마을에 교회가 없다는 말을 듣고 이곳에 들어와 예배를 드리고 있습니다."

"그러시군요. 신도는 있습니까?"

자전거에서 내린 장 형사는 손 목사 뒤를 따라오면서 물었다. 장 형사의 말에 손 목사는 웃으면서 말했다.

"전도라는 게 그렇게 쉽지 않아요. 이 시대는 더더욱 어렵고요. 특히 시골 사람들 전도하기는 하늘의 별따기만큼이나 어려워요. 사람들이 인습, 그러니까 자기들의 풍습에 꽉 매여 있잖아요. 그래도 이 마을에 와서는 어느새 성도 한 명을 얻었습니다."

"아 그래요. 그것 참 다행이네요."

"그럼요. 하나님의 선물이지요."

손 목사는 장 형사를 데리고 마을과는 전답을 사이에 두고 마주보는 야산 밑으로 갔다. 장 형사가 보니 그곳에는 다 쓰러져가는 슬레이트 지붕의 폐가가 한 채 있었다. 그 폐가의 마당 한쪽에 나무로 만든 긴 십자가가 세워져 있었다. 이 폐가에서 할머니 한 분이 나왔다. 손 목사는 그녀에게 장 형사를 소개하였다.

"여보, 우리 지역사회를 돌보고 계시는 경찰관님이어요. 인사 올려요. 그리고 속히 따뜻한 커피 한 잔 끓여요."

손 목사에 비하여 나이가 훨씬 더 들어 보이는 이 할머니는 알고 보니 손 목사의 부인이었다. 흰 머리가 많았고 얼굴에 주름도 많았다. 그녀는 공손히 고개를 숙여 인사를 하였다.

"안녕하세요. 추운 날씨에 고생 많으십니다. 어서 안으로 들어오세요."

장 형사는 마당에 자전거를 세우고 손 목사를 따라 방안으로 들어갔다. 방 안은 밖에서 보기와는 달리 아주 포근한 분위기였다. 그리고 생각보다 넓었다. 윗목에는 설교할 때 사용하는 작은 강대상이 놓여 있었다. 장 형사는 방안을 한 번 둘러보고 물었다.

"여기에서 예배를 드리는 것 같은데 불편하지 않아요?"

장 형사의 말에 손 목사는 밝은 표정으로 대답했다.

"불편하긴요. 이 정도면 천국이지요. 성도가 많지 않아서 좁지도 않아요. 교회가 부흥되면 그땐 예배당을 지어야 하겠지만 지금은 이대로가 너무 좋아요."

장 형사는 하얗게 탈색된 듯한 손 목사의 깨끗한 얼굴과 그의 맑은 두 눈을 보면서 어떤 신비감 같은 감정과 만났다. 무어라 말로 형용하기 어려운 정갈함과 상냥함, 진실함 같은 것들이 그의 언행에서 묻어 나왔기 때문이다. 조금 있자 손 목사의 부인은 커피잔을 놓은 쟁반을 들고 들어왔다.

"자, 한 잔 드십시다."

손 목사의 말에 장 형사는 커피잔을 들었다. 커피 맛이 아주 좋았다. 커피를 마시면서 손 목사가 말했다.

"경찰관님이 시간이 없을 테니까 제가 드리고 싶었던 말씀을 드리겠습니다. 괜찮겠죠?"

"그럼요. 말씀하세요."

"제가 아까 우리 교회에 성도가 한 분 있다고 했잖아요. 사실은 그분에 대한 이야기입니다. 이 분이 아가씨예요. 그런데 정신이 좀 성하지 않은 면

이 있어요."

"정신이 성하지 않다면, 온전하지 않다는 말씀이죠?"

"그렇죠. 정신이 좀 온전하지가 않아요. 제가 알기로는 이곳에 와서 생활한 지가 3년 남짓 되나 보아요. 자기 할머니와 둘이서 살았는데 할머니는 제가 이곳에 오기 몇 개월 전에 세상을 떠났습니다. 그 사실은 마을 사람들에게 들어서 알게 되었습니다. 저는 이곳에 교회를 개척하자마자 가가호호 방문을 하면서 전도를 했습니다. 그녀의 집도 방문했는데 그녀는 우리들을 보면서 아주 기뻐하더니 우리들을 쪼르르 따라 나왔습니다. 알고 보니 그녀의 할머니가 세상을 떠난 후 그녀는 이집 저집 불려 다니며 일을 했지만 아주 적은 임금을 받았고 그것으로 겨우 입에 풀칠만 하고 있었습니다. 정신적인 고생이 많았던 거예요. 그래서였는지 우리들이 전도를 가니까 기뻐하면서 따라왔어요. 그래서 그녀는 일을 하러 가지 않은 날엔 교회에 와서 살다시피 했습니다. 지금도 그러합니다. 그런데요……."

손 목사는 잠시 호흡을 진정시켰다. 그리고는 장 형사의 눈을 유심히 보았다. 그러다가 다시 입을 열었다.

"그런데요, 경찰관님……."

손 목사는 또 장 형사의 눈을 보았다. 그래서 장 형사는 말했다.

"말씀하세요. 잘 듣고 있습니다."

"그런데요, 경찰관님. 우리 성도님이 계속 성폭행을 당하고 있는 것 같습니다. 이 일은 저희들이 여기에 오기 전부터 있었던 것 같아요. 이 마을의 남자들이 그녀를 상습적으로 성폭행하고 있는 게 분명한 것 같습니다. 제가 벌써 파출소에 한 번 가려고 했었습니다만 증거도 증거지만 이제 막 교회를 시작한 처지라서 그러지 못했습니다. 제 신고로 이 마을이 불명예를 안는다고 생각해보세요. 이 교회와 이 마을 사람들은 원수지간이 될 거예요. 하지만 그럼에도 불구하고 제가 오늘 이렇게 말씀을 드리는 것은 우리 성도님의 배가 불러오고 있습니다. 누군가의 아기를 가진 게 분명합니다. 그래서 오늘 이렇게 말씀 드립니다. 교회의 입장을 헤아려 주시고 이 문제를 잘 처리해 주시기 바랍니다."

장 형사는 손 목사의 이 말을 듣고 두 귀가 번쩍 열렸다. 자기도 그 아가씨를 알고 있기 때문이었다. 그녀의 할머니가 돌아가시기 전 그녀는 가끔 파출소가 있는 면 소재지로 할머니와 함께 장을 보러 왔었다. 늘씬한 체격에 항상 웃는 얼굴의 그녀는 얼른 보면 전혀 장애인으로 생각되지 않았다. 그러나 이 마을을 몇 번 순찰하는 중에 그녀가 장애인인 것을 장 형사도 알게 되었다. 하지만 이 마을의 남성들이 그녀를 상습적으로 성폭행하고 있었다니 이것은 전혀 상상을 못해본 일이었다. 이것이 사실이라면 이것은 보통 정보가 아니었다. 장 형사는 크게 놀라지 않을 수 없었다. 물론 당연히 있을 수도 있는 일이었다. 우리 사회에서 장애인을 성폭행하는 사건은 자주 일어나기 때문이다.

장 형사는 진지한 얼굴로 손 목사에게 말했다.

"잘 알았습니다, 목사님. 참으로 감사합니다. 이런 사건은 누군가가 제보를 해 주지 않으면 저희로서는 발견하기 힘든 사건입니다. 제가 목사님과 이 교회에 전혀 피해가 오지 않는 선에서 이 사건을 해결하도록 하겠습니다. 목사님도 이후엔 누구에게도 이 이야기를 하셔서는 안 됩니다. 부탁드립니다."

"물론입니다. 제가 누구에게 이 이야기를 할 수 있겠습니까. 저는 함구할 테니 경찰관님께서 잘 처리해 주십시오."

"목사님, 또 하나 드릴 말씀이 있습니다. 만약 그 아가씨가 아기를 잉태한 게 사실이라면 그 아가씨는 그 아가씨와 같은 처지에 있는 분들을 수용하는 시설로 보내집니다. 모처럼 전도하여 얻은 한 명의 성도가 이곳을 떠나야 하거든요. 괜찮겠습니까?"

장 형사의 이 말에 손 목사 내외는 환하게 웃었다.

"괜찮다마다요. 사람이 살아야지요. 안전하고 좋은 곳으로 갈 텐데 우린 기꺼이 보내야지요. 그런 건 아무 염려하지 마세요."

장 형사는 이 사건을 은밀히 추적하기 시작하였다. 그리고 민지희라는 이 아가씨가 임신 3개월째라는 사실도 알게 되었다. 그는 또 이 아가씨를 성폭행한 이 마을의 남성들 명단도 확보하였다. 놀랍게도 이 마을의 거의 모든 남자들이 이 아가씨를 상습적으로 성폭행했었다. 장 형사는 이 사건을 세상에 알림으로 일 계급 특진되었고 도시에 있는 경찰서의 형사과로 발령을 받았다. 이미 언급한 바 있지만 이 사건은 무명의 하급 경찰관 한 명을 유명인사로 만들어 주었다.

몇 개월 전 장 형사는 지희가 생활하고 있는 미혼모 시설에 들렀다. 그녀는 그곳에서 아주 잘 지내고 있었다. 그녀가 낳은 아기도 무럭무럭 잘 자라고 있었다. 그런데, 그녀가 낳은 그 아기의 이름이 손양훈이었다. 자기에게 그 사건을 제보해 준 목사의 이름이었던 것이다. 크게 놀란 장 형사는 시설을 운영하는 원장에게 이 이름을 누가 지었느냐고 물었다. 그러자 원장은 아기의 엄마인 민지희의 청을 받아 그대로 부르게 되었다고 말했다. 원장인 자기가 지은 좋은 이름이 있다고 그 이름을 권유했지만, 민지희는 자기가 낳은 아기의 이름을 꼭 손양훈이라고 불러야 한다고 우겼다는 것이다.

결국 엄마의 요구대로 이름을 손양훈이라고 지었다는 것이다. 이 말을 듣는 순간 장 형사의 뇌리에 미묘한 의구심과 괴리감이 스쳐갔다. 자기에게 제보를 해 주었던 그 손양훈이라는 목사의 얼굴이 뚜렷하게 떠올랐다. 그는 머리를 방망이로 한 대 맞은 기분이었다. 그는 이 순간 이 아기의 아버지가 바로 그 손양훈 목사라고 확신했던 것이다. 장 형사는 민지희를 조사하는 과정에서 그녀가 단순한 장애인이 아닌 것을 알게 되었다. 이 아가씨는 자기를 성폭행한 동네의 남자들을 모두 다 기억하고 있었다. 그들이 무엇을 가지고 자기를 유혹했는지도 모두 기억하고 있었다. 그녀의 이런 정확한 진술 앞에서 마을의 사내들은 꼼짝 못하고 자기들의 죄를 인정해야만 하였다. 폭행자들 명단에는 칠십이 넘은 남자들의 이름도 몇 사람 있었다. 그러나 손 목사의 이름은 없었다.

그런데, 아기의 이름을 손 목사의 이름으로 지었다는 것은 그 아기의 아버지가 손 목사라는 게 아닌가. 그 아가씨는 정확하게 자기의 임신 시점을 알았고, 자기를 임신시킨 사람은 바로 그 손 목사임을 알았기 때문에 그 이름을 고집했으리라. 장 형사의 상상력은 아주 빠르게 진행되어 아주 쉽게 결론에 이르렀다. 모든 정황으로 보아 이것은 너무나 확실한 사실일 것이기 때문이었다.

당시 장 형사의 의식은 교회 문제로 아주 민감한 상태에 있었다. 도시로 올라와 바쁜 수사 일정으로 인해 그가 아내와 보내는 시간은 현저히 줄어들었다. 외근도 잦았다.

이렇게 되자 아내는 우울증 증세를 보였다. 그녀는 상당히 심각한 상태에 이르렀다. 수년 동안 우울증으로 고생하던 아내는 이웃 사람의 전도를 받아 교회에 나가기 시작했다. 그러더니 차차 마음의 안정을 가져오면서 지나치다 할 만큼 교회 생활에 열심을 내는 것이었다. 수요일이나 금요일엔 퇴근해서 집에 와도 아내를 볼 수 없었다. 그녀는 기도회에 갔다며 아주 늦은 시간에 돌아오곤 했다. 교회에 나간 후 우울증 증세는 사라졌지만 그 생활에 너무 빠져서 장 형사의 심기를 불편하게 하였다. 장 형사가 교회에 너무 많은 시간을 할애하지 않느냐고 짜증을 내면 그건 당신이 몰라서 하는 소리라고 받아쳤다. 당신이 험한 형사생활을 하면서도 항상 안전하고 무사한 것은 순전히 하나님의 은혜라는 식으로 말을 이끌어갔다. 아내는 교회에 나간 후 말이 많아졌다. 장 형사는 아내의 이러한 언행을 대할 때마다 보통 화가 치미는 게 아니었다. 하지만 그런다고 해서 함부로 화풀이를 할 수도 없는 노릇이었다. 아내는 두 아들과 한 딸을 나름대로 잘 키우고 있었기 때문이다. 또 근자에 들어서는 그 작은 봉급으로 집도 한 채 장만하였다. 아내는 자기의 생활에 아주 성실한 여자였다.

이런 상황이었는지라 장 형사가 손 목사에 대해 느끼는 감정이 더 극에 달한지도 몰랐다. 장 형사가 손 목사에게서 느끼는 감정은 배신감까지 가미된 아주 복합적인 것이었다. 결국 장 형사는 민지희를 성폭행한 모든 남자들을 대상으로 은밀하게 유전자 검사를 시작하였다. 민지희가 낳은 그 아이의 아버지가 누군가를 찾기 위해서였다. 물론 장 형사는 구십구 퍼센트 손 목사를 그 아이의 아버지로 지목했다. 그런데, 오늘 받아 든 검사 결과는 아이의 아버지가 손 목사가 아니었다. 당시 고3이었던 이장의 아들이었다. 그 집안은 아버지와 아들 두 사람이 지희를 성폭행했었다.

장 형사는 자기의 생각이 빗나가자 너무 허탈하였다. 그리고 분노 같은 감정도 일어나는 것이었다. 그러나 이 분노가 누구를 향하고 있는지는 자세히 알 수 없었다. 그가 복도에 놓인 의자에서 한 잔의 차를 다 마셨을 때 그는 자신의 우매함을 탓하고 있었다. 그는 자신에게 주어진 신성한 시간들을 자신이 어떤 식으로 허비했는지를 깨달았던 것이다. 그는 자기의 인생을 성공시켜 준 사람을 아주 나쁜 사람으로 생각하고 있었던 자신이 싫었다. 자기가 기껏 이 정도의 인간밖에 되지 않았는가 생각하니 속이 상했다.

손 목사야말로 자기의 인생에, 저 연약한 지희의 인생에 커다란 은인이 아닌가. 그리고 하나의 추악한 악이 계속되던 저 송월리와, 우리 사회에서 그 악을 차단시킨 사람이 아닌가. 그런데 그런 의인을 더러운 이중인격자 내지는 범죄자로 규정하고 뒷조사를 했다니 참으로 어처구니가 없었다. 장 형사는 문득 손 목사의 머리카락을 가지러 갔을 때를 생각했다. 손 목사의 유전자를 검사하려면 가장 좋은 방법이 머리카락을 가져오면 되었다. 그래서 송월리에 갔었는데, 그때 그는 어떻게 손 목사의 머리카락을 얻을까 걱정했다. 마침 손 목사는 교회에 있었다. 그는 장 형사를 아주 기쁘게 맞아 주었다. 장 형사에게 차를 한 잔 대접한 그는 갑자기 자기 아내에게 머리를 깎아 달라고 말했다. 장 형사는 자기의 속마음을 들킨 것 같아 깜짝 놀라서 물었다.

"목사님, 갑자기 머리는 왜 깎으십니까?"

장 형사의 이 말에 손 목사는 웃으면서 대답했다.

"오늘 읍에서 아는 사람 아들의 결혼식이 있어요. 곧 나갈 시간이에요. 거울을 보니 머리가 너무 길어서 아무래도 깎아야 할 것 같아요."

"그렇다면 이발소에 가서 깎으셔야죠. 집에서 깎으시면 아무래도 보기가 그럴 텐데요."

"허허, 모르는 말씀이요. 우리 집 사람은 미용사 다 되었어요. 우리가 섬에서 수십 년을 보냈는데 거기에는 미장원이나 이발소가 없었어요. 스스로 깎아야 돼요. 우리 집 사람이 동네 사람들 머리를 모두 깎아 주었어요. 그래서 우리가 나올 때엔 후임 목회자에게 꼭 이발 기술을 배워 오라고 했어요."

"아, 그러니까 섬에서 목회를 하셨군요. 그곳에서 평생을 보내신 거예요?"

"네. 신학대학 졸업 후 군대생활 마치고 들어가 칠십 살까지 거기에 있었으니까 사십 년 남짓 있었네요. 참, 오늘 마침 잘 왔네요. 그렇잖아도 우리 집사람과 내가 우리 경찰관님에게 꼭 물어보고 싶은 게 있었어요."

"아, 그래요. 그게 뭔데요?"

"경찰관님은 고향이 어디세요?"

"제 고향이요? 저는 서울이 고향입니다. 거기에서 태어났어요."

"그래요? 그것 참 묘하구만요."

손 목사는 고개를 갸웃거리며 말했다. 그 모습을 보고 장 형사가 물었다.

"왜요? 무엇이 묘하다는 건가요?"

"우리가 목회했던 그 섬 바로 옆에 '갈기도'라는 섬이 있어요. 갈기라는 게가 많은 섬이에요. 우리 섬과 고만고만한 섬인데 거기에도 교회가 있어요. 가끔 그 섬 교회에 가곤 했어요. 그런데, 그 교회에 아주 훌륭한 장로님이 한 분 계세요. 김욱현 장로님이라고. 한데, 그 장로님의 얼굴이 경찰관님과 너무 닮았어요. 정말이지 빼다 박은 것 같아요. 키도 비슷하고, 얼굴생김도 똑같고, 웃는 것, 말하는 것, 차 마시는 모습까지 똑같아요. 말은 안 했지만 집사람과 나는 경찰관님을 처음 보는 순간 깜짝 놀랐어요. 어떻게 저렇게 닮은 사람이 세상에 있나 하고요. 하긴 세상에는 비슷하게 생긴 사람이 너무 많긴 하지만……."

"그래요. 한데 저는 갈기도라는 그 섬을 전혀 모릅니다. 그래도 한 번 가보고는 싶습니다. 저와 꼭 닮은 그분도 한 번 뵙고 싶고요."

손 목사는 웃었다.

"참, 닮아도 이렇게 닮았을까……."

손 목사가 머리를 깎는 바람에 장 형사는 아주 쉽게 손 목사의 머리카락을 얻을 수 있었다.

그날을 생각하던 장 형사는 갑자기 의자에서 벌떡 일어섰다. 그의 두 눈은 무엇에 크게 놀란 듯 긴장감이 팽배했다. 그는 후다닥 사무실로 뛰어 올라왔다. 그리고는 김보문 형사에게 말했다.

"김 형사, 나 급한 일로 서울에 좀 갔다 와야 할 것 같아. 최대한 빨리 일 마치고 올 테니까 나 없는 동안 대신 신경 좀 써 줘. 무슨 일 생기면 즉각 연락해 주고."

"알았습니다. 무슨 일이신데요? 집안일이에요?"

"그런 셈이지. 갔다 와서 밥 한 번 살게. 부탁해."

"밥은요. 여긴 염려 말고 잘 다녀오세요."

밖은 쇠라도 녹여 버릴 듯 더운 열기가 펄펄 끓고 있었다. 장 형사는 곧 자기의 승용차를 운전하여 경찰서를 빠져 나왔다.

장 형사가 그의 큰 형이 운영하는 고물상에 들어섰을 때엔 아직 점심시간이 안 된 시간이었다. 큰 형은 자기가 주워왔거나 사람들에게서 산 고물들을 열심히 분류하고 있었다. 그는 때가 시커멓게 묻은 작업복을 입고 머리엔 밀짚모자를 쓰고 있었다. 장 형사가 수박 한 통과 선물 꾸러미 하나를 양손에 들고 안으로 들어서는 것을 보고 그는 일손을 멈추었다.

"갑자기 웬일이냐? 이 무더위에?"

"안녕하세요, 형님. 그동안 평안하셨지요?"

"덕분에 잘 지냈지. 넌 여전하지?"

"그렇지요. 형사생활이라는 게 빤하잖아요."

"그럴 거야. 제수씨랑 조카들도 잘 지내지?"

"네. 덕분에요."

"더운데 안으로 들어가자. 참 너의 형수는 모임이 있다며 아침에 나가더니만 아직 안 들어왔다."

장 형사는 형을 따라 고물들을 쌓아놓은 마당 뒤의 집으로 들어갔다. 그의 형은 방에 들어와 모자를 벗고는 리모컨을 집어 에어컨을 작동시켰다. 그는 또 냉장고에서 시원한 음료수를 가져왔다. 한 컵을 따라 장 형사에게 주면서 물었다.

"아버지에게는 들렸니?"

"아니요, 아직요. 좀 급한 일이 있어서 아직 못 들렀어요. 형 만나고 나서 한 번 찾아 뵈야죠. 별일 있겠어요."

"그래. 그렇게 하렴. 네가 그렇게 잘 해 주니 다른 형제들은 니 덕분에 늘 아버지를 잊고 사는구나."

"제가 뭐 하는 게 있나요. 명절에나 들여다보는 정도인데요."

"그것이 큰일이지. 누군들 얼마나 잘 하겠어. 사람의 감정이란 게 참 묘하지. 나이를 먹어도 용서 안 되는 일은 용서가 안 되거든. 그래서는 안 되는데 말이야."

장 형사의 형 장종현은 담뱃갑에서 담배 한 개비를 꺼내 라이터 불을 켜 담배에 붙였다. 장 형사는 그런 형을 유심히 보면서 물었다.

"형, 올해도 휴가 다녀왔나요?"

"아니. 올해는 집에 일이 좀 있어서 아직 못 갔다. 올 여름은 아무래도 가지 못할 것 같애. 추석 무렵에 잠깐 다녀올까 해."

"갈기도로요?"

"응. 가면 그곳으로 가야지. 난 섬이 참 좋거든."

"형은 갈기도에 아는 사람이 있나 보아요. 항상 그곳으로 휴가를 가시대요?"

"응. 아 그거…… 있지. 내 군대 동기들이 그곳에서 두 명이나 살고 있거든. 그리고 그 섬에 갈기가 많아. 너 갈기 모르지? 그 계를 표준말로는 뭐라고 하더라…… 갈 때마다 잡아 먹지만 이름을 또 잊어버렸군. 참 맛있는 게야."

이 말을 하고 나고 나서 장종현은 담배 연기를 후- 하고 내뿜었다. 장 형사는 그런 형의 얼굴을 유심히 살피다가 물었다.

"외국에 계신 두 분 누나들은 전화 자주 하나요?"

"너의 누나들? 하지. 종종 해. 너한테는 전화하지 않던?"

"전혀요. 저에게도 전화 좀 하라고 형이 전해 주세요."

"알았다. 왜들 너한테는 전화를 안 하지. 내가 언제 꼭 니 말을 전해 주

마. 사람들이 외국에 산다고 무심하면 안 되지. 암. 그래서는 안 되지."

"형님, 해본 말이에요. 전화는 제게 먼저 해야죠. '해야지, 해야지' 하면서도 그게 잘 안 돼요. 형님, 저 아무래도 지금 일어나야 할 것 같아요. 오늘 일정이 좀 빡빡하거든요."

"그래? 그럼 일어나야지. 오랜 만에 왔는데 밥 한 끼 대접도 못하고 이거 어쩌지? 너의 형수까지 없어서 말이야……."

"아 아니에요 형님. 다음에 오면 맛있는 밥 꼭 해 주세요. 그럼 저 일어날게요."

장 형사는 곧 형의 고물상을 나왔다. 그는 시계를 한 번 보고는 그의 아버지 집으로 향했다. 삼십여 분 후 차를 유료 주차장에 세운 장 형사는 산동네를 오르기 시작하였다. 작은 집들이 닥지닥지 모여 있는 산동네의 중턱에 오른 장 형사는 장준수라는 문패가 붙은 대문을 두드렸다. 셔츠 차림의 여인이 나와 대문 밖으로 고개를 내밀었다. 현재 장준수의 곁에 있는 부인 이미숙이었다. 장준수는 장 형사가 알고 있는 것만 해도 여러 여인들과 동거를 하였는데 십여 년 전부터는 이 여인이 집에 들어와 살고 있었다. 여인들이 바뀌어도 꾸준히 아버지 장준수를 찾아왔던 장 형사는 이 여인도 어머니로 깍듯하게 모셨다.

"안녕하세요, 어머님. 급히 서울에 올 일이 있어서 잠깐 들렀습니다. 모두 건강하시죠?"

"종영이구만. 들어와. 아버지는 요즘 몸이 안 좋으셔. 날씨가 무더우니까 약을 드셔도 별로 효력이 없으시나 봐."

"어디가 안 좋으시죠?"

"폐에 물이 고였다고 해서 일단 수술은 받았는데……. 왜 물이 고이는지는 일주일 후에나 알수 있다는군."

"그렇군요. 수술할 때 저에게도 좀 알려 주시지?"

장 형사는 누워 있는 아버지 곁으로 갔다. 눈을 감고 있던 장준수는 인기척을 듣고 눈을 떴다. 장 형사가 인사를 하자 어렵게 몸을 일으켰다.

"너 왔구나. 오랜 만이구나."

"네, 아버지. 몸이 이렇게 안 좋으신 줄은 몰랐습니다. 이런 줄 알았으면 진작 한 번 올라오는 건데 죄송합니다."

"아니다. 괜찮다. 지금이라도 왔으니 됐지. 바쁠 텐데 고맙구나. 이렇게 늘 찾아와 주어서 고마워."

"고맙긴요. 자주 찾아뵙지 못하여 죄송해요."

"형사생활이 얼마나 바쁜 생활인지 나도 안다. 네 처와 아이들은 잘 있고?"

"네 아버지. 모두 잘 있어요."

"그래. 항상 건강해라. 그리고 가정에 충실해라. 이 애비 닮지 말고."

그는 불편한 듯 갑자기 기침을 해대기 시작했다. 옆에 있던 그의 아내가 놀란 표정으로 얼른 장준수를 붙들었다.

"아무래도 아버지를 눕혀야겠다. 기침을 한 번 시작하면 오랫동안 계속 하거든."

장 형사는 장준수를 자리에 눕혔다. 장준수는 일 단 기침을 멈추긴 했지만 이마에 땀이 흐르고 있었다. 그는 두 눈을 감은 채 아주 고통스러운 듯 숨을 거칠게 내쉬었다. 장 형사는 마당으로 나와 준비한 봉투를 그의 어머니에게 내밀었다.

"이거 약값에 보태 쓰세요."

"올 때마다 이러면 어떡하니. 너도 넉넉지는 않을 텐데."

"약소한 거예요. 아버지에게 무슨 일 생기면 곧 전화 주세요."

"알았다. 그렇게 할게."

"그럼……."

장 형사는 인사를 하고 대문을 나와 산동네를 내려오기 시작했다. 장 형사는 오래 전에 서울에서 살던 날들을 떠올리며 씁쓸히 웃었다. 장 형사가 초등학교에 들어갈 무렵 그의 집은 은평구의 부촌에 있었다. 그 집의 담벼락은 높았고 대문은 크고 시커먼 철재대문이었다. 아버지는 수백 명의 직원을 거느린 기업체의 사장이었다. 그래서 그의 집엔 당시에 소수의 사람들만이 타던 자가용도 두 대나 있었다. 장 형사의 화려한 생활은 그가 초등학교 삼학년 때까지 계속되었다. 그러나 그가 사학년으로 올라간 그 해부터 아버지 장준수와 어머니 사이에 싸움이 그치지 않았다. 이런 싸움은 삼 년 정도 계속되다가 결국 두 사람은 이혼하였다. 삼남 삼녀의 장 형사 형제들은 모두 다 어머니를 따라 그 집을 나왔다. 이때부터 장형사는 아버지와 떨어져서 살게 되었다. 어머니는 여섯 명의 아이들에게 매일매일 단단히 일렀다. 다시는 장준수라는 인간을 만나지 말라는 것이었다. 어머니가 이렇게 단단히 주의를 주자 이들 형제들은 아버지와는 일절 만나지 않았다. 최소한 장 형사가 볼 때는 그랬다. 장 형사도 어머니가 무서워서 일절 아버지 동네에 가지 않았다. 그러나 장 형사는 가끔 아버지 장준수가 보고 싶었다. 그래서 초등학교를 졸업하고 중학교에 들어가던 해에 큰맘을 먹고 몰래 그곳으로 갔다. 그리하여 대문 주위를 어슬렁거리다가 장준수의 눈에 띄게 되었다. 아버지는 곧 장 형사를 집안으로 데리고 와 밥을 먹이고, 용돈을 두둑이 주었다. 아버지는 아주 젊은 여자와 살고 있었다. 이후 장 형사는 가끔 장준수를 만났다. 그때마다 아버지는 장형사가 필요한 것들을 사 주었고 용돈도 주었다. 하지만 장 형사는 고등학교를 졸업하고 입시에 실패한 후엔 장준수를 만나지 않았다. 당시 아버지는 살던 여자와 헤어져 다른 여자와 살고 있었고, 장 형사 역시 입시 실패의 후유증으로 방황하고 있었다. 그러나 순경 시험에 합격한 후부터 다시 장준수를 만났다. 어머니와 형들, 누나들은 아버지 장준수를 오래 전에 잃어버린 사람으로 생각하는 것 같았다. 하지만 장 형사의 양심은 그런 태도들이 마음에 걸렸다. '그래도 남편이고 아버지인데 저래서는 안 될텐데' 하는 생각이 들었던 것이다. 하지만 나이가 들면서 장 형사는 어머니의 마음과, 형들과 누나들의 마음을 이해하게 되었다. 아버지 장준수는 지나치다 할 만큼 여자 문제가 복잡한 사람이었다. 자기가 보아도 역겨울 만큼 여자가 자주 바뀌는 것이었다. 그러나 어쩌겠는가. 그런다고 해서 아버지와의 연이 끊어지지는 않을 것이었다. 그래서 장 형사는 명절엔 꼭 장준수를 찾아가 인사를 했다. 장준수는 노년에 접어들면서 그 많던 재산을 모두 잃었다. 그리하여 지금은 산중턱에 있는 그 작은 오두막집과 보험

회사에서 매달 나오는 소액의 연금이 재산의 전부였다. 불행 중 다행인 것은 이미숙이라는 여인이 그 집과 연금을 바라보고 집에 들어와 뒷바라지를 해 주고 있다는 것이었다.

장 형사는 손수건을 꺼내 이마의 땀을 훔쳤다. 더위가 수그러들 시간인데도 세상이 온통 찜통 같았다. 그는 자동차에 시동을 걸고 서서히 서울을 빠져나오기 시작하였다.

그가 송월리에 도착했을 때는 오후 늦은 시간이었다. 마침 손 목사는 교회에 있었다.

"아니, 이거 경찰관님 아니십니까!"

그는 너무 반갑다는 듯 장 형사의 두 손을 꼭 잡으며 말했다.

"목사님!"

장 형사는 괜히 울컥 목이 메여 말을 잇지 못했다.

"이 더운 날씨에 여길 다 오시다니요! 우리 저 그늘로 갑시다."

그는 교회 옆에 서 있는 노송들을 보면서 말했다. 그곳에는 평상이 하나 놓여 있었다. 손 목사는 아내에게 시원한 마실 것을 좀 가져오라고 말했다.

"잠깐만요, 목사님. 제가 뭘 좀 사왔습니다."

장 형사는 슈퍼에서 산 음료수와 휴지, 과일 등을 손 목사의 부인에게 주었다. 그리고 평상으로 왔다. 손 목사는 장 형사의 얼굴을 이리저리 살피다가 물었다.

"요새 형사 일하기 힘들지요? 요즘 사람들 마음이 워낙 사나워져서 흉측한 사고들이 많이 일어나잖아요."

"네. 아무래도 늘 위험부담이 있습니다. 하지만 이렇게 건강하게 잘 지내고 있습니다."

손 목사는 흐뭇한 표정을 지었다.

"형사님이 이렇게 갑작스럽게 올 줄을 몰랐습니다."

"그러셨겠죠. 교회는 좀 어떻습니까?"

"그 동안에 다섯 성도가 등록을 했습니다. 참으로 기적 같은 일입니다."

"잘 됐습니다. 앞으로 더 많은 사람들이 오겠죠."

"그래야죠. 세상살이를 하면서는 고생했지만 이 세상을 떠난 후엔 모두 다 천국에 가서 평안하게 살아야죠."

장 형사는 자기 아내도 교회에 다닌다는 말을 하려다가 그만 두었다. 그리고는 물었다.

"목사님, 여기서 갈기도에 가려면 시간이 얼마나 걸리지요?"

"왜요? 거기에 가보시려고?"

"네. 한 번 가보고 싶어서요."

"그래요. 여기서 넉넉잡고 두 시간 반 정도이면 갈 수 있어요. 오늘 가시려고?"

"네. 갈 수만 있다면 당장 한 번 가보려고요."

손 목사는 장 형사의 얼굴을 유심히 살피면서 물었다.

"왜 이렇게 갑자기 그곳엘 가시려고 하지요?"

"그때 목사님이 그랬잖아요. 저를 꼭 빼닮은 사람이 거기에 있다고요. 그분을 한 번 뵙고 싶어요. 재밌잖아요. 이 세상에서 그 정도로 얼굴이 똑같이 생긴 사람이 있다는 거 말예요. 너무 궁금하잖아요."

"그렇지요. 정말 그렇지요. 그건 예사 인연이 아니지요. 가만 있자…….그렇담 나도 오랜 만에 한 번 거기에 가볼까?"

"목사님이 동행하신다면 저에겐 그만한 기쁨이 없겠습니다. 같이 가시죠."

"알겠습니다."

이 때 손 목사의 부인이 음료수를 들고 왔다. 손 목사는 그녀에게 말했다.

"여보, 나 오늘 갈기도에 가야만 할 것 같아요. 이 양반이 거기에 간다는군. 초행길이니 동무 삼아 따라가면 좋을 것 같아요. 내일 새벽예배는 당신이 인도하세요."

"알겠어요. 그렇게 할게요. 목사님이랑 김 장로님에게 안부나 잘 전해 줘요."

"그렇게 하리다."

음료수를 다 마신 손 목사는 자리에서 일어났다. 그는 장 형사를 보면서 말했다.

"해가 길지만 그래도 빨리 가야 해요. 육지에서 종선으로 삼십 분 남짓 건너야 섬에 닿거든요."

"알겠습니다 목사님. 지금 곧 출발하지요."

그들은 곧 차에 올랐다. 마을을 빠져나오자 장 형사가 물었다.

"목사님은 섬에서 사십 년 넘게 목회를 하셨다고 말씀하셨죠?"

"네. 그랬죠."

"평생을 섬에서 보낸 거나 마찬가지네요. 섬 교회는 성도들도 많지 않고 헌금도 많이 나오지 않을 텐데 아이들 교육은 어떻게 시키셨나요?"

"참 중요한 질문을 하시네요. 제가 평생 섬긴 그 교회는 아주 작은 교회였어요. 처음엔 아이들까지 해서 삼십 명 정도가 모였는데, 나중에는 모두 다 육지로 떠나고 노인들만 여남은 명 남게 되었어요. 그런 곳에서 삼 남 이녀를 교육시킨다는 건 참 어려운 일이었지요. 그래서 우린 아이들을 모두 다 중학교밖엔 보내지 못했어요. 그런데 지들이 도시에 나가더니 모두 다 통신고등학교를 다녔고, 대학도 모두 독학으로 공부해 졸업했어요. 기적이지 뭐예요. 지금은 목사가 되었지만 오랜 기간 목공기술자로 일했던 큰 아들의 역할이 아주 컸어요. 그 애가 아래 애들을 모두 이끌어 주었거든요."

"아무리 목회자이지만 평생을 섬에서 보내려면 남다른 각오가 있어야겠죠?"

"그럼요. 저도 장 형사님처럼 서울에서 태어났습니다. 신학대학 삼학년 때에 그 섬으로 삼박 사일 수련회를 갔었어요. 그 땐 그곳에 교회가 없었어요. 사 일 동안 그 섬에 있으면서 제 인생의 방향을 전환시키는 대사건이 있었습니다. 전 그때 헤엄을 치지 못했습니다. 그런데 그만 뱃놀이를 하다가 제가 바다로 떨어지고 말았어요. 물살이 센 곳이었어요. 제가 허우적거리며 마구 떠내려가는데 저를 구해 줄 사람은 아무도 없었어요. 그런데 그 마을의 어부 한 사람이 멀리서 이 광경을 보고는 헤엄쳐 왔어요.

아주 위험한 물살인데 생명을 걸고 헤엄쳐 온 거예요. 그리고는 저를 구했어요. 전 이 사건을 만난 후 이곳에 와서 이들의 영혼을 구하리라는 결심을 했어요. 몇 번 육지의 꽤 큰 교회에서 저를 초빙했어요. 아이들이 교육을 받아야 할 시점이어서 갈등이 컸더랬습니다. 정말 큰 유혹이었어요. 그러나 그때마다 아내와 전 그 섬과 그 섬의 영혼들을 택했어요. 우리 가족의 모든 운명을 전폭적으로 하나님께 맡겼드랬습니다."

"그러셨군요. 정말 대단하십니다, 목사님."

장 형사의 이 말에 손 목사는 빙긋이 웃으면서 말했다.

"제가 그 어려운 세월들을 이겨낸 힘도 하나님이 아버지가 주신 거예요. 인간은 모두 다 연약한 존재들이잖아요. 저기 계시는 아버지가 도우셔야 해요."

그는 차창 밖의 하늘을 쳐다보았다.

"그렇게 생각하는 게 신앙이죠? 맞죠?"

"그래요. 맞아요. 장 형사님도 생각만은 기독교인이 다 되셨네요."

"사실은 제 아내도 몇 년 전부터 교회를 나가서 그 사람에게 들은 게 좀 있습니다."

"아, 그러시구만. 어쩐지 남 같은 느낌이 안 들었어요."

이런저런 이야기를 나누면서 그들이 갈기도가 보이는 바닷가에 왔을 때엔 석양녘이었다. 바다와 맞닿은 하늘 부분은 온통 주홍빛이었다. 그러나 그 위의 청명한 하늘 아래로는 흰색의 뭉게구름들이 서로 몸을 맞대고 쭉 늘어서 있었다. 그 뒤로는 노오란 빛이 아름답게 깔려 있었다.

"저게 제가 목회하였던 섬이예요. 그리고 그 옆으로 있는 저 섬이 바로 갈기도예요. 두 섬이 아주 가깝죠."

"정말 그렇군요. 마치 쌍둥이 같네요."

"네 그래서 어떤 분들은 저 두 섬을 쌍둥이 섬으로도 불러요."

그들은 아름답게 펼쳐진 낙조를 한참 동안 바라보았다. 그러다가 손 목사가 말했다.

"전 가서 종선 부리는 사람을 만나고 올게요. 전엔 이만 원이면 건네주었는데 요사이는 배삯이 어떤지 모르겠네요."

"요금은 얼마 하든지 괘념치 마세요. 참 목사님, 그 김 장로님이라는 분 말예요. 그분도 자녀들이 있었습니까?"

"자세히는 모르지만 있다고 들었어요. 삼남 삼녀가 있다고 하던가…….
그런데 첫 부인이 장로님과 맞지 않아 자기가 낳은 그 아이들을 모두 데리고 육지로 나갔다고 했어요. 그래서 장로님은 시집갔다가 아이를 낳지 못해 소박맞고 돌아온 그 동네의 벙어리 여인과 평생을 살고 있다고 했어요."

장 형사는 콧숨을 길게 내뿜고 더욱 붉게 물들고 있는 바다를 한 번 보고는 아주 비장한 얼굴로 손 목사를 보았다. 그리고는 물었다.

"혹시 그 아들들 중에서 그 장로님을 찾아오는 아들은 없다고 하던가요?"

"아니에요. 그 장로님 큰 아들은 여름마다 그리로 휴가를 내려온다고 했어요. 명절에는 꼭꼭 들른다고 하던데……. 자세히는 모르겠어요. 분명한 것은 큰 아들이 서울에서 성공해 일 년에 한두 번은 꼭 오는 모양이에요. 장로님을 많이 돕나 보아요. 참 딸들은 외국에 나가 살고 있는데 자주 소식을 전하는 모양이에요. 그리고 그 딸들이 종종……."

손 목사는 말하다 말고 장 형사를 보고는 깜짝 놀랐다.

"장 형사님, 갑자기 눈물은……."

"목사님… 목사님……."

장 형사가 비틀거렸다. 손 목사가 그런 장 형사의 몸을 부축했다. 검붉은 물결이 소리 없이 출렁이는 바다 위로 갈매기들이 끼룩끼룩 소리를 내면서 날아갔다.

$$8$$
:

일본도

기타카미 강물은 십여 년 전의 그때와 달라진 게 없는 것 같았다. 멀리서 보면 푸른빛이지만 가까이서 보면 회색이었다. 사람들이 물의 빛깔을 어떻게 보든 강은 그때처럼 조용히 흐르고 있었다. 침묵이 자신의 유일한 무기라도 되는 것처럼 그 어떤 소리도 내지 않았다. 누군가가 돌을 던지거나 간혹 배가 지나갈 때엔 작은 소리를 냈다. 건너 편 강둑과 맞닿은 하늘도 그때의 그 모습 그대로였다. 무색의 창공이 아득히 이어지고 있었다.

그러나, 나오코가 서 있는 기타카미강 하구는 말 그대로 폐허 상태였다. 잘 가꾸어져 있던 푸른 잔디들과 산책로는 위로부터 내려온 자갈과 모래에 묻혀 버렸다. 이곳을 처음 와보는 사람들은 삼 년 전 이곳에 푸른 풀들이 있었고 산책로가 있었다는 사실을 믿지 않을 것이다. 많은 사람들이 이곳에 와 시원한 강바람을 쐬며 인생의 한 때를 즐거운 마음으로 보냈다는 일 따윈 더더욱 믿지 않을 것이다.

나오코는 남편 지영훈 전도사의 손을 잡고 천천히 자갈 위를 걸었다. 자갈 위로 여러 종류의 쓰레기들이 볼썽사납게 널려 있었다. 깨어진 유리 조각이 그대로 붙어 있는 창틀들, 엉키어 있는 녹슨 철조망들, 검고 긴 고무호수들, 널판지들, 뽑혀져 빨갛게 말라 있는 큰 나무들과 유령의 수염 같은 그 나무의 뿌리들, 무수한 나무 가지들, 짝 잃은 구두와 운동화들, 양말들, 축구공, 플라스틱 조각들, 빈 깡통들, 물통들, 책들, 프라이 팬 같은 부엌에서 사용하는 취사도구들, 야구방망이와 야구공들, 골프채, 흙에 처박힌 텔레비전……. 자세히 보면 이곳엔 인간이 살아가면서 사용하는 모든 물건들이 널려 있었다. 그러나 어느 것 하나도 온전해 보이는 것은 없었다. 하나같이 녹슬었거나 부서졌고 찌그러져 있었다.

나오코는 이 모든 물건들이 한 때는 주인이 있었다는 사실을 새삼 깨닫게 되었다. 그러자 견디기 힘든 상실감이 마음 깊은 곳에서 치밀어 올랐다. 사라져버린 집들과 그곳에서 살던 사람들이 도시의 번화가에서 만나 지나쳤던 사람들의 얼굴들처럼 혼란스럽게 뇌리를 서성거렸다. 이제 그들은 이 지상에 없을 것이라는 생각을 하자 두려움 같은 게, 마치 비나 눈을 뿌리기 위해 하늘을 덮는 먹구름처럼 그녀의 영혼으로 밀려들었다. 그리고 세상이 텅 비어버린 듯한 허무감이 그녀의 의식을 휘감는 것이었다. 이러한 의식은 십여 년 전 그녀가 고마쓰 때문에 느낀 것과 비슷한 의식이었다. 맞았다. 그것은 분명히 비슷한 정신 현상이었다. 그러나 지금의 그녀가 느끼고 있는 의식과 그때의 그 의식은 아주 명료한 차이가 있었다. 지금의 나오코는 싱싱하게 살아있었던 것들이 사라져버렸다는 사실에 대하여 극도의 안타까움으로 흔들리고 있을 뿐이었다. 그때처럼 정신을 차리지 못하고 쓰러지는 것은 아니었다. 그 땐 정말 세상이 공허하게 느껴지는 빈 가슴으로 인하여 쓰러지고, 또 쓰러지고, 일어나면 다시 비틀거리고, 그러다가 또 쓰러지곤 했었다.

나오코는 갑작스럽게 밀려드는 대학교 시절의 기억들과, 그 시절에 이곳에 함께 왔던 고마쓰와의 일들로 인해 아~ 하고 짧게, 그래도 옆 사람이 들을 정도로 비명 같은 탄성을 토해냈다. 그녀의 남편 지영훈 전도사가 그 소리를 들었다. 그리고는 나오코의 얼굴을 보았다. 그러나 그녀는 자신을 주시하는 남편의 눈길을 알아채지 못했다. 점점 더 저 대학 시절과, 고마쓰와의 관계로 얼룩진 과거로 빠져들었다. 지영훈 전도사는 아내의 그런 얼굴을 보면서 말했다.

"여보, 직접 와서 보니까 그 피해가 생각보다 심각해. 당신 말대로라면 이 강변은 모두 다 푸른 풀밭일 텐데 자갈과 모래, 쓰레기들로 가득하니 말이야. 당시의 처참했던 상황이 상상되는군. 정말이야, 지옥의 아비규환을 방불케 했을 것 같애."

나오코는 지영훈 전도사의 말에 여전히 아무 반응도 없었다. 그녀는 남편의 손을 꼭 잡은 채 소리 없이 흐르는 강 쪽을 바라보면서 그냥 걷기만 했다. 그녀의 얼굴은 정신이 나간 표정이라기보다는, 어떤 사고의 결론을 얻기 위하여 집요하게 자기의 지각과 지식 안으로 들어가는 그런 얼굴이었다. 지영훈 전도사는 그런 아내의 상태를 건드리고 싶지 않았다. 옆에서 푹 자고 있는 아내의 얼굴을 볼 때처럼 지금도 그런 마음으로 아내를 대하고 싶었다.

좀 더 하구 쪽인 저 아래에서 십여 명의 건장한 남자들이 손에 긴 막대기 같은 것들을 들고 이리저리 오고갔다. 그들 중의 어떤 사람들은 그 막대기로 자갈들을 밀치기도 하고 쿡쿡 찔러보기도 했다. 그들은 한국의 건축 현장에서 일꾼들이 쓰는 하얀 색깔의 안전모를 쓰고 있었다. 모두 다 하얀 마스크를 썼고, 손에는 하얀 장갑을 끼고 있었다. 또 위아래 모두 하얀 위생복 같이 보이는 옷을 입고 있었다. 아마도 경찰관들인 것 같았다. 지영훈 전도사는 저들이 무엇인가를 찾고 있다는 것을 금방 알 수 있었다. 그는 다시 나오코의 얼굴을 보았다. 그녀의 표정은 변함이 없었다. 입을 꼭 다문 채 그 입만큼이나 지 전도사의 손을 꼭 잡고 그냥 앞으로 걸어만 갔다. 지 전도사는 아내 나오코를 돕고 싶었다. 그녀가 먼저 말을 걸어오기 전에는 말을 걸지 않기로 하였다. 한 줄기의 강바람이 시원하게 불어왔다.

나오코가 동갑내기 청년 고마쓰를 처음 만난 곳은 도오쿄의 G대학교 농과대학 강의실이었다. 그들은 같은 해에 입학했던 것이다. 나오코는 나가사키에서 태어나 쭉 거기에서 살고 있었다. 그녀 개인적인 생각으로는 나가사키에 있는 대학의 농학부에 들어가 공부하고 싶었다. 그러나 그녀의 부모들이 동경에 가서 공부할 것을 적극 권장하여 시험을 보았는데 합격했다. 그녀는 앞으로 일본 농촌을 새롭게 하는 지도자가 되고 싶었다. 고마쓰는 일본 동북부에 위치한 미야기현 출신이었다. 그는 아라하마라 어촌에서 출생했다. 그의 아버지는 상당히 큰 배를 부리고 있었다. 그래서 그는 어릴 때부터 가정교사의 도움을 받아 공부할 수 있었다. 나오코

와는 반대로 그의 부모들은 인근 도시인 나토리시에 있는 대학에서 공부
할 것을 원했다. 하지만 고마쓰는 넓은 곳에 가서 공부하고 싶었다. 그래
서 동경에 있는 G대학 농학부에 지원한 것이다. 그 역시 일본의 농촌을
좀 더 살기 좋은 곳으로 만들어보겠다는 꿈을 꾸고 있었다. 어촌 출신인
그가 왜 농촌의 부흥을 원했는지에 대해서는 나오코가 미처 물어보지 못
했었다.

　고마쓰는 키가 컸다. 일본 남자들의 평균 키를 훨씬 넘기는 큰 키의 건
강한 청년이었다. 그는 럭비 선수들처럼 어깨가 떡 벌어지고 다리가 길었
다. 일본에서는 보기 드문 균형이 잘 잡힌 서양인 체격을 가진 청년이었
다. 성격도 활달하여 학과의 모든 이들과 가까운 관계를 유지하였다. 그는
또 공부도 열심히 하였다. 언제 배웠는지 영어와 중국어도 상당히 잘 했
다. 얼굴 역시 개성이 강한 청년이었다. 짙은 눈썹과 둥근 눈, 오뚝한 코,
가느다란 입술은 그의 얼굴을 TV에 나오는 청춘스타들의 그것처럼 보이
게 하였다. 다만 한 가지 흠이 있다면 이마가 좀 좁았다. 눈썹 아래로 보이
는 모든 부위들이 넉넉하게 보이는 것에 비하여 그의 이마는 너무 좁게 느
껴졌다. 그러나 이마가 좀 좁다 하더라도 그의 외모는 아주 출중한 것이었
다. 이러다 보니 그는 거의 모든 여학생들에게 인기가 있었다. 여학생들은
그와 가깝게 지내기를 원했다. 기왕이면 애정을 나누는 그런 사이가 되고
싶어 했다. 그러나 고마쓰가 꼭 그런 감정으로 대해 주지 않는다 하여도
자기에게 친절하게 대해 주기를 원했다. 이제 막 대학 생활을 시작한 새내
기 여학생들에겐 고마쓰의 외모가 큰 호감을 주었던 것이다.

　나오코는 대학에 들어올 때까지 남학생과 교제를 해본 적이 없었다.
공부 때문에 그럴 만한 시간을 만들기도 힘들었지만 성격도 남자와 친구
로 지낼 만큼 개방적이지 못했다. 애정 소설을 읽고, 남녀의 사랑을 다룬
영화를 볼 때면 자기도 사랑을 해보고 싶은 마음이 생겼다. 자기를 사랑
해 주고, 자기의 마음에 드는 그런 참한 남학생을 만나 사랑의 추억을 만
들고 싶었다. 이런 생각은 이미 중학교 이학년 때부터 가지고 있었다. 그
녀는 대학에 들어와서 마음에 여유가 생기자 호감이 가는 남자가 나타나

면 부담 없이 사랑을 해보고 싶었다. 고마쓰는 바로 이 때 나오코 앞에 나타난 청년이었다. 그러나 나오코는 고마쓰를 처음 만났을 땐 그에 대하여 큰 관심을 갖지 않았다. 그의 첫 인상이 그녀 자신과 가깝게 지낼 그런 청년으로 보이지 않았기 때문이다. 나오코는 외모나 행동이 튀지 않는 남자가 좋았다. 설령 돋보이는 능력이 있다 하더라도 다소곳한 자세로 그녀 옆에 있어 줄 수 있는 그런 남자를 원했다. 고마쓰는 그런 청년이 아니었다. 최소한 나오코가 볼 때는 그랬다. 그는 처음부터 튀는 청년이었다. 체격부터 여학생들의 눈길을 끄는 청년이었다. 함께 공부하는 여학생들은 대부분 고마쓰를 학과 내의 가장 멋진 남학생으로 생각하고 있었다. 외모, 사교성, 배려심, 용기, 미래에 대한 기대치에 있어서 고마쓰를 최고로 꼽고 있었다. 그래서 서너 명이 모이게 되면 언제나 고마쓰가 화제의 대상이었다. 고마쓰의 일거수일투족에 대하여 관심이 없는 여학생은 오직 나오코 자신뿐인 것 같았다. 나오코는 동료 여학생들의 고마쓰에 대한 그런 관심들이 처음엔 신기하게 느껴졌다. 왜냐하면 그들은 고마쓰가 내보이는 언행을 자기들 삶의 중요한 한 부분으로 생각하는 것 같았기 때문이다. 나오코의 경우 고마쓰를 만나게 되면 서로 웃으면서 인사하는 것으로 그와의 모든 관계를 종료시켰다. 한 대학교 내의 같은 단과대학에서 공부하는 급우라는 것 이상의 생각을 해본 적이 없었던 것이다. 그는 그의 꿈을 가지고 이 대학에 들어와 공부하고 있을 것이다. 나오코 자신이 그러는 것처럼. 그러므로 이 대학에서 함께 공부하는 성(性)이 다른 한 학생이라는 것 외엔 특별한 관계가 없을 것이다. 이것이 고마쓰와의 관계에 대한 나오코의 모든 생각이었다.

그러나, 고마쓰와의 인연은 나오코가 생각하고 있는 것처럼 그렇게 단순하게 진행되지 않았다. 사월 어느 날이었다. 나오코는 점심을 먹고 근처의 나무 아래에 있는 벤치에 앉아 있었다. 혼자서 조용하게 휴식을 취한 후 오후 강의를 듣기 위함이었다.

나오코는 이 때 잠시 그녀의 언니에 관하여 생각하고 있었다. 그녀는 지금 수년째 은행 직원으로 근무하고 있었다. 동경에서 대학을 졸업하자마자 은행에 들어간 그녀는 아주 즐겁게 자기의 생활을 하고 있었다. 그녀는 나오코와는 성격이 달랐다. 특히 남녀의 관계에 있어서는 나오코처럼 머뭇거림이나 조바심 같은 게 없었다. 그녀는 굉장히 개방적이었고 적극적이었다. 남자 친구들도 많았다. 여러 명의 남자들과 사귀다가 제일 적격인 한 사람을 고르겠다는 것이 그녀의 생각이었다. 그 적격한 사람을 고르기 위해 필요하다면 혼인 전에 동거도 하겠다는 식이었다. 그런 그녀가 마침내 자기의 남편감으로 적합한 사람을 골랐노라고 나오코에게 문자를 보낸 것이었다. 다음 일요일에 그 남자 친구를 가족에게 인사 시키러 나가사키에 가니 너도 시간을 내서 오라는 것이었다. 같은 동경에 있으니 남자 친구를 데리고 학교로 와서 점심이나 한 번 사 주면 될 것을 굳이 집으로 오라니 그녀다운 요구였다. 나가사끼와 동경은 결코 가까운 거리가 아니지만 나오코의 언니에겐 그런 것은 별 문제가 되지 않았다. 나오코는 어릴 때부터 지금까지 개성이 톡톡 튀고 있는 언니를 생각하면서 싱긋 웃었다. 그 유별난 성격이 어디서 왔을까 생각하면서 계속 웃었다. 그런 언니가 고른 남자는 과연 어떤 남자일까 하고 생각하니 궁금증이 생겼다. 그래서 고개를 갸웃거리며 또 웃었다. 그러다가 곧 그녀에게 문자를 보냈다. 비행기 표 살 돈을 보내라는 문자였다. 이 때였다. 나오코 곁으로 고마쓰가 다가왔다. 그는 어디론가 부지런히 가다가 벤치에 앉아 있는 나오코를 발견하고 그녀 곁으로 온 것이다. 그는 나오코에게 물었다.

"나오코, 왜 혼자 있는 거야? 점심은 먹었어?"

나오코는 고마쓰의 출현과 그의 말에 좀 놀랐다.

"응. 넌 웬일이니 고마쓰?"

나오코가 놀란 표정을 지으며 말하자 그는 빙긋 웃으면서 나오코 옆에 앉았다. 그리고는 말했다.

"나 지금 농구 코트에 가는 길이야. 소화 좀 시키려고. 한데, 나오코 넌 사색을 좋아하는 것 같더라. 이렇게 혼자 있는 때가 많은 걸 보면."

나오코는 고마쓰의 이 말에 얼굴이 좀 붉어졌다. 왜냐하면 그 동안 고마쓰가 자기를 은밀히 눈여겨보고 있었던 것 같았기 때문이다. 나오코는 그냥 고개만 끄덕이며 아무 말도 하지 않았다. 이 때 고마쓰가 물었다.

"나오코, 너 나에게도 사색하는 방법을 좀 가르쳐 줄래? 난 아직도 사색적인 면이 부족한 것 같거든. 인간은 사색을 많이 해야 한다는데 말이야. 너도 알잖아. 인간은 생각하는 동물이라는 거. 어느 글을 읽었는데 우리 일본 사람들은 사색이 없다는 거야. 물론 생각을 하긴 하지. 그러나 사색이라고 말할 수 있는 깊은 생각이 없다는 거야. 자신을 새롭게 발견하는 그런 시간을 갖지 않는다는 거야. 오늘 우리 민족이 안고 있는 모든 문제는 여기에서 시발의 계기를 잡는다는 거야. 그리고 보니까 그런 것 같잖아. 사실 인간이 사색이 없으면 다른 동물과 별반 다를 바 없거든. 그러잖아. 난 그렇게 생각해. 사실 난 오래전부터 내가 생각이 깊지 못하다는 것을 알고 있었어. 하지만 그것을 보완할 방법을 찾지 못했어. 그런데, 나오코 넌 그런 능력을 가지고 있는 것 같애. 어때, 나에게도 그걸 좀 가르쳐 줄 수 있겠어?"

나오코는 놀란 눈빛을 고마쓰에게 보이며 물었다.

"내가 그렇게 생각이 깊은 여자로 보였어? 정말 그런 거야?"

"그래. 난 너를 쭉 그렇게 보아왔어. 우리가 함께 공부를 시작할 때부터 넌 그렇게 보이던 걸. 이건 사실이야."

나오코는 기분이 좋았다. 마치 자신이 하늘에 둥둥 떠 있는 것처럼 그렇게 기분이 좋은 것이었다. 나오코는 아직 이러한 감정을 가져본 적이 없었다. 그런데 바로 지금, 고마쓰를 만난 직후 아주 짧은 시간에 순간적으로 이런 기분이 나오코를 사로잡은 것이었다. 그녀는 설레는 마음으로 말했다.

"내가 너에게 그런 학생으로 보였다니 정말 고맙구나. 하지만 난 고마쓰 네가 생각하는 것만큼 생각이 깊지 않아. 정말이야. 내가 널 가르친다니 말도 안 돼."

나오코의 이 말에 고마쓰는 오른손바닥을 펴 세차게 저으며 말했다.

"아니야, 나오코. 넌 분명히 나에게 한 수 단단히 가르칠 수 있어. 너도 보았잖아. 난 활발한 것 같지만 덜렁거리는 면이 있거든. 그래서 실수를 많이 하고 말이야. 하지만 넌 조용히 있는 것 같지만 네 역할은 완벽하게 해내잖아. 가와카미 교수가 그래서 널 자주 칭찬하잖아. 언제 나에게 한 수 가르쳐 줄래? 난 너를 사부로 모실 각오가 되어 있거든."

고마쓰의 표정은 아주 진지했다. 나오코는 고마쓰의 눈빛을 통해서 그의 말이 농담이 아니라는 것을 알 수 있었다.

"내가 너에게 무엇을 가르칠 수 있을까 혼란스럽지만 여하튼 한 번 생각해볼게. 하지만 실망은 하지 마. 난 남을 실망시키는 일을 아주 싫어하거든."

"오케이, 그럼 우리 약속하자 나오코, 난 너에게 사색을 배우고, 넌 나에게 사색을 가르치고…"

고마쓰는 오른쪽 새끼손가락을 나오코에게 내밀었다. 나오코는 당황해서 순간적으로 얼굴이 빨개졌지만 자신도 모르게 자신의 오른쪽 새끼손가락을 내밀었다. 그리고 두 사람은 손가락을 걸었다. 이것은 아주 짧은 시간에 된 일이었다. 놀라운 사실은 이 사건을 시작으로 두 사람의 관계가 급속하게 가까워졌다는 것이다. 그날 나오코는 집으로 돌아오자마자 인터넷을 통해 사색에 관한 글들을 읽었다. 그리고 서점에 가서 사색에 관한 책도 몇 권 샀다. 그녀는 그 책들을 밤을 새워서 읽었다.

고마쓰는 언제나 나오코의 바로 옆에 앉았다. 그리고 시간이 나는 대로 나오코에게 사색에 관하여 물었다. 그때마다 나오코는 나름대로의 견해를 진지하게 말했다. 이러는 가운데 그들의 관계는 연인의 관계로 발전하였다. 일학년을 마치고 겨울 방학이 되었을 때 나오코는 미야기현의 아라하마에 갔다. 물론 부모에게는 여행을 한다고 말했다. 고마쓰는 아라하마의 해변으로 나오코를 데리고 갔다. 나오코의 고향인 나가사키도 해변의 도시였다. 그러나 아라하마는 나가사키완 다른 정취를 물씬 풍겼다. 나가사키의 해변들이 풍기는 화려한 모습이라곤 전혀 찾아볼 수 없었다. 이곳은 소박한 사람들이 고기를 잡으며 살아가는 바다 본래의 모습을 그대로 간직하고 있었다. 나오코는 이런 아라하마의 해변이 마음에 들었다.

146　고마쓰의 가족들은 나오코가 상상했던 것처럼 그런 억센 어부들이 아

니었다. 큰 배를 부리는 고마쓰의 아버지는 아주 인자한 얼굴을 하고 있는 중키의 남자였다. 아버지 밑에서 일하는 고마쓰의 형도 부드러운 눈빛을 가지고 있는 사람이었다. 고마쓰의 어머니는 전형적인 일본 여자였다. 아담한 체격에 싹싹한 태도를 보이며 부지런히 집안을 오고가는 여인이었다. 고마쓰의 가족들은 나오코를 극진히 대우하였다. 나중에 알았지만 그들은 그만큼 고마쓰에 대한 기대가 컸던 것이다. 나오코는 고마쓰의 집에서 일주일을 보냈다. 마침 대학 입시를 준비하는 고마쓰의 여동생이 있어서, 그녀와 방을 같이 쓰면서 아무런 부담 없이 일주일을 즐겁게 보낼 수 있었다.

2학년이 되자 그들의 관계는 더더욱 가까워졌다. 그들은 강의가 시작되는 아침부터 기숙사에 잠자러 들어갈 때까지 거의 매일을 붙어 다녔다. 나오코는 고마쓰가 겉으로 풍기는 느낌과는 전혀 다른 청년이라는 사실을 새롭게 발견하면서 놀라지 않을 수 없었다. 고마쓰는 아주 자상한 성격을 지니고 있었다. 무엇보다도 그는 인생에 대하여 많은 것들을 생각하고 있었다. 참으로 가치 있는 삶, 후회 없는 삶이 무엇인가에 관하여 계속 생각하고 있었다. 그런가 하면 그는 어떤 면에선 완벽주의를 추구하고 있었다. 그는 나오코와 일 년 넘게 사귀고 있었지만 단 한 번도 나오코에게 실수를 하지 않았다. 말 한마디도 함부로 하지 않았다. 가끔 농담을 했지만 자기가 정해 놓은, 나오코를 기분 나쁘게 하지 않는 그 선을 분명히 지켰다. 이러다 보니 나오코도 고마쓰 앞에서 실없는 말 따윈 할 수 없었다. 하지만 나오코는 이러한 두 사람의 분위기가 좋았다. 나오코는 천성적으로 이런 관계, 이런 분위기를 좋아하는 여자였던 것이다.

나오코는 이학년 여름 방학 때 한 번 더 아라하마에 갔다. 그리고 그때 기타카미 강을 구경하였다. 고마쓰는 자기의 고향에서 가장 좋아하는 장소가 바로 이 기타카미 강이라고 말했다. 그들은 그 강변을 온 종일 걸었다. 그리고 저녁 무렵에 돌아왔다. 기타카미 강의 푸른 물결은 나오코에게 예전에 체험하지 못했던 어떤 영감을 주었다. 무엇이라고 딱히 설명할 수 없는 그 영감이란 인생의 유한함과 희망, 그리고 강 건너에 있는 무한 한 미지와 영원 같은 것이었다.

그해 겨울 방학엔 고마쓰가 나가사키에 있는 나오코의 집을 방문했다. 나오코의 부모들은 도시 외곽에서 농장을 운영하고 있었다. 상당한 땅을 가지고 여러 종류의 채소들을 재배하며 가축들도 꽤 기르고 있었다. 나오코의 부모들은 고마쓰를 직접 만나기 전에는 남자 친구를 집으로 초청하는 나오코에 대하여 염려하였다. 나오코의 성격을 알기 때문이었다. 그러나 일주일 정도를 함께 보내며 고마쓰를 어느 정도 알게 된 나오코의 부모들은 비로소 안도의 숨을 내쉬었다. 고마쓰는 농장을 운영한다 해도 틀림없이 성공할 것이라는 확신을 가졌던 것이다. 그리고 고마쓰가 나오코를 진심으로 사랑하고 있다는 사실을 발견했던 것이다. 나오코는 자기의 부모가 고마쓰와 결혼해도 괜찮다는 허락을 한 것이나 다름없다고 생각했다. 나오코는 행복했다.

나오코는 언제부터인가 자기의 인생을 고마쓰와 함께 하겠다는 생각을 하기 시작했다. 대학을 졸업하면 최대한 빨리 결혼을 하여 가정을 꾸리고 싶었다. 그리고 아기를 키우면서 일본의 농촌을 새롭게 하는 고마쓰를 돕고 싶었다. 고마쓰는 아직 나오코에게 미래를 함께 하자는 말을 정식으로 하진 않았다. 그러나 그가 지금 보이고 있는 모든 언행은 이미 그러한 말을 한 것이나 다름없다고 나오코는 믿었다. 나오코는 고마쓰로 인하여 한없이 행복했다. 고마쓰는 나오코에게 처음으로 사랑의 감정을 일깨워 준 남자였다. 그리고 그 순수한 사랑의 아름다움과 기쁨들을 그대로 느끼게 해 준 청년이었다. 나오코가 전혀 예상하지 못했던 사랑의 즐거움을 날마다 충만하게 부어주는 특별한 사람이었던 것이다.

그러나, 행복한 나오코에게 상상조차 못했던 회오리바람이 몰아친 것은 삼학년이 시작되고 부터였다. 전 같으면 늘 나오코 곁에 있어야 할 고마쓰가 어쩐 일인지 그러지를 않았다. 그는 수업이 끝나기가 무섭게 어디론가 달려갔다. 그는 좀 더 빨리 강의실을 나가기 위해 항상 맨 뒷좌석에 앉았다. 나오코 옆에 앉지 않았다. 나오코는 처음 몇 주간은 고마쓰의 행동을 그대로 묵인했다. 그러나 시간이 지날수록 가슴이 탔기 때문에 하루는 강의를 마치자마자 도망치듯 나갈려는 고마쓰를 붙잡았다. 그리고는 조용한 장소로 끌고 갔다. 그러나 벤치에 고마쓰를 앉힌 나오코는 크게 놀라지 않을 수 없었다. 고마쓰의 얼굴이 변해 있었기 때문이다. 정말이었다. 고마쓰의 표정은 나오코가 지난 이 년 동안 가까이서 보아온 그런 표정이 아니었다. 다소곳하며, 부드러우며, 친절하며, 나오코를 사랑의 눈길로 보아주던 그런 얼굴이 아니었다. 고마쓰는 눈빛부터가 바뀌어 있었다. 어떻게 보면 아주 비굴한, 또 어떻게 보면 아주 잔인한, 그런가 하면 호기가 가득한 그런 눈빛으로 나오코를 바라보았다. 나오코는 떨리는 어조로 물었다.

"고마쓰, 무슨 일 있어? 집에 무슨 일 생긴 거야? 왜 이런 표정을 짓고 있는 거야? 나에게 실망한 거야? 왜 이래? 말 좀 해봐!"

나오코의 말에 고마쓰는 의외로 득의한 웃음을 보이며 말했다.

"나오코, 놀라지마. 난 이제야 비로소 내가 가야 할 인생길을 발견했어. 내가 지금 어디에 가는지 궁금하지? 나 일본을 새롭게 하는 모임에 가입했어. 너에게 미리 말 안 해서 미안한데… 솔직히 넌 그런 모임 싫어할 것 같고… 그래서 그냥 이렇게 된 거야. 미안해. 날 이해해 줘."

"일본을 새롭게 하는 모임이라면, 그거 극우 과격단체잖아. 학교에서도 경계하는 동아리인 줄 아는데. 네가 갑자기 거길 왜 들어가?"

나오코의 이 말에 고마쓰는 다분히 조소에 가까운 웃음을 지어보이며 자리에서 일어섰다. 그러면서 나오코에게 말했다.

"내 이럴 줄 알았어. 극우 과격단체라고? 우리나라를 강하게 하고, 예전에 우리나라가 가졌던 그 영광들을 되찾겠다는데 극우 과격단체라고? 이런 말이 나올 줄 알고 너에게 아무 말도 하지 않았던 거야. 나오코, 이제 우린 끝난 것 같다. 너와 나 그 동안 좋은 시간들 보낸 것 같은데 이젠 다 끝난 것 같아. 나오코 이젠 나를 예전처럼 대하지 마. 넌 너의 길을 가. 난 나의 이 길을 갈 테니까. 그럼…"

고마쓰는 나오코를 뒤로 하고 횡하니 걸어가 버렸다. 나오코는 갑자기 혼이라도 빠져나간 것 같아 그 자리에 멍하니 서 있었다. 그러다가 털썩 그 자리에 주저앉았다. 나오코는 고마쓰의 갑작스러운 변심을 이해할 수 없었다. 아무리 생각해도 그의 마음이 이해가 되지 않았았다. 설령 일본을 새롭게 하는 모임에 들어갔다 하여도 지금까지 쌓아온 그 절절한 사랑의 관계를 이런 식으로 부수어버리는 것은 있을 수 없는 일이라고 생각했다. 아니 이런 일이 있어서는 안 된다고 그녀는 생각했다. 나오코는 자리에서 벌떡 일어났다. 그리고는 고마쓰가 걸어간 곳으로 달려갔다. 나오코는 일본을 새롭게 하는 동아리 방을 찾았다. 그리고는 문을 열고 안으로 들어갔다. 이십여 명의 학생들이 빙 둘러앉아서 무엇인가를 열심히 토론하다가 안으로 들어오는 나오코를 보고 좀 놀라는 표정들을 지었다. 고마쓰가 자리에서 일어나 양해를 구하는 인사를 하고 나오코를 끌고 밖으로 나왔다. 그는 나오코를 노려보면서 말했다.

"나오코, 너 왜 이래? 그 자리가 어떤 자리인데 노크도 없이 함부로 들어오는 거야? 너 이런 여자밖에 안 되었어?"

"뭐라고?"

이번에는 성난 표정으로 나오코가 고마쓰를 노려보았다.

"고마쓰, 너야말로 이것밖에 안 돼? 우리의 사랑이 고작 이런 거였어?"

나오코의 말에 고마쓰는 가소롭다는 표정을 지으며 말했다.

"사랑, 너 지금 우리의 사랑을 말한 거야? 그러겠지. 넌 지난 이 년 동안 나를 사랑하는 것 같았어! 하지만 미안하게도 난 더 온전한 사랑을 찾아서 헤맸다는 거 넌 모를 거야! 너 같은 애들은 조국의 가치를 몰라! 조국이 없는데 진정한 사랑이 존재하겠어! 앞으로 날 찾지 마! 너도 이 모임에 들어오든지, 나를 영원히 잊든지 둘 중의 하나를 택하란 말이야!"

고마쓰는 다시 몸을 돌려 동아리 방안으로 들어가 버렸다. 나오코는 그런 고마쓰를 보면서 현기증을 느꼈다. 그녀는 쓰러질 것 같아 잠시 그 자리에 앉았다. 그녀는 몇 분이 지난 후에야 몸을 일으키고 강의실로 돌아왔다. 나오코는 그날의 강의를 듣는 일은 겨우 버티고 해내었다. 그러나 그녀는 그 다음 한 주간은 강의실에 나가지 못했다. 끙끙 거리며 기숙사 침대 위에 누워 있었다. 방을 같이 사용하는 동료 학생이 사다 주는 죽을 조금씩 먹고 온 종일 두통에 시달리다가 자정이 넘은 시간에야 겨우 잠이 들곤 했다.

　다음 주일에 퀭한 눈으로 강의실에 들어섰지만 고마쓰는 눈길 한 번 주
지 않았다. 오히려 그는 나오코에게 보라는 듯이 다른 여학생들에게 둘러
싸여 웃고 떠들었다. 점심시간에도 여학생 몇 명과 식당으로 가는 것을 보
았다. 나오코는 밥 생각이 없었다. 그녀는 매점에 가서 빵 하나와 우유 한
병을 사서 겨우 우유만 마셨다. 다시 두통이 도졌다. 금방이라도 쓰러질
것 같았다. 삼학년 강의가 시작되자마자 눈앞이 보이지 않도록 몰아치는
이 갑작스러운 태풍에 나오코는 제정신이 아니었다. 머릿속이 너무 혼란
스러워 도통 갈피를 잡지 못했다. 그리고 이러한 혼란스러움은 금방 두통
으로 이어졌다. 나오코는 삼학년이 되어 첫 한 달을 혼란과 두통 가운데
서 보냈다.

　하지만 나오코는 정신을 차려야만 했다. 고마쓰로 인하여 계속 흔들리
기만 해서는 안 된다고 생각했다. 그가 왜 일본을 새롭게 하는 모임에 들
어갔는지 그 이유는 알 수 없었다. 나오코 자기를 그처럼 따뜻하게 대해
주던 마음을 그가 왜 버렸는지 그것도 알 수 없었다. 중요하고 명료한 사
실 하나는 이제 그는 그녀 곁을 떠났다는 것이었다. 나오코는 이 엄연한
현실을 인정해야 한다고 생각했다. 그래서 나오코는 그녀 안에 남아 있는
고마쓰와의 모든 추억들을 지우기 위해 필사적인 노력을 기울였다. 하지
만 그 일은 쉽지 않았다. 천성적으로 흰 백지와도 같았던 나오코의 영혼
엔 이미 고마쓰가 그려놓은 그림들이 너무 많이 있었던 것이다. 그것을 지
운다는 일은 결코 쉬운 일이 아니었다. 고마쓰와 함께 했던 시간들이 저
유년의 날들처럼 어느 순간 슬며시 다가오면 참으로 견디기 힘든 것이었
다. 그래서 나오코는 혼자서 훌쩍훌쩍 울 때도 많았다.

　나오코에게 있어서 삼학년과 사학년의 대학 생활은 참으로 힘든 날들
의 연속이었다. 그녀는 휴학을 할 마음도 여러 번 먹었었다. 그뿐만이 아
니었다. 나오코는 몇 번 자살에 대한 유혹을 받기도 했다. 그녀는 이 세상
을 영원히 떠나고 싶었다. 나오코가 이처럼 힘든 시간들을 계속 보내야만
했던 것은 고마쓰의 역겨운 행동 때문이었다. 고마쓰는 일본을 새롭게 하

는 모임에 들어간 후 전과는 전혀 다른 모습으로 활동했다. 그는 그 모임에 들어간 후 얼마 안 있어서 그 모임의 리더들과 함께 움직였다. 그는 걸핏하면 정치인들을 만났고(이런 사실은 학교 신문에 소개됨), 학생들을 거리로 끌고 나가 서명운동을 주도했다. 또 일본이 세계를 제패하였던 예전의 영광을 되찾아야 한다며, 구호를 외치며 동경 시내를 활보하기도 하였다. 이런 가운데 고마쓰는 학과 내의 여학생도 여러 명을 그 모임에 가입시켰다. 그리고 그 여학생들 중 한 명과는 아주 가깝게 지냈다. 그런데 삼학년이 끝날 무렵 그 여학생이 휴학을 하고 말았다. 들려오는 말에 의하면 그 여학생이 고마쓰의 아기를 갖게 되어 결국 휴학계를 내야만 했다는 것이었다. 나오코는 이 말을 듣는 순간 자기도 이 학교를 휴학해야 하겠다는 생각을 했다. 그러나 나오코는 이 위기를 겨우 넘겼다. 그런데 사학년 초가 되자 고마쓰는 이제 다른 여학생과 가깝게 지내는 것이었다. 들려오는 소문에 의하면 고마쓰가 여학생 킬러라는 것이었다. 나오코는 이 말을 듣는 순간 죽고 싶었다. 고마쓰가 없는 세상으로 영원히 사라지고 싶었던 것이다. 나오코는 같은 강의실에 그와 함께 앉아 있는 것이 죽기보다 싫었다. 그러나 나오코는 고향의 부모를 생각하면서, 그리고 자신이 나약해져서 죽었다는 말을 스스로에게 듣기 싫어서 겨우 이 년을 버티고 졸업을 했다.

하지만 나오코는 대학을 졸업하자마자 정신요양원에 들어가야 했다. 대학을 졸업하고 나가사키의 집에 돌아온 그녀는 하나의 환영에 시달렸던 것이다. 그 환영이란 고마쓰가 검을 들고 나오코를 내려치는 환영이었다. 나오코가 두 번째 아라하마에 갔을 때 고마쓰는 그의 집 본채 뒷 켠에 아담하게 지어진 작은 사당으로 나오코를 데리고 갔다. 사당 안에는 여러 종류의 검들이 진열되어 있었다. 고마쓰는 자기 가문은 대대로 검을 섬긴다고 나오코에게 말했다. 자기의 조상들 중엔 유명한 사무라이들이 많이 있었고, 대대로 훌륭한 무관들이 나온다고 했다. 그래서 이렇게 검들을 모아 놓고 여기에서 제사를 드리며 조상들을 섬긴다고 말했다. 그러면서 검 하나를 집더니 그것을 쳐들어 나오코를 향해 겨누는 시늉을 했다. 그 순간 둘이는 웃었다. 나중에 고마쓰가 나가사키에 왔을 때 나오코는 자기 집에서 섬기는 대나무 숲을 고마쓰에게 보여 주었다. 나오코의 집은 그녀의 집을 둘러싸고 있는 대나무를 조상 대대로 섬기고 있었던 것이다.

　문제는, 고마쓰가 나오코의 꿈에 나타나, 어떤 때는 대낮인데도 환상으로 나타나 나오코에게 칼을 겨눈다는 것이었다. 나오코는 이 때마다 비명을 질렀다. 나오코의 부모들은 눈물을 흘리며 그녀를 근처의 정신요양원에 보냈다. 나오코는 이곳에서 일 년 정도를 보낸 후 다시 집으로 돌아왔다. 그리고 아버지가 소개해 준 농산물 직판장에서 사무원으로 일하기 시작했다. 그러나 그 생활은 오래가지 못했다. 검을 높이 쳐들고 그녀를 치고자 겨누는 고마쓰의 환영이 다시 나타났기 때문이다. 이 때 나오코는 자살을 시도했다. 어느 날 밤 아무도 없는 들판으로 나간 그녀는 농약을 마셨던 것이다. 그러나 그녀는 죽지 않았다. 근처에서 밤늦게까지 일하던 농부가 쓰러진 그녀를 곧 발견했기 때문이다. 그래서 나오코는 다시 요양원에 보내졌다. 그러나 그녀는 어느 날 밤 고마쓰가 겨누는 칼을 피하기 위해 요양원을 뛰쳐나왔다. 그녀는 죽을 힘을 다해 시내까지 나왔다. 내의 차림에 맨 발로 나가사키의 밤길을 걸었다. 이 때 그녀의 앞을 가로막는 부부가 있었다. 밤늦게 심방을 마치고 돌아오는 한인교회의 목사와 그의 부인이었다. 그들은 이 아가씨가 제정신이 아닌 것을 알고 일단 교회의 사택으로 데리고 갔다. 그런데, 나오코의 인생은 여기에서 전혀 예기치 않은 새로운 길로 접어들었다.

　다음 날 아침 목사 부부는 나오코에게 왜 이런 모습으로 시내에 나오게 되었느냐고 물었다. 나오코는 생각나는 대로 자기의 살아온 날들을 이야기했다. 그러자 선교사는 무릎을 꿇더니 나오코에게도 무릎을 꿇으라고 말했다. 그러면서 하는 말이 이것은 마귀와 그의 부하들인 귀신들이 아가씨를 죽이려고 집요하게 물고 늘어지는 현상이라고 했다. 나오코가 무릎을 꿇자 선교사는 나오코의 머리 위에 오른 손을 얹더니 소리쳤다.

　"나사렛 예수의 이름으로 명하노니, 이 순결한 영혼을 죽이려고 들어와 지금까지 이 영혼을 괴롭히는 이 더러운 마귀와 귀신들아, 온전히 묶임을 받을지어다! 나사렛 예수의 이름으로 명하노니 이 영혼에게서 떠나가라! 영원히 떠나가라!"

이 순간 나오코는 어떤 충격을 느끼며 그 자리에 쓰러지고 말았다. 나오코가 다시 일어났을 때 그녀의 정신이 전 같지 않았다. 마치 청명한 하늘을 보는 것처럼 맑고 개운했다. 그리고 몸도 날아갈 것 같았다. 며칠이 지났지만 고마쓰가 검을 들고 나타나는 일도 없었다. 참으로 믿을 수 없는 일이었지만 나오코는 대학에 들어가던 당시의 그 마음과 몸을 회복했다. 나오코는 요양원으로 돌아가지 않고 이 교회에서 생활하기 시작하였다. 삼 년이 지났을 때 그녀는 자기의 가족 모두를 이 교회로 인도하여 세례를 받게 하였다. 그리고 대나무 숲 가운데 지어놓고 제사를 드리던 그 사당을 없애 버렸다.

나오코는 선교사가 되리라는 서원을 하고 한국의 한 신학대학원으로 유학을 오게 되었다. 그녀는 이곳에서 엠디비(M.Div) 과정을 공부하게 되었는데, 학비를 대 주는 교회의 목사 아들과 연애를 하게 되었다. 그는 그녀가 다니는 학교에서 역시 목회대학원 과정을 이미 마치고 선교사로 나갈 준비를 하고 있었다. 나오코는 올 이월에 학교를 졸업하고 전도사 자격증을 받았다. 사월에는 결혼을 하였다. 그리고 신혼여행을 떠나게 되었다. 이들의 신혼여행은 한국의 기독교 성지를 돌아보는 일이었다.

나오코는 한국의 기독교 성지를 돌아보는 동안 자기 민족이 이 땅에 와서 행하였던 수많은 악행들을 보면서 진실로 회개하였다. 저들이 왜 무고한 한국의 기독교인들을 이처럼 잔인한 방법으로 많이 죽였는지 너무나 가슴이 아픈 것이었다.

그런데, 나오코가 이젠 다 잊었다고 생각한 고마쓰를 다시 한 번 떠올리게 한 사건이 그 성지 순례 기간에 있었다. 나오코가 육 이오 전쟁 때 수백명의 순교자를 낸 한 교회를 방문했는데, 거기에 순교 전시관이 있었다. 이 전시관에는 순교자들의 사진과 그들의 가족사진들, 그들이 사용했던 성경과 찬송가책들, 당시 그들이 사용했던 생활도구들이 전시되어 있었다. 그리고 한 쪽에 순교자들을 죽였던 무기들이 진열되어 있었다. 그 교회는 바닷가에 있었다. 그래서 공산주의자들은 기독교인들을 잡아 몸을 새끼줄로 결박한 후 그들의 몸에 돌을 매달았다. 그리고 바닷물이 들어와 만조가 되었을 때 둑에서, 혹은 배로 싣고 나가서 신자들을 모두 물 한 가운데로 밀어버렸다. 그러면 기독교인들은 돌과 함께 수장되곤 했었다. 그때 공산주의자들이 기독교인들의 몸에 매달았던 돌들이 진열되어 있었다. 바로 그 옆에는 죽창들이 쭉 진열되어 있었다. 당시 공산주의자들은 대나무로 만든 예리한 창들로 기독교인들을 죽였다. 그런데, 놀라웁게도 그 죽창들 옆에 고마쓰가 나오코를 겨누었던 그 검, 일본도도 한 자루 놓여 있었다. 틀림없는 일본 검이었다. 나오코는 순간적으로 섬뜩함을 느꼈다. 나오코는 안내자에게 이 검이 왜 여기에 있느냐고 물었다. 그러자 안내자는 그 경위를 설명하였다. 일본인들이 패전하여 한국에서 퇴각할 때 이 검을 미처 챙겨가지 못했다는 것이다. 그래서 한 가정에 이 검이 남겨졌는데 나중에 그 가족 모두가 공산주의자들이 되어 이 검으로 기독교인들을 죽였다는 것이었다. 이 말을 듣는 순간 나오코의 가슴엔 이상한 파문이 일었다. 일본인이 한국을 떠나면서 남긴 일본도가 쓰여진 그 용도가 그녀의 마음을 세차게 흔들었던 것이다. 나오코는 한국의 기독교 성지를 돌아보고 난 후 남편 지영훈 전도사에게 유럽 선교를 떠나기 전에 일본을 한 번 방문하자고 말했다. 지 전도사는 흔쾌히 동의했다. 그래서 먼저 나가사키로 가 나오코의 집을 방문했다. 그리고 삼 년 전 규모 강진과 쓰나미로 원전 폭발까지 났던 도호쿠 지방에 오게 된 것이었다.

매스컴이 보도한 그대로였다. 십여 년 전 고마쓰와 함께 아름다운 시간들을 보냈던 소박한 어촌 아라하마는 그 자취조자 찾을 수 없는 폐허의 장소로 변해 있었다. 나오코는 고마쓰의 집이 있었던 곳을 찾아보려고 했지만 경찰들이 제지하였다. 지영훈 전도사와 나오코는 그 지역을 나와 안전한 지역에서 하룻밤을 보내고 오늘은 기타카미강 가로 온 것이었다.

나오코는 주마등처럼 스치는 지난 시간들과 그 풍경들을 꿈꾸듯 흘려보냈다. 그녀는 고개를 들어서 하늘을 보다가 다시 강을 보았다. 그리고 여기서 서로의 아름다운 꿈을 펼쳐보이며 다정히 걸었던 고마쓰를 생각했다. 어떤 비애가, 말로 형언하기 어려운 슬픔이 그녀의 가슴을 아프게 후볐다. 이젠 자갈과 쓰레기로 덮여버린 이 폐허의 땅 위에 서 있는 자신이 한 없이 애처로웠다. 그리고 이 땅 속에 자기 민족의 순수하고 아름다운 수많은 꿈들이 묻혀버렸다고 생각하자 감당하기 어려운 극도의 절망감이 그 녀의 영혼을 스치고 지나갔다. 나오코는 문득 일본도를 들고 자기를 내려 치려고 노려보던 고마쓰를 생각하면서, 고마쓰~ 하고 그의 이름을 부르며 허탈하게 웃었다. 그녀의 웃음진 눈가로 눈물이 흘러내렸다. 더운 눈물이 마구 솟구치는 것이었다. 지영훈 전도사가 눈물로 얼룩진 나오코의 얼굴을 보면서 그녀의 손을 꼭 잡았다. 지영훈 전도사는 손수건을 꺼내어 그녀의 눈물을 닦아 주었다. 나오코는 지 전도사에게 몸을 기대며 말했다.

"당신, 내 마음 다 이해할 수 있죠? 난 당신을 영원히 사랑할 거예요. 저 천국에 가는 그날까지요."

"알아. 울고 싶으면 실컷 울어. 나도 당신과 영원히 함께 한다는 것 잊지 말고."

이 때 저 아래에서 누구인가가 소리를 질렀다. 그가 지르는 소리는 지 전도사와 나오코에게도 정확하게 들려왔다.

"이게 뭐야! 아직도 이곳을 복구하지 못했어! 대 일본 제국이 겨우 이 정도밖에 안돼! 그깟 지진 하나 막지 못해! 그깟 쓰나미 하나 막지 못해! 대 일본 제국이 겨우 이 정도밖에 안 돼! 도대체 뭣들 하는 거야!"

이때 십여 미터 앞에서 무엇인가를 수색하던 사람들 중 한 사람이 그 쪽으로 고개를 돌리며 말했다.

"뭐야! 저 또라이 친구 또 나타났잖아! 계속 가두어놓지 않고 왜 또 내 보낸 거야! 이봐 자네가 가서 돌려보내! 순순히 말 안 들으면 본부로 전화 하라구!"

"네." 하고 대답한 한 사람이 그 쪽으로 뛰어갔다. 이때 나오코가 지 전 도사를 보면서 놀란 표정으로 말했다.

"여보, 목소리와 외형이 그 사람 같아요!"

"누구? 그 친구?"

나오코가 고개를 끄덕였다.

9

하 장로와 권총

"장로님, 어뜬 여자가 장로님을 찾어 왔다고 해서 데꼬 왔습니다."

교회의 회계를 맡아 일하고 있는 이은순 집사가 하 장로의 집을 찾아와 말했다. 그녀의 뒤로는 체격이 작은 한 여인이 서 있었다. 그녀는 하 장로에게 꾸벅 인사를 한 후 말했다.

"안녕하십네까. 지는 북에서 내래온 박두심이라고 합네다. 지 할아부지가 무사히 남에 가먼 이것을 꼭 좀 전하라고 해서 찾어 왔습네다."

"그라요. 하납씨 이름이 어찌게 돼요?"

"박용구라고 합네다."

"머시라구!"

하 장로는 두 눈을 크게 뜨고 그녀의 위아래를 살펴보다가 그녀를 방안으로 들어오게 하였다. 그리고 그녀가 주는 쪽지를 펼쳤다. 그 쪽지에는 초등학생이 쓴 것과 똑같아 보이는, 받침도 틀린 몇 줄이 적혀 있었다.

"병돈아, 니가 살아 있다먼 이 글을 볼 것이다. 나는 아적 살어 있따. 평생에 니 얼굴을 잊어 뿐 적이 없따. 두석리를 잊어 뿐 적도 없따. 북에 와서 많이 뉘우치고 많이 울었따. 그 곳이 내 고향인 것을 내가 몰랐써야. 병돈아, 내 손녀한테 내 얘기 다 해 주고, 내 손녀는 꼭 거그서 살도록 해 주라. 부디 만수무강하거라. 너의 성용구가"

읍에 내리니 주위가 어둑어둑하였다. 나는 부랴부랴 고속터미널을 나

157

왔다. 그리고는 삼백 미터 남짓 떨어진 정류소로 달렸다. 열 평도 안 될 것 같은 정류소 대기실엔 사람들이 꽉 차 있었다. 여기저기에 커다란 보퉁이가 놓여 있기도 하였다. 오늘이 읍 장날이라는 것을 깨닫게 되었다. 매표소 앞에는 십수 명의 사람들이 한 덩어리가 되어 이리 밀리고 저리 밀리곤 하였다. 난 줄을 서라는 말을 큰 소리로 외치고 싶은 충동을 몇 번이나 느꼈다. 그러나 사람들이 너무 많았기 때문에 관두었다. 이제 와서 줄을 선다면 지금보다 더 혼란스러울 게 뻔하다고 생각하였기 때문이다. 결국엔 나도 그들 속에 섞였다.

내가 면 소재지인 두석리(頭石里) 정류소에 내린 때는 읍으로부터 출발한 지 한 시간 정도가 지난 후였다. 그땐 이미 사방이 어둠으로 꽉 차서 몇 미터 앞도 분간할 수 없었다. 난 그 곳에서도 십 리를 더 걸어야만 하였다. 그래서 동행인이 없나 하고 한참을 길모퉁이에 서 있었다. 그러나 나와 같은 길로 접어든 사람은 아무도 없었다. 동짓날의 해풍(海風)만 옷섶을 매섭게 파고들었다. 난 다소 섭섭한 마음이 들었다. 발길을 돌리며 하늘을 보니 금방이라도 눈을 뿌릴 듯 엉켜 있는 검은 구름들이 가득하였다.

내가 가방의 무게에 이상을 느낀 것은 두석리를 막 벗어나는 그즈음이었다. 난 아무래도 이상하다는 기분이 들었다. 그래서 발길을 멈추었다. 난 곧 라이터를 꺼내 불을 밝혔다. 그리하여 가방의 이 부위 저 부위를 살폈다. 그 순간 난 가슴이 턱 막히는 충격을 피할 수 없었다. 가방 옆면과 밑바닥 사이가 십오 센티미터 가량 예리하게 찢겨져 있었기 때문이다. 난 쿵쿵거리는 가슴을 진정시키며 지퍼를 당겼다. 내용물을 뒤집어 보는 난 점점 더 불안이 고조되었다. 그리하여 밑바닥까지 다 헤집어 본 난 멍하니 허탈한 상태에 빠졌다. 기가 막힐 노릇이었다. 이 허술한 비닐 가방 안에 돈이 들어 있는 줄 어떻게 알았을까? 그리고 여러 가지의 물건 중간에 끼어 있는 돈뭉치만을 어떻게 빼내간 것일까? 고속버스에서 내릴 때까지도 이상이 없었으니까 혼잡한 정류소에서 이 끔찍한 일이 행해진 모양이었다. 핏기 없는 아내의 얼굴이 떠올랐다. 그러자 금방이라도 쓰러질 것만 같았다. 걷잡을 수 없는 절망감이 쇄도하였다. 난 격한 분노와 좌절감 때문에 맨숭맨숭한 정신으로는 단 한 걸음도 걷지 못할 것 같았다. 결국 난 오던 길로 되돌아갔다. 그리하여 가게에 들른 나는, 쥐포 한 마리를 안주 삼아 소주 네 홉을 세 번 나누어서 비웠다. 취기가 돌자 울컥 설움이 치미는 것이었다. 이내 뜨거운 눈물이 솟구치기 시작하였다. 난 가게를 나왔다. 빠른 걸음으로 동네를 벗어났다. 그리고 그때부터 참으로 오랜만에 꺽꺽 소리를 내어 울기 시작하였다.

눈물이 마를 즈음엔 눈이 내리기 시작하였다. 손이 시렸다. 시린 손을 주머니에 넣자 아무 것도 없는 주머니 안에서 무엇이 덜컥 잡히는 느낌이었다. 그 순간 나는 자신도 모르는 사이에 어금니를 깨물었다. 그리고는 야멸찬 미소를 지어보는 것이었다. 그러자 나의 손 안에는 점차 확실한 무엇이 잡혀오는 것이었다. 그것은 권총이었다. 난 어느새 자물쇠가 풀려 있는 권총을 꽉 쥐고 있었다. 아아, 이 권총, 이 권총은 누구의 권총인 것일까? 아무래도 호신용으로는 주어질 수 없을 것 같은 이 권총, 진실이라든가 사람의 설득과는 거리가 멀 것 같은 이 권총, 무엇인가 늘 부족하여 충족의 돌파구를 찾는 듯한 이 권총, 욕망이 검(劍)으로 변하여 노한 파도처럼 나의 영혼을 덮치는 이 권총. 이 권총의 주인은 누구인 것일까? 이 권총은 누구의 영혼을 파괴하기 위하여 자꾸만 나의 손에 잡혀지는 것일까?

이 권총은 사람을 증오하게 되던 그 순간부터 걸핏하면 나의 손안에 들어왔었다. 서러움이 북받쳐 아무도 보지 않는 곳에서 한껏 울고 나면 권총은 어느새 나의 손에 잡혀 있는 것이었다. 그리하여 난, 어느 때부터인가 이 권총을 도구 삼아 험한 준령으로 다가온 내 삶의 능선을 넘고자 버둥거렸다. 난 흔들리는 과녁을 쫓다가 가끔은 생(生)의 넝쿨에 걸려 넘어지기도 하였다. 그러나 권총은 탄생의 원혼(冤魂)이 되어 나를 일으켜 세웠다. 그럼 나는 정글을 헤치는 사냥꾼처럼 다시 걸었다. 그러나 그런 나의 행위들은 어쩌면 객기(客氣)였을지도 모른다. 나는 지금까지도 이 권총의 방아쇠를 당기지 못했으니 말이다. 쏘아야지, 쏘아 버려야지, 하면서도 아직껏 쏘지 못하고 있으니 말이다.

다른 사람들도 나에게 쥐어지는 이 권총을 그 자신의 품속 어디에 은밀히 감추고 다니는 것일까? 연약한 나의 가슴이 갈기갈기 찢길 때에 배신의 고통으로 다가오는 이 권총을 다른 사람들도 보이지 않는 어느 곳에 깊숙이 품고 다니는 것일까? 그리하여 더 이상 견딜 수 없을 때에 방아쇠울에 손가락을 넣고 나처럼 안절부절 못하는 것일까?

　갑자기 바람이 일고 눈보라가 휘몰아쳤다. 난 고개를 젖히며 두 그루의 큰 노송을 보았다. 그 때야 나는 이곳이 창골 입구인 것을 말았다. 난 섬뜩한 마음이 들어 권총을 쥔 손에 힘을 주었다. 난 이곳을 지나는 사람들이 가끔 귀신에 홀린다는 소문을 들었다. 창골에는 한을 풀지 못한 원귀들이 많다는 말도 들었다. 그럴지도 모른다. 난 두 눈을 치뜨고 쓰러진 무수한 사람들을 기억하고 있다. 병만이 형도, 지수와 그의 형 지환이 형도, 그들은 모두 다 허공 어느 한 점을 쏘아보며 이 창골에서 죽어갔다. 통곡하며 그 눈을 쓸어 감기던 어머니 등 뒤에서 난 나무토막 같은 그들의 모습을 보았다. 그리하여 괜스레 눈물이 치솟았던 것도 기억하고 있다. 그리고 이런 생각을 희미하게 하였던 것도 기억하고 있다. '난 이제 이들을 미워할 수도 바라볼 수도 없을 것이다.'

　그러나 친구 지환의 시체를 보면서는 어쨌던가. 꽁꽁 얼어 퍼렇게 변한 그의 가녀린 손엔 쇠뭉치로만 보이는 권총이 굳게 쥐어져 있고, 십여 발의 탄알이 무참하게 뚫고 나간 그의 가슴과 복부엔 물감 같은 검붉은 피가 사납게 엉켜 있었다. 그리고 치뜬 그의 두 눈은 나를 노려보고 있었다. 그의 눈은 아무리 쓸어내려도 쉽게 감겨지지 않았고, 지친 나는 또 울기 시작하였다. 내가 발길을 돌렸을 때에도 지환은 여전히 나를 노려보고 있었다. 그리고 그의 손에 굳게 쥐어진 권총의 총구는 그의 눈과 함께 나를 향하고 있었다. 그 때 난 "쏘지 마라~" 이렇게 소리치며 실성한 사람처럼 창골의 오솔길을 마구 뛰어내려 왔었다.

　난 시커먼 어둠이 가득 담긴 창골을 바라보았다. 아무 것도 보이지 않았다. 세월의 풍우에 허무하게 씻겨버린 과거와 역사의 바위에 압사 당한 어린 날의 모습들이 하나 둘 일어설 뿐이었다.

160

난 그 때 일곱 살이었다. 소학교에 입학하기 위하여 '기억 니은 디귿 리을'과 '아야 어여'를 배웠다. 어머니는 하루에 두 번씩 자습 점검을 하였다. 난 그때마다 긴 대나무 자로 종아리를 맞았다. 아버지는 손님이 왔을 때에만 나를 불러 공부한 내용을 물었다. 난 그 시간이 무척 신났다. 왜냐하면 나의 대답이 틀려도 손님들은 돈을 주었기 때문이다. 그 돈을 가지고 행랑채에 살고 있는 멍구 형한테 가는 것이었다. 멍구 형은 머슴이었다. 본래 이름은 용구인데 병만이 형이 멍구라고 불렀다. 그래서 병만이 형 또래들은 용구 형을 다 멍구라고 불렀다. 멍구 형은 덩치가 병만이 형 두 배나 되었다. 힘도 세서 동네 사람들은 그를 뿍아리(黃牛)라고도 불렀다. 내 친구들도 골목에서 그를 만나면 큰 소리로 "뿍아라 뿍아라, 어디 가냐?"하고 놀렸다. 그럼 멍구 형은 진짜 황소 상형(象形)을 하고는 펄떡펄떡 뛰며 마구 쫓아왔다. 그래서 우리를 잡기만 하면 자기 머리 위로 번쩍 들어 올려서 한참 동안 비행기를 태웠다. 사실 내 친구들은 그 비행기가 타보고 싶어서 그를 놀렸다. 멍구 형은 내가 갖다 준 동전을 자기 허리춤에 있는 주머니에 조심히 넣었다. 그리고는 며칠 후 장에 갔다 오는 날 구슬이나 팽이로 바꿔다 주었다. 어떨 땐 딱지나 생엿으로도 바꿔다 주었다. 팔랑개비 무늬가 수놓아진 눈깔사탕으로 바꿔올 때도 있었다. 난 그런 멍구 형이 얼마나 좋은지 몰랐다.

멍구 형한테는 용순이라는 여동생도 있었다. 그녀는 바로 윗집인 지환이 집에서 소도 뜯기고 빨래도 하였다. 그녀도 자기 오빠인 멍구 형만큼이나 덩치가 컸다. 그래서 사람들은 그녀를 바구리(바구니)라고 불렀다. 우리가 "바구라, 바구라" 하고 놀리면 그녀는 새끼 밴 개처럼 무섭게 쫓아왔다. 그럼 그녀의 젖가슴이 정말 바구니가 흔들거리는 것처럼 마구 출렁거렸다.

병만이 형과 지수 형이 용순이 누나를 데리고 윗방으로 들어간 것은 그해 늦가을이었다. 어머니와 아버지는 대사를 치르기 위해 읍의 작은 아버지 집에 갔을 때였다. 우리 집엔 병만이 형과 나 그리고 지수 형밖에는 없었다. 그리고 그날 멍구 형은 논보리를 갈기 위해 새벽 일찍 쟁기를 지고

들에 나갔었다. 난 그날도 어머니가 적어주고 간 구구단을 외우다가 그들을 본 것이었다.

난 이상한 생각이 들어서 슬금슬금 윗방 근처로 갔다. 그러다가는 창문에 바짝 붙어서 방안의 소리를 들었다. 난 그들이 윗방에 감춰 둔 약술을 훔쳐 먹는 줄 알았다. 병만이 형은 가끔 그런 적이 있었기 때문이다. 난 쥐죽은 듯 고요한 게 하도 이상하다 생각되어 조심히 창구멍을 내었다. 그리하여 방안을 들여다 본 순간 하마터면 소리를 지를 뻔하였다. 바지를 무릎께까지 내린 형이 엉덩이를 훤히 보인 채 용순이 누나를 밑에 깔고 마구 요동한 때문이었다. 용순이 누나의 절구대 같은 퉁퉁하고 큰 다리 살이 허옇게 드러나 있었다. 난 숨을 죽이며 그 행동을 보았다. 조금 있자 형이 일어났다. 그 순간 난 기어이 소리를 지르고 말았다. 생전 보지 못한 여자의 구석진 곳을 본 때문이었다. 그러나 내 소리를 듣지 못하였는지 이번엔 지수 형이 바지를 내리고 용순이 누나 위로 엎어졌다. 난 괜스레 무서움 같은 게 생겨서 그 자리를 슬슬 물러나왔다. 병만이 형과 지수 형은 그 후에도 몇 번이나 용순이 누나를 데리고 윗방으로 갔다. 그때마다 내 마음은 원인도 없이 싱숭생숭하였고, 미묘한 기분이 하루 종일 떠나지 않았다.

형이 읍내 선생의 딸과 선을 본 것은 첫눈이 내리고 난 삼 일 후였다. 형은 그날 도시에서 학교 다닐 때 입던 까만 양복을 입고 머리에 기름도 발랐다. 난 그러한 형이 어른처럼 보이기도 하였지만 어쩐지 꺼림칙한 사람으로도 느껴지는 것이었다. 윗방에서 보았던 광경이 자꾸만 머리에 떠오른 때문이었다.

형이 선을 보고 온 지 얼마 안 되어서 형의 혼삿날이 정해졌다. 그 이후 형은 걸핏하면 친구들을 윗방으로 불러들였다. 그리고는 밤을 새우며 화투 놀음을 하였다. 장가가기 전에 놀음이나 실컷 해야겠다는 결심이라도 한 것 같았다. 그렇게 놀음을 하고나면 으레 술을 마셨다. 아버지와 어머니가 엄중하게 꾸짖어도 뉘우치는 기색이란 전혀 없었다. 그런 어느 날이었다. 난 우연히 형과 지수 형이 소곤거리는 소리를 들었다. 그들은 용순이 누나에 관해서 이야기하고 있었다. 그들의 이야기를 엿듣던 난 온몸이 벌벌 떨려 그 자리에서 도망치고 말았다.

그날 이후 나는 심한 몸살을 앓았다. 뜨듯한 구들바닥에 등을 딱 댄 채 솜이불을 흠뻑 덮어쓰고 며칠 동안 누워 있어야만 하였다. 그러나 전신이 벌벌 떨리며 추워오는 증상은 좀처럼 가시지 않았다. 늦가을 어느 날 윗방에서 보았던 용순이 누나의 하체가 꿈결에 나타나기도 하였다. 그때는 그 증상이 더욱 심하여 견디다 못해 고함을 내지르기도 하였다. 그리고 난 그녀의 배가 풍선처럼 부풀어 오르다가 뻥 소리를 내고 터지는 아주 끔찍한 꿈도 꾸었다.

내가 겨우 기운을 차리고 대문 밖으로 나왔을 때는 주위가 온통 눈으로 덮여 있었다. 난 오랜만에 상쾌한 기분이 들어서 동구 밖으로 한 번 가볼 참이었다. 그 때 저 아래서 멍구 형이 바지게를 지고 터벅터벅 걸어왔다. 내가 기쁜 마음으로 "멍구 성!" 하고 부르자 그는 오던 걸음을 멈추고 그 자리에 섰다. 그러더니 다시 묵묵히 걸어오는 것이었다. 그는 내 앞에 와서 "어디 가?" 이렇게 힘없이 물었다. 그리고는 내가 대답도 하기전에 내 옆을 지나가 버렸다. 난 몸을 돌렸다. 그리고는 "용구 성?" 하고 불렀다. 그러나 그는 아무 대답도 없었다. 그의 튼튼한 두 다리 위의 크고 넓적한 바지게만이 삐그덕삐그덕 흔들거렸다. 그의 그런 태도를 보자 나도 괜스레 풀이 죽었다. 난 앞에 있는 눈뭉치를 발길로 몇 번 내지르고는 그냥 집으로 들어와 버렸다.

그날 저녁 난 용순이 누나가 죽었다는 말을 들었다. 어머니의 말에 의하면 그녀는 괴한을 만났다는 것이었다. 괴한은 창골에서 나타나 그녀를 창골 깊은 곳으로 끌고 갔다는 것이었다. 그리하여 물건을 모두 빼앗고 돌로 머리를 쳐서 죽였다는 것이었다. 그 말을 들은 난 다시 자리에 눕고 말았다. 난 그해 겨울이 다 갈 때까지 두려움과 함께 간헐적으로 밀려오는 오한을 회복하지 못하였다.

눈발이 점점 더 거세어졌다. 난 창골 깊숙이 들어와 걷고 있었다. 커다란 벌집처럼 보이는 돌무덤의 윤곽이 길 옆 여기저기에 보였다. 그 돌무덤에서 나를 알고 있는 사람 중 누구인가가 불쑥 나타날 것만 같았다. 그 생각을 하자 머리털이 쭈뼛쭈뼛 서는 것이었다. 취기는 일순간에 사라졌다. 그 순간 난 어둠의 공포와 회한, 분노 등으로 인하여 권총을 쥔 오른손을 주머니에서 뽑았다. 그리고는 허리를 조금 굽혀 범인을 찾아 조심조심 나아가는 형사처럼 자세를 잡아 걸었다.

이듬해 봄 나는 소학교에 입학하였다. 그러나 잔디가 곱고 창포꽃이 만발한 이 창골에는 한 번도 오지 않았다. 용순이 누나의 무덤이 창골에 있었기 때문이다.

그해 오월 어느 날 나에게는 커다란 사건이 발생하였다. 산열매를 따러 산에 올라갔던 난 독사에게 발등을 물리고 말았던 것이다. 당시 내가 살고 있던 두석리에도 약방은 있었다. 그러나 약방 손 씨는 사색이 다 되어 있는 나와 내 가족들을 보고 고개를 휘휘 저었다. 독사에게 물린 데는 약이 없다는 것이었다. 그러자 옆에 서 있던 용구 형이 쏜살같이 달려가 지게를 지고 왔다. 그리고는 나를 지게에 태워 새끼줄로 짱짱하게 붙들어매는 것이었다. 그리하여 그는 나를 지고 달리기 시작하였다. 두석리에서 의원이 있는 읍까지는 사십 리였다. 그는 쉬지 않고 달렸다. 그의 등에서 흐르는 시큼시큼한 땀 내음이 나의 코로 스며들기 시작하였다. 그 순간 나는 따스한 물방울의 감촉이 나의 온몸으로 전해지는 듯한, 아련한 느낌에 젖었다. 그리고 난 청명한 봄날의 점심 때 같은 평온한 기분에 사로잡혔다. 그러나 용구 형은 일순간도 쉬지 않았다. 쉭쉭 거리며 앞만 보고 뛰었다. 난 그의 숨소리가 심하게 거칠어질 무렵 몽롱한 상태에 빠져들고 말았다.

내가 두 눈을 떴을 때엔 용구 형은 내 옆에 없었다. 아버지와 어머니만 내 손을 붙잡고 엉엉 우는 것이었다. 후로 알았는데, 난 삼 일만에 의식을 되찾은 것이었다. 그리고 사십 리를 단숨에 뛰어온 용구 형은 지게를 부리자마자 곧 졸도를 하였다는 것이었다.

다음 달인 유월 말이었다. 난 그날 뒷산 밑 웅덩이에서 친구들과 미역을 감고 왔었다. 그런데 많은 사람들이 우리 집에 모여 있었다. 그들은 아버지가 일본에서 학교 다닐 때 사가지고 왔다는 라디오 앞에 모여 있었다. 모두 다 사뭇 긴장된 표정으로 라디오의 소리에 귀를 기울이고 있었다. 난 어머니 곁으로 가서 "왜들 이러고 있느냐?"고 물었다. 그러나 어머니는 다른 사람들의 표정을 살피면서 입을 닫으라는 시늉만 하였다. 난 떨떠름한 기분이 되어 밖으로 나왔다. 그 때 마침 용구 형이 거름을 내기 위해 지게를 괴고 있었다. 난 그에게로 달려갔다. 그리고는 우리 집에 무슨 일이 생겼느냐고 물었다. 그러자 그는 넓적한 두 손으로 내 볼을 감싸며 싱긋이 웃었다. 그러면서 "하누님이 죄 진 사람들을 잡으러 왔다."고 말했다. 난 그 말이 무슨 뜻인지를 알 수 없었다. 내가 멍청한 얼굴로 자기를 바라보자 용구 형은 또 싱긋이 웃었다. 그러나 그는 더 이상 설명해 주지는 않았다. 이내 몸을 굽혀 김이 모락모락 피어오르는 두엄을 쇠스랑으로 파헤치는 것이었다. 그리하여 두엄을 바지게에 다 채운 그는 바지게를 지고 성큼성큼 대문 밖으로 나가 버렸다.

동네 사람들이 다 돌아간 그날 밤에도 우리 집엔 많은 사람들이 찾아왔다. 그 중엔 총을 메고 온 순경들도 있었고 서류를 든 면 서기들도 있었다. 아버지가 면장이어서 손님들이 늘 끊이지 않았지만 그날 저녁처럼 많이 온 적은 없었다. 아버지는 밤이 늦도록 그 손님들과 이야기를 나누었다. 내가 졸음에 못 이겨 막 누우려고 하는 참에 어머니가 들어왔다. 내가 무슨 일이 생겼느냐고 또 묻자 그녀는 한숨을 쓰러지게 내쉬며 "난리가 났단다." 하고 대답하였다. 난 무슨 난리가 났느냐고 물었다. 그러자 어머니는 "때국 놈들이 쳐들어 왔다."고 말하였다.

그 다음 날부터 소리꾼인 공민 씨가 이 골목 저 골목을 돌며 외소리를 해대기 시작하였다. 동네 사람들은 학교 운동장으로 모두 모이라는 소리였다. 난 동네 사람들이 학교 운동장으로 많이 모이는 것이 왠지 즐거웠다. 그래서 쉬는 시간이 될 때마다 그들이 모여 있는 사이사이를 뛰어다니며 장난을 하였다.

뜨거운 여름이 지나는 동안 어른들은 우리가 이해할 수 없을 정도로 모이기를 자주하였다. 그리고 한 번도 얼굴을 대한 적이 없는 친척들이 보퉁이와 가방을 들고 찾아오는 것이었다. 무엇인지는 모르지만 무슨 큰 일이 자꾸만 더 크게 번지고 있다는 막연한 두려움 같은 것도 느껴졌다.

그러나 가을이 와서 탈곡을 할 때까지도 우리 집엔 아무 일도 없었다. 식구만 십 여 명 더 늘어났을 뿐이었다. 그동안에 형은 아버지의 주선으로 면의 호적 서기가 되어 있었다. 형수는 내일 모레 아기를 낳는다 하여, 큰 배를 어루만지며 뒤뚱뒤뚱 걸어 다녔다. 그때 난 시험을 치르면 그때마다 백 점을 받았다. 그래서 공부한다는 일이 무척 재미있었다. 우리 담임 선생님은 도회지에서 온 여 선생님이었다. 그녀는 나에게 특별한 관심을 보여 주었다. 그녀는 일요일 아침이 되면 나를 꼭꼭 데리러 왔다. 그럼 난 그녀가 준 성경책과 찬송가를 옆에 끼고 그녀를 따라 마을 앞 은행나무 옆에 있는 교회로 갔다. 이마가 반들반들한 대머리 목사님도 나를 무척이나 귀여워 해 주었다. 나는 그 때 이런 기도를 늘 드렸던 것 같다. "하나님, 제가 죄를 안 짓는 사람이 되게 해 주세요. 그리고 예수님처럼 다른 사람들을 제 생명처럼 사랑하면서 살게 해 주세요."

가을걷이가 다 끝난 어느 날이었다. 밖에서 돌아온 아버지가 어머니와 형에게 다급한 어조로 이렇게 말하는 것이었다. "큰일 났어! 인민군이 기어히 진도(珍島)에도 온 모양이야! 일판이 어찌께 될찌 모른께, 일딴 짐을 싸 놔야 거써! 여차하면 진섬(長島)이나 부채섬으로 피신해야 거써! 내 말 알겠어?" 아버지의 그 말에 어머니와 형은 참으로 딱하다는 표정을 지었다. 왜냐하면 자리에 누운 형수가 오늘은, 오늘은, 하면서 아기가 나오는 날을 기다리고 있었기 때문이다.

며칠 있자 온갖 무서운 소문이 동네에 퍼졌다. 인민군이 처음 들어온 나라 근처의 모든 동네는 지금 피 냄새로 꽉 차 있다는 것이었다. 그리고 인민군들은 아이고 어른이고 눈에 보이기만 하면 무조건 쏴 죽인다는 것이었다. 또 머슴들이 일어나 참나무 몽둥이나 왕대 창으로 그 주인들의 머리통을 부수고 배를 쑤셔 창자를 터지게 한다는 것이었다. 그 말을 들은 난 용구 형이 무서워지기 시작하였다. 그러나 그 소문을 들은 그날 저

166

녁에도 용구 형은 나와 내 여동생 순복이를 불러 군고구마를 하나씩 주었다.

그로부터 며칠 후였다. 난 인기척을 느끼고 잠을 깼다. 벽시계를 보니 새벽 두 시였다. 아버지와 어머니는 언제 일어났는지 이미 앉아 있었다. 그리고 아버지 옆에는 아버지가 도회지로 출장 갈 때만 꺼내 쓰는 소가죽 색깔의 커다란 가죽 가방이 놓여 있었다. 아버지는 담배 연기를 후후 불더니 형을 불렀다. 형이 곧 건너왔다. 형이 앞에 앉자 아버지는 결연한 표정으로 "행편이 안 좋아져도 곧 델러 올 틴께 그 때까지 집안 일 잘 봐라." 이렇게 말하였다. 그리고 나를 보더니 "엄매하고 성 말 잘 들어라." 하고 짧게 한마디 하였다. 그리고는 곧 자리에서 일어나 밖으로 나갔다. 밖엔 순경들이 총을 들고 서 있었다. 아버지가 나가자 순경들은 빠른 걸음으로 대문을 나섰다. 이내 아버지의 등도 어둠 속으로 사라져 버렸다. 형수는 그날 날이 밝을 즈음에 아기를 낳았다. 아들이었다.

그날은 아침부터 동네가 조용하였다. 난 교회를 한 번 가보려고 밖으로 나왔다. 그러나 이상한 일이었다. 동네 앞에도 사람들이 통 보이지 않았다. 내가 고개를 갸웃거리며 창고 옆의 공회당을 돌아 교회 쪽으로 가려는 순간이었다. 동쪽 성재에서 차 소리가 들려왔다. 그러더니 세 대의 파란 차들이 성재 등을 타고 내려오는 것이었다. 세 대의 차는 사람들을 가득 싣고 먼지를 일으키며 동네 앞으로 달려오는 것이었다. 차는 창고 앞에서 모두 섰다. 그런데 그 차에 탄 사람들은 다 군인들이었다. 맨 앞 차에 탄 군인이 내려와서 손짓을 하자 수십 명의 군인들이 뛰어 내렸다. 그리하여 그들은 우르르 몰려와 대장인 듯한 그 군인 앞으로 반듯하게 정렬하였다. 그러자 그 군인은 무어라고 말하기 시작하였다. 조금 있자 군인들은 몇 명씩 짝을 지어 동네로 들어오는 것이었다. 그러더니 얼마 안 있어 땅땅땅~ 하는 총소리가 앞산을 쩡쩡 울렸다. 난 덜컥 겁이 났다. 그래서 집을 향하여 마구 달음질쳤다. 내가 우리 집이 보이는 골목에 들어섰을 때였다. 누구인가가 내 앞을 턱 가로막았다. 난 소름이 돋았다. 난 벌벌 떨리는 가슴을 진정시키며 조심히 고개를 들었다. 그 순간 나는 후~ 하는 안

도의 한숨을 몰아쉬었다. 내 앞에는 용구 형이 서 있었기 때문이다. 그는 나를 내려다 보며 싱긋이 웃었다. 그는 머리에 빨간색 수건을 질끈 동여매고 있었다. 그리고 그의 손엔 끝을 뾰쪽하게 깎은 둥글고 긴 죽창이 쥐어져 있었다. 내가 기어들어가는 소리로 "성……."하고 말하자 그는 싱긋이 웃은 채로 말하였다. "병돈아, 내 폼 어짜냐? 건사지? 참말로 건사지? 그라지?" 나는 고개를 끄덕거리며 웃었다. 그러자 그는 말하였다. "너는 말이다 예배당에 가 있거라. 지끔 하누님이 나쁜 놈들을 심판하러 왔은께 너는 거그 꼭 숨어 있거라. 알것냐? 알었으면 빨리 가." 나는 고개를 끄덕였다. 그리고는 우리 집 쪽을 한 번 힐끗 바라 본 다음 쏜살같이 예배당으로 달렸다.

교회 주위에는 아무도 없었다. 내가 조심히 문을 열고 들어가자 종지기 할아버지가 인기척을 듣고 나왔다. 그는 이리로 오라고 나에게 손짓하였다. 나는 그를 따라서 교회 뒤에 있는 그 할아버지의 방으로 들어갔다. 그리하여 숨을 죽이고 윗목에 앉아 있는데 계속해서 총소리가 들려왔다. 사람을 부르는 소리가 들려왔고 개 짖는 소리도 쉼 없이 들려왔다.

종지기 할아버지와 나는 어둠이 내린 후에야 밖으로 나올 수 있었다. 우린 여러 개의 횃불이 밝혀진 창고 앞을 바라보았다. 동네 사람들 모두가 그 곳에 모여 있는 것 같았다. 오동잎 빛깔의 제복을 입은 인민군들 틈에 용구 형도 서 있었다. 인민군 대장이 무어라고 소리치자 지환이 아버지가 새끼에 묶인 채로 끌려 나왔다. 그러자 이장 집에서 머슴을 살던 지호 형이 한 손을 휘저으며 무어라고 소리쳤다. 그 순간 인민군들은 박수를 쳤다. 그리고 그 박수 소리가 끝나는 찰나 지호 형이 몽둥이를 들어 지환이 아버지의 머리를 내리쳤다. 퍽~ 하는 소리와 함께 지환이 아버지가 앞으로 철퍼덕 넘어졌다. 난 너무 무서워서 할아버지 가랑이 사이로 숨었다.

그 다음 날은 동네 청년들이 꽁꽁 묶여서 예배당 안으로 들어왔다. 그들 중엔 형과 지수 형도 있었다. 인민군 대장은 큰 소리로 연설을 하기 시작하였다. 내가 알아들을 수 없는 말들이었다. 예배당 주위엔 총을 든 인민군들이 울타리처럼 서 있었다.

난 용구 형이 시키는 대로 다시 집으로 돌아왔다. 동생 순복이와 멍하니 마루에 앉아있던 어머니는 버선발로 쫓아 나와 나를 껴안는 것이었다. 그리고는 뜨거운 눈물을 철철 흘렸다. 얼마 후 나는 건너 방문을 열어 보았다. 그리고는 그만 왝~ 소리를 지르고 뒤로 물러났다. 매캐한 피 냄새가 코를 찌르는 방안엔 처참하게 짓이겨진 형수와 조카의 시체가 마치 무슨 짐승이라도 잡아 놓은 듯 누워 있었기 때문이다. 나는 어머니에게로 달려와 용구 형이 저렇게 했느냐고 물었다. 그러나 어머니는 고개를 저었다. 그러면서 다른 동네 머슴들이 와서 저 짓을 했다고 말하였다. 그 말을 듣자 긴장되었던 마음이 다소 풀렸다.

해가 넘어갈 무렵 용구 형이 죽창을 든 모습으로 들어왔다. 그는 어머니에게 넙죽 절을 하고 바지게를 가져와 마루 앞에 괴었다. 그러더니 어머니더러 좀 도와 달라고 말하였다. 어머니는 그가 무엇을 하려고 하는지를 알았는지 곧 자리에서 일어섰다. 용구 형과 어머니는 형수와 아기의 시체를 바지게에 넣었다. 삽과 괭이도 함께 넣었다. 용구 형은 곧 바지게를 지고 밖으로 나갔다.

난 며칠 동안 마당에도 나가지 않았다. 어머니가 갖다 주는 밥을 먹고 가만히 앉아 있다가 밖이 어두워지면 잠을 자는 것이었다. 난 그때 뭐가 뭔지 통 알 수 없었다. 쏘고 찌르고 내리치고, 그리하면 멀쩡하던 사람들이 피를 흘리며 죽어가는 무서운 사건들이 실제로 일어나고 있는 일처럼 느껴지지가 않았다. 그러나 크고 강한 그 어떤 두려움의 세력이 나를 꽉 내리누르고 있었던 것만은 분명하였다. 하지만 난 그러한 공포 속에서도 한 가지 희망만은 가지고 있었다. 나는 죄를 짓지 않았기 때문에 예수님이 죽이지 않고 지켜주실 것이라는 희망이었다.

숨조차 크게 쉬지 못하는 날들이 계속되었다. 그런 어느 날 밤이었다. 누구인가가 뒷 창문을 톡톡톡 두드렸다. 어머니는 귀를 갖다 대고 누구냐고 물었다. 어머니는 곧 문고리를 풀고 문을 열었다. 그러자 점퍼 차림을 한 한 남자가 신도 벗지 않은 채 들어왔다. 어머니는 그 남자를 금방 알아보았다. 그는 지서에 근무하는 순경이었다. 그는 아버지가 무사히 잘 있다는 소식을 전해 주었다. 그리고 삼 일 후에 아버지를 만날 수 있을 것이라는 말도 해 주었다. 어머니가 그게 무슨 소리냐고 묻자 그는 이렇게 대답하는 것이었다.

"인민군들은 지금 대학살(大虐殺)을 계획하고 있습니다. 그날이 언제일지는 모르나 조만간에 그 일을 실행할 것입니다. 그래서 우리 경찰들은 삼일 후 자정에 두석리를 기습할 만반의 준비를 갖추었습니다. 인민군들은 그날 새로 부임한 간부 환영회에 참석하여 읍에서 소수만 돌아오게 되어 있으므로 절호의 기회입니다. 그러나 상황이 어떻게 될 줄 몰라서 종지기 노인을 통해 연락망을 단단히 쳐 놓았습니다. 우리의 예상대로 인민군 몇 명만 남아 있으면 종탑에 올라가 종을 치라고 했지요. 아주머니께서는 그 종소리와 동시에 이 아이들을 데리고 바닷가로 오십시오." 말을 마친 순경은 곧 뒷 창문을 통하여 어둠 속으로 사라져갔다.

그 순경의 말은 정말인 모양이었다. 삼 일째 되는 날 저녁 무렵 동네에는 인민군의 모습이 거의 보이지 않았다. 면사무소와 지서 근처에만 몇 명이 서 있을 뿐이었다. 교회 앞에도 인민군이 없었다. 인민군 대신 용구 형과 지호 형이 죽창을 들고 망부석처럼 서 있었다. 내가 가까이 가자 용구 형은 싱긋이 웃었다. 그러면서 "엄매랑 카만히 앉었제 머할라 나왔어." 이렇게 한마디 꾸짖는 것이었다. 내가 교회 안을 들여다보자 지호 형이 "안 꺼지면 죽인다." 고 으름장을 놓았다.

밤이 되자 내 마음은 괜스레 술렁이었다. 용순이 누나의 하체와 그 위에 엎어진 형의 엉덩이가 생각났다. 그리고 형과 지수 형의 은밀한 대화도 귓전에 살아나는 것이었다. 또 내가 독사에 물렸던 그날 나를 지고 달리며 용구 형이 풍기던 그 후덥고 시큼했던 땀 냄새도 자꾸만 되살아나는 것이었다. 난 시계가 뎅뎅 소리를 낼 때마다 목을 조여오는 듯한 압박감을 느꼈다.

열한 시가 넘자 내 마음은 더욱 초조하였다. 난 어머니의 눈치를 살피기도 하고 자리에 눕기도 하는 등 몸 둘 바를 몰랐다. 열한 시 사십 분이 되었을 무렵 난 기어이 방문을 열고 나왔다. 그리하여 예배당을 향해 뛰기 시작하였다. 그러나 예배당 앞엔 아무도 없었다. 난 어찌할 줄을 모르고 예배당 앞에서 서성거렸다. 조금 있자 종지기 노인의 헛기침 소리가 들려왔다. 그 기침 소리를 듣자 내 마음은 더욱 조급해졌다. 그때였다. 저 앞 개울 쪽 시커먼 어둠 속에서 누구인가가 소리쳤다.

"이 밤중에 뭐하러 여그에 왔냐, 병돈아?"

그 목소리를 듣자 환한 빛을 본 것 같았다. 난 그쪽으로 달려가며 소리쳤다.

"성, 거그서 뭐해?"

"뭐하긴, 빼딱 없는 얘기 난다! 똥 싸!"

이때 내가 얼른 뒤를 돌아보니 종지기 할아버지가 종탑을 오르고 있었다. 난 용구 형이 있는 쪽으로 마구 달리며 소리쳤다.

"성, 종을 치면 성이 죽는 거야! 성, 저 종을 못 치게 해!"

이렇게 소리치고 나서 다시 뒤를 돌아보니 종지기 할아버지는 어느새 종탑 꼭대기에 올라가 있었다. 그리고는 망치든 손을 뒤로 제치는 것이었다. 난 마치 내가 죽기라도 하는 것처럼 참담한 표정으로 그 장면을 보고 있었다. 그리고는 순간적으로 두 눈을 감아버렸다. 그러나 바로 그 순간이었다. 탕- 하는 총소리가 고막을 찢을 듯 크게 들려왔다. 그러더니 퍽- 하는 소리가 연이어 들려왔다. 난 눈을 떴다. 그러자 내 앞으로 누구인가가 쏜살같이 달려갔다. 나는 그가 용구 형이라는 것을 금방 알았다. 나도 그를 따라서 예배당을 향해 달려갔다. 예배당 앞에 다다른 난 앞의 광경을 도저히 믿을 수 없었다. 회당지기 할아버지가 흥건히 고인 피 위로 꼼짝도 않은 채 쓰러져 있었기 때문이다. 난 용구 형을 쳐다보았다. 그는 싱긋이 웃으며 오른 손에 쥐고 있는 권총을 나에게 보였다.

"이 곤총 우리 대장이 준 특밸 선물이다." 이렇게 말한 용구 형은 그 권총을 나에게 건네며 만져보라고 하였다. 난 두근거리는 마음으로 그 권총을 받았다. 권총은 차고 무거웠다. 쥐고 있으니까 자꾸 무서운 생각이 들었다. 그래서 얼른 용구 형에게 줘 버렸다.

난 그날 밤을 용구 형과 함께 보냈다. 그리고 그 다음 날 일찍 집으로 돌아왔다. 어머니는 뜬 눈으로 새웠는지 얼굴이 푸석푸석하고 입술은 바싹 타 있었다. 난 아무 일도 없었다는 듯 이불을 뒤집어쓰고 눈을 감았다.

난 누구인가가 나를 마구 흔들어 깨울 때 눈을 떴다. 친구 지환이가 나를 깨우고 있었다. 그는 아버지의 죽음 때문에 며칠 동안 계속하여 눈물을 흘린 모양이었다. 두 눈이 퉁퉁 부어 있었다. 그는 날더러 창골에 가보자고 하였다. 내 형과 자기 형이 거기 죽어 있다는 것이었다. 난 그때야 자리에서 일어났다. 그러나 내 눈에서는 눈물이 흐르지 않았다.

난 지환이와 함께 창골로 달렸다. 창골에 닿은 나는, 한 동안 망연하게 서 있었다. 수백 구는 족히 됨직한 그 수많은 시체들 앞에서 나는 나의 모든 생각을 잊어버린 것이었다. 나는 바보처럼 그렇게 서 있으면서, 언제인가 보았던 바닷가에 널려진 죽은 고기들을 생각하였다. 하얗게 널려 있다가 사람들이 와서 가마니에 주워 담으면 묵묵히 담기던 고기들을 생각하였다. 어머니는 이미 와있었다. 그녀는 앞의 풀포기를 마구 뽑아 대었다. 그러면서 눈도 뜨지 않은 채 목이 터져라 악을 쓰면서 우는 것이었다.

그로부터 며칠 후 지환이 또 나를 찾아 왔다. 그는 나를 외양간이 있는 곳으로 데리고 갔다. 그러더니 날더러 원수를 갚으러 가자는 것이었다. 내가 멍한 표정으로 그의 입만 쳐다보고 있자 그는 들고 있던 작은 보퉁이를 풀었다. 그러자 어디에서 구했는지 용구 형이 가지고 있던 것과 비슷한 권총 한 자루가 거기에 있었다. 그는 그 권총을 들고 말하였다.

"원수는 용구 새끼하고 지호 새끼야. 내가 죽에 뿔 텐께 너는 따라만 와."

그러나 난 고개를 저었다. 무서워서 밖에 나가기가 싫다고 말하였다. 그러자 지환인 험상궂은 얼굴을 하며 소리쳤다.

"이 겁보야!"

지환인 성난 표정으로 나를 노려보고는 외양간을 나가버렸다. 난 이틀 후에 그의 시체를 창골에서 보았다.

언덕에 이르자 거세게 휘몰아치던 눈보라가 조금 약해진 것 같았다. 난 나의 식지(食指)가 방아쇠를 걸고 있는 형상대로 꽁꽁 얼어 있음을 느꼈다. 그리하여 손을 녹이려고 오른 손을 주머니로 가져가는데 갑자기 이상한 소리가 들려왔다. 나는 반사적으로 총을 쏠 자세를 취하였다. 두 귀의 신경을 곤추세우고 사방을 둘러보았다. 그러자 신음 같은 소리가 바로 옆 솔밭 근처에서 들려오는 것이었다. 난 누구냐고 소리쳤다. 그러자 나를 좀 살려 달라는 절박한 목소리가 들려오는 것이었다. 난 소리 나는 쪽으로 달렸다. 그리하여 잔솔밭에 벌렁 나자빠져 있는 한 사람을 발견할 수 있었다. 그는 그렇게 누워 있은 지가 꽤 오래 된 모양이었다. 그의 얼굴과 하늘을 향한 전신이 눈으로 덮여 있었다. 그는 단말마의 소리를 지르고 기절한 것 같았다. 난 얼른 손수건을 꺼내어 그의 얼굴을 닦았다. 몸의 눈도 털었다. 그리고는 그의 몸을 일으키려고 하였다. 그러나 생각대로 되지 않았다. 그의 몸은 뻣뻣하게 굳어 있었기 때문이다. 난 그의 양 다리에 마비 증세가 와 있다는 사실을 조금 후에 알았다. 라이터 불을 켜서 그의 얼굴을 살펴보니 사색이 다 되어 있었다. 난 급히 솔밭으로 들어가 마른 가지들을 끊고 주워서 한데 모았다. 그리하여 그의 옆에다 모닥불을 피우기 시작하였다. 내가 불 옆에서 그의 몸을 주무르기 수십여 분이 지난 후 그는 겨우 옆에 있는 나를 알아보았다. 그는 고맙다는 말을 연거푸 하면서 가방 안에 약이 있으니 약을 좀 먹여 달라는 것이었다. 난 이 사람이 고질적인 중풍환자이거나 간질병 환자일 거라고 생각했다.

난 신사의 상당히 큰 밤색 가죽 가방을 열었다. 그리고 라이터 불을 밝혀 가방 안을 들여다보았다. 그 순간 나는 입을 딱 벌리고 말았다. 가방 안 한 쪽에 파란 만 원권 지폐와 하얀 색깔의 수표들이 차곡차곡 쌓여 있었기 때문이었다. 가방 안엔 거액의 돈이 담겨 있었던 것이다. 나의 뇌는 순간적으로 회전하였다. 이 돈만 가진다면……. 난 나의 손에 권총이 있다는 사실을 느꼈다. 그러자 가슴이 쿵쿵거리며 전신이 뜨겁게 달아올랐다. 난 바르르 떨리는 손으로 일단 약을 꺼냈다. 약은 가루약이었다. 난 물을 떠오기 위해 근처의 옹달샘으로 향하였다. 무수한 생각들이 자꾸만 피어올랐다.

인민군이 물러가자 아버지는 섬에서 돌아왔다. 그러나 아버지는 면민(面民)을 저버리고 도망친 죄로 구속되었다. 그리하여 일 년 반의 감금생활을 하다가 출감하였다. 중병으로 인한 병보석이었다. 옥에서 나온 아버지는 병을 고치기 위해 있는 땅을 다 팔아 용하다는 의사는 모두 찾아 다녔다. 그러나 아버진 그런 생활을 한 지 삼 년이 채 못 되어 세상을 떠나 버렸다. 나와 여동생을 거느린 어머니는 패가망신한 집에서는 더 이상 살 수 없다며 그 집을 팔아 버렸다. 그리고는 지금 내가 찾아가고 있는 서해리(西海里)로 이사하였다. 어머니는 우리 두 남매를 위하여 이리 뛰고 저리 뛰었다. 고기 장사도 하고 생엿 장사도 하면서 나와 동생을 키우는 것이었다. 난 그곳에서 어머니가 아버지의 두 번째 아내였다는 사실을 어머니로부터 들어 알게 되었다.

우리의 생활은 참으로 어려웠다. 나중에 알았지만 어머니는 맹물로 끼니를 때울 때가 많았다. 나와 동생도 고구마 하나로 겨우겨우 한 끼를 때운 적이 많았다. 그런 생활을 해 오던 나에게 참으로 뼈아픈 사건 하나가 닥쳐왔다. 어렵게 어렵게 학업을 이은 난 그때 국민학교 졸업반으로 방학을 얼마 남겨 두지 않고 있었다. 초겨울이었다. 내가 학교에서 돌아와 보니 여동생이 자리에 누워 끙끙 앓고 있었다. 그녀는 그때 사학년이었다. 어머니 말을 들으니까 너무 아파서 오전에 조퇴를 하고 돌아왔더라는 것이었다.

여동생은 식은땀을 뻘뻘 흘리며 고통스럽게 앓아대었다. 그러나 그녀는 내가 어디가 아프냐고 물으면 금방 나아질 것이라고 말하였다. 그러면서 억지로 웃어 보이기까지 하는 것이었다. 그녀가 그런 표정을 지으면 그 표정이 거짓인 줄을 알면서도 나의 마음은 다소 가라앉는 것이었다. 왜냐하면 우리 집엔 돈이라곤 일 원짜리 한 장도 없었기 때문이다. 어머니와 난 그녀 옆에 앉아서 그녀의 열이 내리기만 기다렸다. 그러나 날이 어두워 오면서 찬바람이 일기 시작하자 그녀는 양 손과 양 발을 허우적거리며 더욱 거칠게 신음하였다. 그러더니만 어머니와 나를 큰 소리로 불러대며 살려 달라는 것이었다. 그때야 나는 촉박한 무엇을 느꼈다. 난 자리에서 일어섰다. 그리고는 신발을 신기가 무섭게 두석리 약방을 향하여 달렸다.

손 씨는 나를 금방 알아보았다. 그는 안에 손님이 있으니까 조금만 기다리라고 말하였다. 그런데 조금 있자 또 한 사람의 손님이 들어왔다. 그는 두석리에 정미소를 가지고 있는 오석만이란 이였다. 그는 약방 손 씨에게 자기 아버지가 갑자기 체했다며 빨리 좀 가보자고 말하는 것이었다. 그러자 손 씨는 그를 따라 나가며 처방이 끝나는 대로 곧 올 테니까 기다리라고 말했다. 그러나 그는 좀처럼 돌아오지 않았다. 벽시계를 수백 번 쳐다보았지만 그는 돌아오지 않았다. 난 여동생을 생각하는 순간엔 거의 미칠 것 같았다. 불쌍한 그녀를 살려 달라고 하나님께 기도도 하였다. 그러나 손 씨는 돌아오지 않았다. 발을 동동 구르며 울다 지친 난 내 여동생을 포기하였다. 밖에 나오니 바로 오늘처럼 눈보라가 휘날리고 있었다. 시커먼 어둠의 공간으로 매서운 눈보라가 사정없이 휘몰아쳤다. 난 그 눈보라를 뚫고 달리며 악을 쓰듯 소리 내어 울었다. 그리고 처음으로 사람이 죽이고 싶도록 미워지는 증오심이 움트는 것이었다. 만약 권총이 있다면 그들을 모두 쏘아 죽이고 싶었다.

내가 돌아오니 여동생의 몸은 이미 굳어 있었다. 난 차디찬 그녀의 뺨에 나의 뺨을 대고 속삭였다. "너를 죽인 인간들을 내가 모조리 쏘아 버릴게. 다 죽여 버릴게." 나는 아마 이 때부터 교회라는 곳과도 자연스럽게 멀어진 것 같다.

나의 이 권총은 아마도 그때부터 나의 손안에 들어와 있는지 모르겠다. 난 그날 이후로 분노할 때마다 권총을 매만졌다. 그리고 지금까지의 내 인생은 권총을 잊고 살아 본 시간들이 거의 없었다.

난 국민학교를 졸업하자 같은 마을의 오부자집에 머슴으로 들어갔다. 나락 다섯 가마니를 세경으로 받는다는 조건이었다. 난 소도 뜯기고 꼴도 베었으며 내 체격에 맞는 지게를 만들어 지고 거름도 내었다. 그 무렵 어머니는 가슴이 아프다며 자주 자리에 눕곤 하였다. 그러더니 그만 그해 가을에 조용히 눈을 감아 버렸다. 나는 영락없이 천애고아가 되고 만 것이었다. 그때부터 난 이 세상엔 나 혼자밖에 없다는 생각을 곧잘 하였다. 어쩌다 주인에게 꾸지람이라도 들으면 그러한 비감은 극도로 가중되는 것이었다. 그리고 그때마다 내 영혼 깊은 곳에 숨겨진 권총이 손에 잡히는 것이었다. 나이가 들면서부터는 용구 형의 모습이 자꾸만 떠오르기도 하였다. 사람들의 말에 의하면 그는 인민군을 따라 이북으로 갔다는 것이다. 그런데도 왜 그러는 것인지 난 그가 적이라는 생각이 들지 않았다. 그는 지금 나를 만나도 얼싸안으며 좋아할 것이라는 생각을 하였던 것이다. 그리고 그가 졌던 그 지게와 내가 지고 있는 지게가 똑같다는 생각조차 하게 되었다.

난 나이가 들면서 보다 노골적으로 권총을 매만지는 횟수가 많아졌다. 무수한 욕망은 역류하는 피처럼 자꾸만 솟구쳤고, 난 지게가 싫어지는 것이었다. 농군이 천하게만 느껴졌다. 그리고 머슴은 더욱 견딜 수 없었다. 그리하여 난 마침내 지게를 팽개쳤다. 그리고는 서울로 향하였다.

서울이야말로 권총이 필요한 곳이었다. 모든 사람이 적으로만 보였다. 먼저 쏘지 않으면 저격당하는 현실이 바로 서울의 현실이라고 느꼈다. 쓰레기통에 버려진 허연 쌀밥을 보면 배신감까지 벌떡벌떡 일어났다. 난 이를 악물고 늘 긴장하였다. 여차하면 방아쇠를 당길 태세가 이십사 시간 언제나 갖추어져 있었다. 난 그 권총을 거머쥐고 독학의 길로 들어섰다. 그리하여 대학을 졸업하였고 좋은 직장도 얻을 수 있었다. 착한 아내도 만날 수 있었다. 자식도 낳았으며 제법 여유 있는 생활의 터전도 마련하였다. 그 때 난 '이제 권총 따위는 나만 알고 있는 깊은 곳에 감추어 두어도 괜찮을 것 같다'는 생각을 하였다.

하지만, 그 틈을 노려서 적은 나를 쏘았다. 난 어느 날 갑자기 직장에서 쫓겨나는 신세가 되었다. 그리하여 그때까지 내가 쌓은 모든 것을 하루아침에 잃어버리고 말았다. 결국 난 죄인이라는 낙인이 찍혀 영어의 몸이 되었다. 난 그때 처음으로 종지기 할아버지를 생각하게 되었다. 난 그때야 비로소 그가 권총에 맞은 고통을 나의 아픔으로 깨달았던 것이다. 총탄에 맞은 상처의 그 견딜 수 없는 통증을 나는 충분히 상상할 수 있었다.

이때부터 내 손에 쥐어진 권총은 과녁을 잃고 흔들거리기 시작하였다. '쏘아 버려야지, 쏘아 버려야지' 하면서도 정작 겨냥하면 목표물이 흐려지는 것이었다. 그러나 언제인가는 방아쇠를 당겨야만 될 것 같은 권총이었다.

나의 수난으로 몸져 누웠던 아내는 최근에 와서 심장병 증세를 보였다. 그리고 그 상태는 점점 더 악화되는 것이었다. 그래서 난 내가 어린 날을 보낸 서해리에 조그마한 목장을 차려 영농을 해볼 계획을 세웠다. 일이 잘만 된다면 아내의 요양도 도울 수 있고 소득도 올릴 수 있다는 생각에서였다. 만약 그렇게만 된다면 일석이조의 꿈이 실현되는 셈이었다. 난 곧 그 일을 주선하였다. 그리하여 이 곳 서해리에 약간의 초지를 사게 되었다. 그리고 오늘, 바로 그 초지 대금을 지불하게 되어 있었다. 난 그 돈을 어렵게 마련했었다. 그런데 그만 돈을 몽땅 잃어버리는 변을 당한 것이었다.

옹달샘을 찾은 난 주위를 둘러보았다. 그러나 물을 뜰 만한 그릇이 없었다. 하는 수 없었다. 난 구두 한 짝을 벗어서 물을 떴다. 그리고 어떤 일이 앞이고 어떤 일이 후일지는 모르지만 손에 탁 잡히는 긴 돌멩이 하나를 찾아 들었다. 신사의 곁으로 돌아오는 나의 가슴은 쿵쿵쿵 고동하기 시작하였다. 가방 안의 파란 지폐와 하얀 수표들이 뇌리를 맴돌았다. 방아쇠를 당겨 버리라는 소리가 내심 어느 곳으로부터 끊이지 않고 들려왔다. 그러나 또 한편의 뇌리엔 종탑을 오르는 회당지기 할아버지의 모습이 어른거렸다. 난 긴장과 초조로 인해 가슴이 미어질 것 같았다.

난 가방 주위에서 수 분을 망설이다가 우선 약봉지를 들었다. 그리고는 신사의 입에 털어 넣었다. 구두를 기울여 그의 입에 물을 부어 주었다. 그가 꼴깍꼴깍 물을 넘기는 그 순간 나는 돌멩이를 집었다. 그리고는 팔을 번쩍 들었다. 이를 악물고 신사의 면상을 노려보았다. 지금이야말로 이 권총의 방아쇠를 당겨야 할 순간이라고 느꼈다. 숨막히는 몇 초가 흘렀다. 난 쏘아 버리자고 결정하였다. 그 순간 탕~ 하는 총성이 나의 고막을 때렸다. 찌릿하고 뜨거운 무엇이 나의 가슴 한복판을 세차게 관통하였다. 난

9 권총과 문패

177

그 자리에 털썩 고꾸라지고 말았다. 그리하여 얼굴에 닿은 차가운 눈(雪)의 감촉으로 인해 두 눈을 뜨고 정신을 수습하였을 때 뎅~ 하는 종소리가 울려왔다. 두석리에서 창골을 타고 올라오는, 수요예배를 알리는 교회의 종소리였다. 종소리는 계속하여 뎅뎅 울려왔다. 종소리는 내 영혼 깊은 곳에 응어리져 쌓인 돌담 같은 것을 허물기 시작하였다. 나의 볼 위로는 서러운, 그러나 모든 것을 받아들이고 긍정해야 하는, 내 불쌍하고 가난한, 고달픈 인생을 다시 추스리는 고통스런 눈물이 흘러내렸다. 난 이 뜨거운 눈물을 삼키며 이 신사를 등에 업었다. 그리고 병원을 향하여 뛰기 시작했다.

:

그 겨울의 신화

떼르릉~ 떼르릉~, 나는 요란한 비상벨 소리에 눈을 떴다. 요즘 계속해서 제식훈련을 받고 있기 때문에 온 몸이 뻐적지근했다. 특히 양팔이 영좋지 않았다. 어깻죽지 부위는 퉁퉁 부은 것 같았고, 작은 통증도 느껴졌다. 그런데, 한밤중에 비상벨이라니 도대체 무슨 일이란 말인가? 나는 누운 채로 양손을 굳게 쥐어보면서 팔도 좌우로 흔들어보았다. 주위를 둘러보니 동료들도 비상벨 소리에 눈을 뜨고 무슨 일인가 하면서 사방을 두리번거렸다. 그리고 희미한 불빛 아래서 어슬렁어슬렁 몸을 일으키고 있었다. 바로 이때였다. 병사의 불이 환하게 켜졌다. 그리고 하리마오 강의 카랑카랑한 목소리가 들려왔다.

"잘 들어라! 난 너희들의 교관 하리마오 강이다! 이제부터 너희들이 진짜 해병이 되는 훈련이 시작되었다. 내 말을 잘 듣고 그대로 움직이기 바란다! 지금부터 병사를 떠나는데, 팬티만 입고, 알철모 쓰고, 탄띠 차고, 총 들고, 워커는 한쪽만 신고 병사를 떠난다! 연병장 구령대 앞에 선착순으로 집합한다! 실시!"

"실시!"

우리들은 크게 복창을 하고 후다닥 자리에서 일어났다. 삼층에 있던 이영남은 어느새 뛰어내렸다. 그러나 일층에 있는 장우진은 이제야 잠에서 깬 듯 놀란 눈으로 사방을 두리번 거리고 있었다. 그는 나에게 짜증이 배인 소리로 물었다.

"와들 이리 소란한기가? 먼 일 있나?"

"팬티만 입고, 알철모 쓰고, 탄띠 차고, 총 들고, 워커는 한쪽만 신고 연병장에 선착순 집합이야! 우물쭈물 할 시간이 없어!"

그러나 장우진은 아주 태연한 얼굴로 사방을 둘러보면서 말했다.

"뭐라카노? 빤쓰만 입꼬, 알철모 쓰고, 탄띠 차고, 또 뭐라꼬? 또 뭘 차라꼬?"

이미 한쪽 워커 끈을 졸라 맨 이영남은 그런 장우진을 내려다 보면서 말했다.

"야- 사이비, 누가 널 보고 늦잠 자랬냐! 총 들고, 워커는 한쪽만 신고 연병장으로 빨리 나가 선착순 집합하라고 하잖아!"

"뭐라꼬? 헷갈린다 아이가! 한 밤중에 이런 비상 훈련이 어데 있노! 난 모르겠다! 하나도 모르겠어!"

"야, 혼나지 않을라면 군말 말고 빨리 나가자!"

대원들은 선착순 집합이라는 말을 들은지라 최대한 빨리 복장을 갖추느라 정신이 없었다. 복장을 어떻게 갖추는지 계속해서 묻는 동료들이 많았다. 그러나 5분 정도가 지나자 모두 다 자기 침대를 떠난 것 같았다. 그런데, 앞서 달려 나가던 동료가 문을 여는 순간 우리들은 모두 다 아- 하고 소리를 쳤다. 거센 눈보라가 병사 안으로 들이닥쳤기 때문이다. 밖은 지금 매서운 강풍과 함께 흰 눈이 내리고 있었던 것이다. 몸에 팬티만 걸친 우리들은 금방 뼛속까지 파고드는 매서운 추위 때문에 앞으로 나가지 못하고 오히려 뒤로 후퇴를 하고 있었다. 나는 중간 정도에 서있었어도 그 추위가 느껴졌다. 중간과 뒤에 선 동료들은 앞에 있는 동료들이 뒷걸음질을 치는 바람에 점점 안으로 떠밀렸다. 이 때였다. 교관 하리마오 강이 소리쳤다.

"나가라! 내 말 못 들었나? 연병장 구령대 앞에 선착순으로 집합하라는 내 말 못 들었나? 빨리 나가라! 여긴 너희들의 안방이 아니야! 여긴 군대야! 천하무적 해병대란 말이다!"

무서운 하리마오 강이 아무리 그렇게 말해도 동료들은 한 명도 밖으로 나가지 않았다. 눈보라가 너무 거세었기 때문에 홀랑 벗은 알몸으로 감히 그 추위 속으로 뛰어들지를 못했다. 이 때 하리마오 강이 침대 하나에서 매트를 받치고 있던 판자를 꺼냈다. 삼층으로 된 병사들의 침대에는 국방색 매트가 놓여 있었는데, 그 밑을 받치고 있는 각목 모양의 작은 판자 하나를 집어 든 것이었다. 하리마오 강은 달려오더니 가장 먼저 맞부딪친 동료의 등을 그 판자로 내리쳤다. 빡- 하는 소리와 함께 악- 하고 비명을 지르는 소리가 들렸다. 이 때 누군가가 소리쳤다.

"피다!"

이 소리에 나는 반사적으로 동료의 등을 보고자 고개를 뒤로 돌렸다. 그러나 그 동료를 볼 수는 없었다. 이 때 판자에 맞은 동료 곁에 있던 동료들이 소리쳤다.

"피다! 안 죽으려면 빨리 나가! 나가란 말이야!"

이 말을 들은 앞의 동료들이 우와- 하고 소리를 지르며 밖으로 뛰어나 갔다. 나도 앞을 보고 뛰었다. 눈앞을 분간하기 힘든 거센 눈보라가 우리의 알몸을 사정없이 할퀴고 때렸다. 눈보라는 연병장을 하얗게 덮고 있었다. 나가 보니 수색대 출신의 니그로 황(우리들은 그 교관을 그렇게 불렀다. 얼굴이 까맣기 때문이었다. 그러나 하리마오 강은 그 자신이 자신을 하리마오 강이라고 불렀다)은 어느새 구령대 위에 서있었다. 그는 소리쳤다!

"번호!"

우리들은 줄을 맞추며 소리쳤다.

"하나, 둘, 셋, 넷, 다섯…"

니그로 황이 다시 소리쳤다.

"이십 번까지는 이열 횡대로 모인다. 그러나 이십 번 이후는 저 뒤에 보이는 화장실을 돌고 와 다시 선착순으로 줄을 선다. 실시!"

"실시!"

나는 열다섯 번째에 섰음으로 화장실로 달려가지 않았지만 많은 동료들이 실시 복창을 하고 다시 해풍이 몰아치는 눈보라 속으로 달려갔다(화장실들은 바닷물이 출렁이는 바로 그 앞에 있었다). 이렇게 무려 다섯 번 정도의 선착순을 하다가 마침내 평소 서던 대로 줄을 섰다. 거센 눈보라는 우리의 알몸을 사정없이 때렸고 그 매서운 추위는 차가운 바늘로 뼛속을 찌르듯 우리의 전신을 추위로 전율케 하였다. 니그로 황이 말했다.

"이제부터 복장 검사를 하겠다. 강교관이 여러분에게 분명히 정확한 복장 지시를 했을 것이다. 팬티만 입고, 알철모 쓰고, 탄띠 차고, 총 들고, 한쪽 워커만 신고 병사를 떠나라 했을 것이다. 이 시간 자신들의 복장을 살피고 여기에 덜하거나 더한 사람은 앞으로 나오기 바란다. 거짓말하다가 걸리면 그 한 사람 때문에 여러분 동료 모두가 이 연병장에서 밤을 새워야 한다. 알겠나?"

"네!"

우리들은 큰 소리로 대답을 하고 자신들의 복장을 확인하기 시작했다. 장우진은 뒤 어디엔가 서 있었던 모양이다. 내 곁으로 오더니 탄띠가 채워지지 않은 자기의 배를 몇 번 두드리더니 양쪽 다 워커를 신은 발로 이미 수북하게 쌓인 눈을 찼다. 그리고는 고개를 절레절레 흔들더니 앞으로 나갔다. 이십 명도 넘는 동료들이 복장 불량으로 앞에 쭉 섰다. 니그로 황이 그들 뒤로 서 있는 우리들을 한 번 쭉 훑어보았다. 흰 눈이 세차게 내리고 있었고 어두운 밤인지라 멀리에 있는 물체를 선명하게 본다는 것은 불가능했다. 그런데 우리의 대열을 쭉 살피던 니그로 황이 소리쳤다.

"저기 탄띠 차지 않은 한 명 있잖아! 빨리 나와!"

내가 보기엔 구령대 위에서 십 미터는 족히 떨어져 있는 내 뒤쪽을 보기는 불가능했다. 그런데 한 동료가 내 뒤에서 비실비실 걸어 나왔다. 니그로 황이 그들에게 말했다.

"해병은 상관의 명령에 죽고 산다! 명령 복종에 한 치의 착오도 있어서는 안 된다. 그런데 너희들은 오늘 명령에 불복종하였다. 그러므로 이제부터 동태 잡이를 시작하도록 하겠다. 모두 다 양팔대형으로 벌려 선다! 실시!"

그들이 복창을 하고 양팔대형으로 벌려 서자 또 명령을 내렸다.

"모두 다 그 자리에 눕는다. 실시!"

그들은 복창을 하고 으으- 소리를 내면서 눈 위에 누웠다.

"이제 양손과 양발을 모은 채로 들기 바란다. 실시!"

그들은 양발과 양손을 들었다. 매서운 눈보라가 우리의 몸을 후려쳤다. 그들의 몸 위로 눈들이 덮이기 시작했다. 시간이 흐르기 시작했다. 상당히 지루한 시간이 흐르고 난 후에야 교관들은 그들에게 일어나라고 하였다. 그들을 바라보는 우리들의 몸에도 눈들이 하얗게 쌓여 있었다. 이번에는 하리마오 강이 구령대 위로 올라갔다.

"너희들은 오늘 밤에야 비로소 해병대가 어떤 곳인가를 조금 알게 되었다! 앞으로 이보다 더 강한 훈련이 계속될 것이다! 오늘 밤처럼 명령에 복종하지 않은 자들이 또 나올 때엔 잠을 재우지 않을 것이다! 내 말 뜻 알겠나?"

"네, 알겠습니다!"

"이것들 봐라! 쇳소리 안 나오지? 내 말 뜻 알겠나?"

"네, 알겠습니다!"

"그래도 막대기 소리야? 내 말 뜻 알겠나?"

"네, 알겠습니다!"

우리들은 배에 힘을 모으고 혼신의 힘으로 소리쳤다. 그때야 하리마오 강은 이제 병사로 들어가라며 향도병에게 병사 앞까지 대열을 인도하라고 명령했다. 병사에 들어오니 어느새 새벽 네 시였다. 한 시간 후면 또 일어나 조별과업을 해야 할 시간이었다. 그러나 우리들은 늘 잠이 적었던 만큼 이불을 덮어 쓰고 두 눈을 감았다. 오늘의 과업을 위하여 잠을 청하였다. 하지만 꽁꽁 언 몸은 머릿속을 더욱 총총하게 할 뿐 동료들 대부분을 수면상태로 끌어들이지 못했다. 결국 동료들 대다수가 한 시간 정도를 뒤척거리다가 다시 연병장으로 나와야만 하였다. 연병장은 밤새 내린 눈으로 하얗게 덮여 있었다.

아침 식사를 끝내고 잠시 쉬는 시간에 장우진은 고개를 갸웃거리며 말했다.

"내가 이 진해 땅에서 이십 년을 살았지만서도 십이월에 이래 많은 눈이 내린 것은 처음 있는 일이다 아이가. 하늘도 참 무심하시지. 내가 해병대 온 줄 어떻게 알고 이리 큰 형벌을 주시나. 천지가 눈이 허연데 이리 추버서 어데 훈련 받겠나. 안 글나?"

난 장우진의 말에 고개를 끄덕이면서 말했다.

"글씨 눈이 온다고 해서 훈련을 쉬진 않을 꺼야. 그란데 너 진해가 니 고향이냐?"

"우리 집 진해다. 와? 내 집이 진해여서 뭐 탈날 꺼 있나?"

"그런 건 아니고, 넌 고향에서 훈련 받으니까 쪼끔 나슬 것도 같고…….
머 그런 생각이 들어서…….."

나의 이 말에 장우진은 나를 보면서 한심하다는 표정으로 말했다.

"고향에서 훈련 받으니께 좀 낫다 이기가? 야, 니 내 옆에서 나 하는 거 다 봤고 보고 있잖나. 내가 언제 열외하더나? 저 하리마오 강과 니그로 황씨 말 몬 들었나? 해병대는 열외가 없는 군대라고 안 하더나. 그건 그라고, 간밤의 그 빤스바람 말이야, 오늘 밤 또 하먼 어쩌지? 나 은근히 겁나거든. 양 수병 니는 안 글나?"

사실 나도 이런 훈련을 또 받으면 어쩌나 하는 염려가 있었다. 눈보라치는 연병장에서 팬티만 입고 수 시간 동안을 서 있는 일은 너무나 고통스러운 일이었기 때문이다. 사실 나는 십구 년을 커 오면서 이런 일은 간밤에 처음 겪었던 것이다. 그러나 난 태연한 어조로 말했다.

"군대란 곳이 원래 이런 곳 아니겄어. 하리마오 강이 말 안 했어. 군대는 밤송이로 사내의 거시기를 까라고 해도 까야 한다고. 하먼 하는 거지 머. 안 죽으면 살 것 아녀. 해보지 머. 이 수병 안 그래?"

나는 바로 옆에 조용히 서 있는 이영남에게 물었다. 그는 키가 크고 체격이 좋았다. 그는 내 말에 별 관심이 없다는 표정을 지으며 내 얼굴만 살피다가 천장을 올려다보면서 입맛만 쩍쩍 다셨다.

다시 과업이 시작되었다. 며칠째 계속 제식훈련만 하였다. 열을 맞춰서 걷는 것과 어깨 총, 차렷 총 등 총을 가지고 하는 자세들을 다섯 가지 정도나 배웠다. 그리고 그 동작들을 계속해서 반복했다. 나는 이 훈련이 재미

있었다. 나는 원래 육군사관학교를 가서 별을 달고 생활하다가 제대 후엔 정치가가 되리라는 꿈을 꾸었던 만큼 이런 훈련들이 재미있었다. 소대장은 나의 자세가 좋다며 앞으로 나오게 하여 시범을 보이게도 하였다.

낮에는 눈이 내리지 않았다. 여전히 영하의 날씨였지만 가끔 햇볕도 내리쬐었다. 그러나 과업이 끝나는 시간이 되자 갑자기 하늘에 먹구름이 드리우기 시작하였다. 그리고 곧 눈이 내릴 것만 같았다. 나는 은근히 걱정이 되었다. 밤에 또 눈이 내리고, 팬티 바람으로 연병장에 나온다면 어떡하나 하는 생각에 벌써부터 마음이 어두워지는 것이었다. 서로 말은 안 했지만 저녁 시간이 되자 동료들의 얼굴이 하나같이 어두운 것이었다.

순검 시간이 다가오자 장우진은 평소에 하지 않던 행동을 했다. 엉덩이를 오리 궁둥이처럼 위로 올리고 머리를 베개에 박고는 뭐라고 중얼거렸다. 나는 화장실에 갔다 오다가 그의 그런 이상한 행동을 보게 된 것이다. 난 "지금 뭐 하고 있느냐?"고 그에게 물었다. 그러자 그는 기도를 한다고 말했다. 난 어머니가 마당에 상을 펴놓고 그 위에 물을 한 사발 떠놓고는 두 손을 모아 하늘을 향하여 기도하는 모습을 종종 보았다. 그때 어머니는 꼭 흰 치마와 저고리를 입었었다. 아마 목욕도 한 것으로 안다. 그래서 무릎을 꿇고 기도를 하는 어머니의 모습은 아주 신성해 보였었다. 그런데 장우진이 기도하는 모습은 너무 이상한 것이었다. 그래서 난 그에게 "먼 기도를 그케 궁둥이를 들고 하냐? 쪼꿈 이상하다야." 하고는 나의 침대로 올라가는데 어디를 갔다 오는지 이영남이 곁으로 오더니 나를 보면서 말했다.

"얘, 사이비야."

"사이비? 사이비는 머신데?"

내가 묻자 그는 고개를 흔들더니 자기 침대로 올라갔다. 섬마을 하고도 가장 구석지에서만 살아온 난 실제로 사이비가 무슨 말인지 몰랐다. 우리들은 침구를 각이 지게 정리하고, 철모 등 모든 관품들을 반듯하게 정리하였다. 순검 십분 전이 되자 하리마오 강이 들어왔다. 그리고는 늘 하던 말을 반복하였다.

"해병대의 순검 시간은 산천초목이 떠는 시간이다! 다시 한 번 주위를 살펴보고 지적 사항이 없도록 하라! 지적 사항이 나오면 오늘 밤에도 병사 밖으로 나간다! 내 말 뜻 잘 알겠나?"

"네, 알겠습니다!"

오늘 밤에도 병사 밖으로 나간다는 말에 우리들은 잔뜩 기합이 들어서 병사가 떠나갈 만큼 큰 소리로 대답하고 다시 한 번 침구와 관품들을 살폈다. 그리고 더욱 기합이 들어서 모두 다 긴장된 표정을 하고 차렷 자세로 앉아 있었다. 조금 있자 빳빳하게 각이 진 팔각모를 쓰고 배추색 점퍼를 입은 중대장이 들어와 순검을 돌았다. 소대장과 교관들이 그의 뒤를 따랐다. 별 지적 사항이 없었다. 우리들은 모두 다 안도의 한숨을 내쉬었다. 그리고 잠자리에 들었다. 그러나, 우리의 예상은 빗나갔다. 우린 약 두 시간 후 따르릉 하고 울리는 벨소리에 잠을 깼다. 하리마오 강의 카랑카랑한 목소리가 병사 안을 울렸다.

"팬티 바람 총원, 병사 떠난다!"

어제에 비하여 오늘은 그 명령이 짧았다. 우리들은 입술을 깨물며 밖으로 달려 나갔다. 눈은 오지 않았다. 그러나 연병장 너머 바다에서 불어오는 영하 십오 도의 냉풍이 살 속으로 파고들었다. 하리마오 강은 구령대에 올라 소리쳤다.

"내가 너희들에게 여러 번 말했지만 너희 기수는 내가 지금까지 이 훈련소에서 보아온 기수 중에 가장 기합이 빠진 군대이다! 내가 월남에 가서 추라이 지역 작전에 참여하여 적군을 섬멸했지만, 지금 너희들의 정신 상태라면 너희들이 전멸을 당한다. 이제부터라도 참된 해병이 되기 바란다! 알겠나?"

"네, 알겠습니다!"

"좋다! 그럼 이제부터 모두 다 땅바닥에 눕는다! 실시!"

우리가 실시를 복창하면서 땅에 눕자 그는 소리쳤다.

"오늘 밤엔 우선 좌로 소이동과 우로 소이동을 실시하겠다! 양손을 가슴에 모으기 바란다! 그리고 내가 좌로 소이동 하면 복창하면서 온 몸을 좌로 한 바퀴 굴린다! 우로 소이동 하면 우로 한 바퀴 몸을 굴린다! 자 그럼 지금부터 시작하겠다! 우로 소이동…"

우리들은 차가운 엄동의 땅바닥 위에서 몸을 굴리기 시작했다. 십여 분쯤 지났을 때부터 눈이 내리기 시작했다. 그러나 교관들은 계속해서 "좌로 소이동, 우로 소이동"을 외쳤다. 우리들이 꽁꽁 언 몸으로 병사에 들어왔을 땐 새벽 두 시가 가까워오고 있었다. 나는 너무 피곤하여 잠이 오지 않았다. 그래서 이리 뒤척 저리 뒤척 뒹구는데 또 다시 비상벨이 울렸다. 역시 '팬티 바람 총원 병사 떠나'였다.

이 무시무시한 팬티 바람 병사 떠나 훈련은 거의 매일 밤 있었다. 어떤 날은 세 번까지 이 훈련을 했고, 크리스마스 밤에는 네 번을 했다. 그런 날엔 눈 덮인 연병장에서 꼬박 밤을 새웠다. 어떤 날엔 세숫대야에 물을 떠와서 우리의 몸에 뿌리기도 하였다. 그러면 그 물은 우리의 몸에서 얼음으로 굳어졌다. 난 이러한 훈련 속에서 양 손가락이 동상에 걸렸다. 모든 손가락이 퉁퉁 부었는데 밤에는 가려워서 잠을 이루지 못했다. 다른 동료들도 귀와 다리 등 여러 부위가 동상에 걸렸다. 어떤 동료는 훈련을 중단하고 입원을 하였다. 나는 훈련 도중에 죽을 수도 있다는 생각을 했다. 그리하여 죽기 아니면 살기라는 단단한 각오로 하루하루를 긴장된 마음으로 전투하듯 대하였다. 다른 동료들도 마찬가지인 것 같았다. 그래서인지 우리들의 눈동자는 하나같이 초롱초롱하게 빛나고 있었다.

단말마의 의지로 버티는 가운데 이런 날들이 하루하루 지나가고 있는데, 하루는 아침 식사 시간에 하리마오 강이 말했다.

"오늘 아침부터는 식사 시간을 제한하겠다! 내가 식사 시작을 알리면 식사를 시작하고, 식사 끝 하면 그 즉시 숟가락과 젓가락을 놓아야 한다! 만약 내 말을 어기는 자가 있으면 그는 종일 밥을 굶기겠다! 내 말 뜻 잘 알겠나?"

"네, 잘 알겠습니다!"

첫날은 평상시와 다름없이 밥을 먹게 하였다. 그러나 시간이 가면서 밥을 먹게 하는 시간이 점점 짧아졌다. 나중에는 채 오 분도 식사 시간을 주지 않았다. 이처럼 밥을 제대로 먹지 못하자 동료들의 성깔들이 드러났다. 동료들 중에는 허기를 이기지 못하여 쓰레기통을 뒤지는 이들이 생겨났다. 그런가 하면 한 동료는 짬밥통에 있는 국수를 건져 먹다가 교관에게 발각되어 우리들이 모두 보는 앞에서 홀랑 벗겨진 몸으로 많이 맞았다. 이러는 가운데 교관들은 순검이 끝난 후, 영치금이 있는 동료들에게 PX(군 매점)에서 빵을 가져다가 나누어 주었다. 하지만 나는 영치금이 없었다. 나는 동료들이 빵을 먹는 시간엔 일찍 자리에 누워 잠을 청하였다. 그리고 너무 배가 고파서 견딜 수 없는 날엔 수도에 가서 수돗물을 배부르게 마셨다. 이렇게 되자 내 몸무게는 어느새 십 킬로그램이나 빠져버렸다. 삼층의 이영남과 일층의 장우진은 영치금이 많은 모양이었다. 그들은 거의 매일 저녁 빵을 먹었다. 하지만 나는 이른 시간부터 이불을 뒤집어쓰고 잠을 청하였다.

그러나 시간이 지나면서 빵을 먹는 그들 역시 배고픔 때문에 힘들어 했다. 하루 세 끼를 밥 몇 숟갈로 때우다 보니 아무리 밤에 빵을 먹는다 하여도 훈련 시에 허기를 느끼는 것은 마찬가지였다. 이렇게 밥을 굶기는 훈련과 '팬티 바람 병사 떠나'를 병행하자 그전과는 달리 힘들어하는 동료들이 점점 많아졌다.

이러는 중에 또 하나의 힘든 훈련이 더해졌다. 사격장으로 향하는 구보가 시작된 것이다. 엠원(M1) 소총을 들고 사격장까지 구보로 가서 사격 훈련을 해야만 하였다. 난 너무 허기가 져서 엠원 소총을 들고 뛰는 일이 견디기 힘들었다. 생각 같아서는 이 훈련을 그만 두고 싶었다. 그러나 나는 항상 태연하게 훈련에 임했다. 많은 동료들이 도중에 쓰러졌다. 그러면 교관들은 그들을 몽둥이로 다스렸다. 나 역시 금방 쓰러질 것 같았지만 이를 악물고 혼신의 힘을 다하여 뛰었다. 내 마음을 알았는지 교관들은 "악을 기르자! 악을 기르자!"라는 구호를 외치게 했다. 우리들은 이 구호를 계속 외치며 앞으로, 앞으로 나아갔다. 난 이런 식으로 매일 매일을 묵묵히 뛰었다. 이영남과 장우진도 낙오하지 않고 잘 뛰었다.

팬티바람과 밥 굶기기, 사격장 구보가 계속되자 동료들은 지치기 시작했다. 날씨마저 견디기 힘들 만큼 추웠기 때문에 동료들은 대부분 해병대에 온 것을 후회하는 것 같았다. 나 역시 마찬가지였다. 난 이 혹독한 훈련을 받으면서 내 자신을 돌아보게 되었다. 사실 난 가정 사정으로 제 때에 고등학교에 진학하지 못하여 방황하다가 그처럼 꿈꾸던 사관학교시험에 응시하지 못했다. 그래서 군대생활을 가장 빨리, 가장 화끈하게(들은 바에 의하면) 하기 위하여 해병대에 지원한 것이었다. 즉 병역 의무를 때우기 위하여 이곳에 온 것이었다. 이영남과 장우진, 나 이렇게 셋은 훈련이 격해지면서 점점 가까운 사이가 되었는데, 알고 보니 이영남은 00사관학교를 중퇴한 수재였다. 왜 그가 그처럼 들어가기 힘든 사관학교를 그만 두었는지 이유는 말해주지 않았다. 추측인데 그는 해병대로 잠시 도피를 한 것 같았다. 장우진 본인 말에 의하면 팔각모와 빨간 명찰, 세무워커와 링소리에 반해서 해병대에 지원했다고 하였다. 이를테면 기왕에 군 생활 할 것, 폼을 좀 잡으면서 하자고 이곳에 온 것이었다. 그러고 보면 우리들 셋은 해병대의 기본 정신이나 진정한 의무감을 알고 이곳에 온 것이 아니었다. 모두 다 제 알량한(?) 목적들을 이루려고 이곳에 온 것이었다. 그래서 이렇게 강렬한 회의감에 휩싸이는지도 몰랐다. 우리들이 이렇게 해병대에 온 것을 후회하고 있는 어느 날이었다. 하리마오 강이 말했다.

"간밤에 몇 명이 철조망을 뚫을려다가 붙잡혔다! 물론 우리 중대에서는 아직 그런 인간이 안 나왔다! 하지만 각별히 조심하기 바란다! 훈련은 언제인가는 끝나게 되어 있다! 진짜 해병이 되는 길은 결코 쉽지 않다! 아무나 세무 워커를 신고 팔각모를 쓰는 게 아니야! 붉은 명찰을 아무에게나 달아주는 게 아니야! 내 말 뜻 잘 알겠나?"

"네, 잘 알겠습니다!"

이 무렵 여러 소문들이 훈련에 지친 우리들의 귓가를 맴돌았다. 다른 중대원들 몇 명이 탈영을 시도하다가 잡혔다는 것이었다. 또 한 중대에서는 훈련병 몇 명이 대검을 뽑아들고 팬티 바람을 멈추라고 시위를 했다는 것이었다.

이영남이 전과 다른 행동을 보이기 시작한 때도 바로 이 무렵이었다. 난 수돗물을 많이 마셔서 밤에 한 번씩 오줌을 누러가는 버릇이 생겼는데, 그때마다 화장실에서 이영남을 만났던 것이다. 처음에는 우연이려니 했는데 나중에는 그게 아니라는 생각이 들었다. 그는 전과 같지 않고 무엇에 시달리는 사람처럼 종종걸음으로 화장실을 왔다 갔다 하는 것이었다. 그런 어느 날이었다. 아마 밤 두 시쯤 되었을 것이다. 난 또 화장실에 갔는데 그가 화장실 벽을 붙들고 있었다. 그러더니 그 벽을 주먹으로 몇 번 쳤다. 난 그의 곁으로 갔는데 그의 발아래는 찢어진 사진 조각들이 있었다. 난 그 사진 조각들을 몇 개 주웠다. 대강 맞추어 보니 한 아가씨의 얼굴이었다. 이영남은 내가 곁에 와서 사진 조각들을 주운 줄도 모르고 이번에는 가는 소리를 내며 흐느꼈다. 나는 그의 어깻죽지를 두드렸다. 그는 흠칫 놀라며 나를 보았는데 그의 얼굴은 눈물로 덮여 있었다. 내가 그에게 물었다.

"야, 이 수병. 왜 이라는데? 먼 일이여? 먼 일이냐고? 밤마다 왜 이라는데?"

그러나 그는 내 말에 아무런 대답도 하지 않고 연병장으로 나갔다. 그리고는 병사를 향하여 달리기 시작했다. 난 사진 조각들을 다 주워서 그것들을 정확하게 맞추었다. 마치 아름다운 여배우를 방불케 하는 그런 미모의 아가씨 얼굴이 나타났다. 나는 직감적으로 이영남이 이 아가씨와의 사이에서 어떤 상처를 받았으리라 생각하였다. 어쩌면 이 아가씨는 그가 입소하기 전에 사귀던 애인일 거라는 생각을 한 것이다.

새 날이 밝았다. 바람에 눈이 한 송이 두 송이 날리는 매서운 날씨였다. 우리들은 또 엠원 소총을 들고 사격장을 향하여 뛰기 시작했다. 그런데 키가 커서 맨 앞장을 서서 뛰던 이영남이 열 외로 나와 앉아 있었다. 나는 그의 곁을 지날 때 그의 곁으로 갔다. 그리고는 말했다.

"총 이리 주라!"

그는 내 얼굴을 한 번 보더니 총을 나에게 줬다.

나는 그의 총을 한 쪽 어깨에 메고 말했다.

"힘든 모양인데 나한테 지대. 살살 뛰먼 되야. 자 빨리, 하리마오 강 이리 오잖어!"

그는 입을 꼭 다물고 일어났다. 그리고는 나에게 기댔다. 그는 체격이 컸기 때문에 그의 체중이 내게 실리자 나는 금방 쓰러질 것 같았다. 그러나 난 단말마의 힘으로 버티며 앞으로 나아갔다. 하리마오 강이 우리들 곁으로 왔다. 그는 매서운 눈빛으로 나와 이영남을 번갈아 보았다. 나에게 물었다."

"이 해병, 너 감당할 수 있겠나?"

그는 나를 해병이라고 불러 주었다. 나는 목청이 떨어지라 큰 소리로 대답했다.

"네, 감당할 수 있습니다!"

"좋아! 인제 목적지가 얼마 안 남았으니까 끝까지 그를 책임져라! 알겠나?"

"네, 잘 알겠습니다!"

"좋아!"

그는 기분이 좋은 듯 다시 앞으로 뛰어갔다. 나는 이영남을 부축하여 사격장까지 가긴 했는데 그곳에 도착하자마자 쓰러지고 말았다. 하리마오 강과 니그로 황, 소대장이 내게로 달려왔다. 소대장은 나를 일으키면서 물었다.

"목마르나?"

"네, 그렇습니다!"

나는 정신이 몽롱한 가운데서 아무렇게나 대답했다. 이 때 소대장은 자기의 수통 뚜껑을 열어 내게 물을 먹였다. 그 물을 마시고 나자 다시 정신이 돌아왔다. 다행히 올 때는 이영남이 구보를 할 수 있었다. 문제는 나였다. 나는 금방이라도 쓰러질 것 같았다. 그러나 고등학교 시절 태권도 시합을 앞두고 산을 오르는 훈련을 할 때처럼 마음속으로 "인내, 극기"를 계속 외치며 앞만 보면서 뛰었다.

나는 그날 오후 과업을 악으로 버텼다. 저녁 식사 후에야 겨우 제정신을 차릴 수 있었다. 일층 장우진의 침대에 몸을 기대고 있는데 이영남이 들어오더니 내 옆에 앉았다. 그리고는 말했다.

"오늘 정말 고마웠다. 정말 고마웠어. 나 오늘 내 정신 아니었거든."

"고맙기는. 내가 자빠지면 너라고 날 외면하겠어. 그란데, 그 가이나 누구냐? 애인이냐?"

내 물음에 그는 대답은 하지 않고 씁쓸하게 웃기만 했다. 이 때 장우진이 들어오면서 대화에 끼어들었다.

"누구 애인? 양수병 니 애인 말하는 기가?"

"하, 이 짜식 먼 말인지도 모르고, 야, 난 아직 애인 없꺼든."

내 말에 그는 두 눈을 크게 뜨면서 말했다.

"니 방금 애인이라고 했짢나. 그기 누구 애인인가 이기다."

난 이영남의 얼굴을 한 번 살피고는 말했다.

"영남이 애인이다. 왜, 더 알고 싶은 것 있냐?"

"아, 영남이 애인, 영남이야 미남이니께 가스나들이 많이 안 따라 붙겄나. 양 수병, 니는 애인 없다고 했제. 내가 내 동생 소가시캐 줄까?"

"야, 난 지금 일어날 힘도 없다. 니 동생 참하면 영남이 소개시켜 줘라."

"영남이는 애인 있다며, 난 이래도 말이다, 우리 동생은 천하일색이다. 가스나가 얼굴도 이쁜 기 공부도 잘 하고, 나하고는 번지수가 다르다. 난 말이다, 우리 집안의 밸종이다 밸종. 영남이 니 그랬제. 날보고 사이비라고 말이다. 그 말 딱 맞는기라. 난 사이비다. 내 이리 고생하는 거 다 심은 대로 거두고 있는 기라. 아이고 하나님, 이 탕자 용서하이소, 아이고 용서하이소……."

이때 이영남이 장우진에게 물었다.

"여동생 사진 가지고 있어?"

이영남의 질문에 장우진은 놀란 듯 두 눈을 크게 떴다.

"뭐라꼬? 니 지금 뭐랬나? 내 여동생 사진 갖고 있는가 물었나?"

"그래. 있으면 어디 한 번 줘바."

"뭐할라꼬? 니는 애인 있다며, 뭐할라꼬 보자는데?"

이 질문에 내가 끼어 들었다.

"야, 기양 뵈 줘. 영남이 애인 고무신 바꿔 신었어."

"그래. 그 가시나 그거 미쳤네. 영남이 같은 신사 차뿔고 평생 후회할 턴데. 니 그거 사실이가? 애인이 참말로 변심했나?"

"사진 있어, 없어?"

"사진? 가만 있거라이. 아마도 내 지갑에 있을끼라."

장우진은 배낭을 열고 옷을 꺼냈다. 그리고는 기겁을 했다. 그는 입을 딱 벌리고 말했다.

"하, 이것 봐라. 누가 내 지갑을 긴빠이 안 해갔나. 이 짜식들 이거 해도 너무 한기 아니가."

장우진은 몸을 벌떡 일으키더니 사방을 둘러보면서 큰 소리로 말했다.

"야이, 짜슥들아, 해병대가 아무리 앉으면 농아리고 서면 긴빠이라 케도 남의 지갑을 훔쳐가면 어떡 하겠다는 기가! 내 존 말로 할 때 빨리 가져 온나. 그 안에 들어있는 거 너거들한테 필요한 거 한나도 없다! 빨리 가져 와라잉! 내도 성질 내면 무섭다!"

장우진이 지갑을 도난당한 건 사실이었다. 난 여러 번 양말과 팬티를 잃어버린 적이 있었는데 지갑을 꺼내간 사건은 처음 접하였다. 이영남은 장우진의 등을 몇 번 두들기더니 침대로 올라갔다.

다음 날은 눈이 많이 내렸다. 바람도 세게 불었다. 오후에는 기온이 뚝 떨어져 훈련소에 들어온 후 가장 추운 날 같았다. 사격장 구보는 취소되었다. 연병장에서 사격 훈련을 받았다. 날이 저물어올수록 동료들의 얼굴엔 수심이 더욱 짙어졌다. 오늘 밤에도 팬티 바람으로 병사를 떠나는 훈련이 있을 텐데, 그걸 생각하면 인생의 모든 희망이 사라져버리는 듯한 절망감이 엄습하는 것이었다. 팬티 바람의 공포는 참으로 무서운 것이었다. 배고픔과 고된 훈련이 겹치면서 팬티 바람은 모든 동료들의 의식을 시커먼 천으로 둘둘 말아버리는 것이었다. 그리고 서서히 그 천을 조여오는 것이었다. 난 이 때 시계를 바라보는 버릇이 생겼다. 한참 동안 시계를 바라보고 있으면 세월의 흐름이 조금씩 느껴졌고, 언제인가는 이러한 순간들도 저 아득한 과거로 기억될 때가 오리라는 생각이 드는 것이었다. 그러면 마음속으로 자신에게 말하곤 했다.

'그래. 다 지나가는 거야. 어쩌면 이 모든 고통스러운 상황들은 우리 인간들이 생각하는 그 이상으로 빨리 지나가는지도 몰라. 그리고 이런 날들이 그리워질 수도 있을 거야. 그냥, 시간에 몸을 싣는 거야. 바다 위를 떠가는 한 척의 범선처럼 그렇게 맡기는 거야. 너무 고통스러우면 울면 되는 거야. 아프니까 우는데 무엇이 문제이겠어. 그래, 그냥 바람 따라 흘러가는 거야. 시계바늘과 함께 계속 앞으로 나아가는 저 시간을 나도 그냥 따라가는 거야……'

아니나 다를까. 밤 한 시 경에 비상벨이 울렸다. 팬티 바람에 알철모를 쓰고, 총만 들고 나가는 훈련이었다. 연병장에 나온 나는 오늘 밤 내가 죽을 수도 있다는 생각을 했다. 왜냐하면 눈이 쌓인 연병장 위로 세찬 바람이 불었고, 기온은 영하 이십 도는 족히 될 것 같았기 때문이다. 우리들은 눈 위에서 사격 훈련을 했다. '좌로 소이동, 우로 소이동'도 하였다. 훈련은 한 시간 이상 이어졌다. 너무 추웠지만 몸을 계속 움직이니까 그런 대로 견딜 만했다. 그러나 병사에 들어왔을 때 나는 모든 기력을 잃어버렸다. 장우진과 이영남도 마찬가지였다. 아니, 모든 동료들이 들어오는 순간 털썩털썩- 하는 소리를 내면서 침대 위로 쓰러졌다. 배고픔, 추위, 구보에 대한 중압감은 그 어느 날보다도 나의 영혼을 무겁게 짓눌렀다. 이밤엔 다행히 더 이상의 팬티바람은 없었다. 그러나 아침 조별과업 시간에 문제가 생겼다. 니그로 황이 분노한 얼굴로 구령대 위로 올라오더니 소리치기 시작했다.

"간밤에 병사 앞에 똥을 싼 놈들이 있다……."

얼마나 화가 났는지 훈련병이라는 말을 놈으로 바꾸어 말했다.

"내가 해병훈련소에서 수년을 보내고 있지만 이런 일은 처음 보았다! 좋은 말로 할 때 나오기 바란다! 간밤에 병사 앞에 똥을 싼 놈들은 앞으로 나오기 바란다! 만약 안 나오면 오늘 아침밥은 먹지 못한다!"

병사와 화장실은 연병장을 사이에 두고 있었다. 연병장 끝이 바다인데 화장실은 바로 그곳에 있었다. 너무 추우니까 몇몇 동료들이 화장실에 가지 않고 병사 문을 열고 나와 바로 앞 화단 위에다 똥을 싸버린 모양이었다. 이 분 정도가 흘러갔지만 아무도 앞으로 나오지 않았다. 나는 그냥 동료들을 대표해서 앞으로 나갈까 생각했다. 이런 식으로 가면 아무도 나오지 않을 것이고 결국엔 단체 기합을 받을 게 뻔했기 때문이다. 그러나 똥을 여러 명이 싼 모양인데 나만 나간다고 해결될 문제가 아니었다. 시간이 흘러갔다. 오 분 정도가 흘렀을 때 니그로 황이 말했다.

"좋아! 안 나오겠다 이거지! 그렇다면 너희들 모두 함께 기합을 받겠다! 지금부터 헤쳐 모이면 구보대열로 헤쳐 모인다. 헤쳐 모여!"

우리들은 연병장을 돌기 시작했다. 아침밥을 먹는 대신 계속해서 연병장을 돌았다. 나는 화가 치밀었다. 어떤 녀석들이 병사 앞에 똥을 싸서 우리 모두가 밥도 먹지 못하고 이 고생을 하나 싶어서 화가 치미는 것이었다. 훈련을 마치고 병사로 들어왔을 때 동료들의 표정은 모두 나와 같았다. 밤에 화단에 똥을 싼 그 동료들을 원망하고 있었다.

아침밥을 탈탈 굶었지만 훈련은 일정대로 계속되었다. 눈은 잠시 멈췄으나 날씨는 매서웠다. 사격장으로 향하는 구보가 시작되었다. 나는 비틀거리며 뛰기 시작했다. 누가 살짝만 밀어도 즉시 쓰러질 것 같았다. 그러나 뛰어야만 했다. 나는 지옥도 바로 이런 곳이 아닐까 생각했다. 동료들의 심정도 나와 똑같은 것 같았다. 다행히 이영남과 장우진은 잘 버텼다. 우리들의 얼굴은 너나 할 것 없이 넋이 떠난 맹한 표정들이었다. 핏기 없는 하얀 입술들, 희망을 잃어버린 흐리멍텅한 눈빛들, 바짝 말라 변형된 황색의 뺨들……. 모두 다 마지못하여 살아 있는 것 같았다.

밤이 왔다. 오늘은 한 끼를 온전히 굶은 상태에서 사격장을 갔다 왔기 때문에 동료들은 그 어느 때보다도 지쳐 있었다. 순검이 끝나고 모두 다 잠자리에 들었는데, 위의 이영남이 무엇인가를 찢는 것 같았다. 나는 오늘 밤에도 있을 팬티바람을 생각하면서 눈을 감았다. 나는 이 밤에도 한밤중에 일어나 화장실로 향했다. 연병장엔 아무도 없었다. 그런데, 화장실에서 좀 떨어진, 연병장의 오른쪽에 사람의 모습 같은 검은 물체가 보이더니 그 물체는 금방 사라졌다. 그 앞은 바다였다. 이 순간 나는 불길한 감정에 사로잡혔다. 내 몸엔 오싹 소름이 돋았다. 난 그쪽으로 뛰었다. 가서 보니, 아니나 다를까 누군가가 물속으로 계속 들어가고 있었다. 직감적으로 그가 이영남임을 알게 되었다. 나는 물속으로 뛰어들었다. 그리고는 소리쳤다.

"이영남, 너 거그 서! 빨리 서! 니가 그란다고 해결되는 거 아무 껏도 없어! 빨리 서!"

그러나 이영남은 고개를 돌리지 않고 더 빨리 앞으로 나아갔다. 그의 가슴이 잠겼다. 나도 물을 헤치며 사력을 다해 앞으로 나아갔다. 그리고는 그의 머리만 보일 무렵 마침내 그의 뒷덜미를 잡을 수 있었다. 그러나 그는 힘을 다하여 앞으로 나아갔다. 체격이 큰 그는 힘이 좋았다. 내가 빨려들었다. 그러나 나는 곧 그의 목덜미를 혼신의 힘으로 잡아끌었다. 그러자 그의 몸이 몰 위로 떴다. 이 순간 나는 주먹으로 그의 인중을 때렸다. 십여 년 이상을 태권도를 해온 난 사람의 급소를 다 알고 있었다. 내가 그의 인중을 또 한 번 힘껏 때리자 그는 정신을 잃었다. 이 순간 나는 혼신의 몸을 모아 최대한 빨리 그의 몸을 물가로 끌어냈다. 나는 곧 그의 몸을 들쳐 업고 뛰기 시작했다. 병사에 들어왔을 때엔 그도 정신을 차린 상태였다. 나는 그의 젖은 옷을 벗기기 시작했다. 그는 나를 한 번 노려보더니 내 손을 뿌리치고 자신이 직접 옷을 벗기 시작했다. 그것을 보고 나도 젖은 옷을 벗기 시작했다. 그런데 일층에서 자고 있어야 할 장우진이 보이지 않았다.

나는 눈을 감았지만 잠이 오지 않았다. 마음이 혼란스러웠다. 이영남이 또 나가면 어쩌나 하는 불안감마저 겹쳐 세상이 온통 헝크러져 엉망진창이 된 느낌이었다. 이 때였다. 갑자기 병사 안 여기저기에서 부스럭거리는 소리가 들렸다. 바로 이 순간 누군가가 내 머리를 툭툭 쳤다. 이영남이었다. 그는 개미 소리만하게 말했다.

"양 수병, 빵 묵어라. 다섯 개다. 언치지 않게 잘 묵어라이."

나는 몸을 일으키면서 물었다.

"이것이 먼 빵이여?"

"묻지 말고 기양 먹어 두."

그는 삼층의 이영남에게도 빵을 주었다. 돌아보니 동료들 모두가 최대한 소리를 죽여가면서 빵을 먹는 것이었다. 배가 너무 고팠기 때문에 난 빵 다섯 개를 순식간에 먹어버렸다. 그 빵맛은 아직 한 번도 느껴보지 지상 최고의 별미였다. 이상하게 그날 밤에는 '팬티 바람 병사 떠나'가 없었다. 우리들은 모처럼 몇 시간을 편안하게 잘 수 있었다.

그런데, 아침 조별과업 시간에 하리마오 강과 니그로 황의 태도가 예전 같지 않았다. 하리마오 강이 구령대로 오르더니 소리쳤다.

"모두들 잘 잤나? 간밤에 훈련소에 큰 사건이 하나 터졌다! 앞으로 각별히 행동들을 조심하고 말조심하기 바란다! 서로가 서로를 감싸고 위하기 바란다! 서로를 사랑하기 바란다! 우리 해병대의 사랑은 전우를 위하여 기꺼이 죽는 것이다! 한 번 해병은 영원한 해병이다! 내 말 잘 알았나?"

"잘 알겠습니다!"

"기합 빠져가지고 쇳소리 안 나지!"

"잘 알겠습니다!"

우리들은 목이 찢어져라 소리쳤다.

"좋아! 지금부터 해병대 곤조가 일발 장진한다!"

"일발 장진!"

"쏴!"

"흘러가는 물결 그늘 아래 편지를 띄우고
흘러가는 물결 그늘 아래 춤을 춥시다
처녀 열아홉 살 아-름-다-운
꿈속의 아이 러브 유
라이라이 차차차
라이라이 차차차
당신만이 그리워서 편지를 띄우고
당신만이 그리워서 핸드프레이 칩니다"

날이 환히 밝아서 아침 식사를 하러 식당에 갔는데 이상한 말들이 오고 갔다. 간밤에 훈련소 피엑스가 털렸다는 것이었다. 몇 명의 해병들이 복면을 하고, 대검을 들고 피엑스에 들어가 상사 등 관계자들을 모두 결박한 다음 빵과 음료수, 과자 등을 몽땅 털어서 가지고 갔다는 것이다.

아침 식사 후 잠시 쉬는 시간에 이영남과 장우진, 나 이렇게 셋이는 화장실에 가기 위하여 함께 병사를 나왔다. 이영남은 우쭐우쭐 앞서 걸어가는 장우진을 손가락으로 가리키면서 몸을 흔들며 웃었다. 난 그가 이렇게 즐겁게 웃는 모습을 처음 보았다. 난 기분이 너무 좋아서 그만 큰 소리로 웃고 말았다. 이영남과 내가 자기를 보고 웃는다는 것을 눈치 챈 장우진은 등을 돌려 우리들을 보더니 입을 다문 채 오해하지 말라는 표정을 지으면서 고개를 흔들었다.

잠시 개었던 하늘에서는 다시 한 송이 두 송이 눈이 내리기 시작했다.

11

노병은 죽지 않았다

"따르릉~ 따르릉~"

이 노인은 방문 앞에 와서야 전화벨 소리를 들었다. 신을 벗고 곧 방에 들어가 수화기를 들었다.

"여보시요, 누구십니짜?"

이 노인이 큰 소리로 말하자 저쪽에서 대답했다.

"안녕하십니까, 어르신, 여기 군청입니다. 전화를 계속 드렸는데 인제야 받으시네요. 다른 게 아니고, 내일 행사에 나오시라는 공문 받으셨지요?"

"핸충일 행사 말이지라우? 나 그 공문 받었십니다. 매칠 전에 왔십디다. 잘 받었어요."

"아, 그랬군요. 그란데, 어르신 올해도 행사에 참석할 수 있나 해서요?"

"아, 그라지라우. 낼 갈랍니다."

"어르신 올해 팔십구 세인데 아직도 건강하시나 봐요?"

"예, 안직은 갈 수 있십니다. 아홉시까지 가먼 되지라우?"

"네, 그람 조심히 살펴 오세요. 내일 뵙겠습니다."

이 노인은 수화기를 놓고 주방으로 나갔다. 아침밥을 먹기엔 좀 늦은 시간이었지만 산에 올라가려면 뱃속에 뭘 넣고 가야만 될 것 같았다. 어제 군에서 가져온 도시락을 뚜껑을 열고 한 번 살펴보았다. 먹다 둔 막걸리 빛깔의 뿌연 된장국에 코를 대고는 킁킁 냄새를 맡아보았다. 하루밤에 안 지났는데 아무래도 맛이 간 것 같았다. 그러나 김치와 돼지고기 조림은 먹어도 괜찮을 것 같았다. 이 노인은 그릇 선반대에서 공기 하나를 집고는 곧 옆에 있는 밥통을 열었다. 팥을 한 줌 넣었더니 밥 색깔이 빨그스름한 게 보기에 좋았다. 그는 공기에 밥을 담아 늘 펴져 있는 작은 상 위에 놓았다. 그리고 군에서 가져오는 그 도시락도 열어 옆에 놓았다. 그리고는 방에서 틀니를 가지고 와 끼고는 밥을 먹기 시작했다. 수년 전부터 예전의 밥맛을 전혀 느낄 수 없었지만 그래도 우물우물 씹으면 나중에 달짝지근한 맛이 느껴지는 게 먹을 만했다. 밥상 앞에 앉을 때마다 생각하는 것이지만 해가 지날수록 입에 넣는 음식의 맛은 별로였다. 우물우물 씹는 재미가 공복감과 함께 매 끼를 기다리게 하는 것 같았다. 살아보니 인생이라는 것이 도무지 예측 못할 상태로 자꾸만 진입하는 것 같았다. 맛이며, 느낌이며, 자고 깨는 것이며, 하루하루 만나는 모든 것들이 젊은 날에는 전혀 상상도 못한 것들이 많았다. 그래서 이 노인은 가끔 혼잣말을 했다. "젠장, 이 인생사라는 것이 모두 안개 찐 산꼴짝 같구만. 꼭 안개 찐 산꼴짝 같어……. 앞에 먼 일이 생길지 알어야지……. 바우떵어리가 있는지, 까시나무가 있는지, 독새가 있는지 알어야지……."

이 노인은 원래 힘이 장사였다. 이십 대와 삼십 대에는 이 동네의 최고가는 상 씨름꾼이었다. 키가 아주 크지는 않았지만 다부진 체격이었고, 자기보다 키가 훨씬 큰 남정들도 거뜬히 들었다가 눕히던 기술도 좋은 씨름꾼이었다. 그러나 음식을 먹는 양은 그렇게 많지 않았다. 돼지고기나 소고기 같은 기름기 있는 음식들도 좋아하지 않았다. 그냥 있는 대로 맛있게 먹는 것이 이 노인의 식습관이었다. 육 년 전에 아내가 세상을 뜬 후에는 이렇게 늘 혼자서 밥을 먹는데, 세상을 뜬 아내가 자주 생각났다. 작은 체격이었지만, 이 동네에서 가장 부지런하다는 말을 들을 만큼 열심히 살았던 그녀가 생각나는 것이었다. 그녀는 농부답지 않게 생각이 늘 신식이었다. 그래서 결혼 초에는 걸핏하면 도시로 가자는 말을 했다. 이 노인은 끝내 그 의견을 받아주지 않았다. 그래서 평생을 농부로 살았다. 서로의 생각들이 많이 달라서 어지간히 충돌도 많았지만 그런 날들은 이제 저 꿈속으로 사라져버렸다. 육십 년 이상의 오랜 날들을 함께 살면서 티격태격 했던 시간들을 떠올리면 이 노인은 피식 웃음만 나왔다. 그리고 그런 날들이 그리워만 지는 것이었다. 그러면 끝내 눈언저리에 눈물이 고이곤 했다.

그녀는 매 끼니마다 꼭 된장국을 끓였다. 그런데 그 맛이 일품이었다. 철을 따라서 국거리를 달리 하는데도 그 맛은 언제나 새로운 것이었다. 봄에는 풋나물이나 냉이를 넣어서 국을 끓였고, 여름에는 주로 부드러운 호박순이나 잎을 넣어서 국을 끓였는데 솜씨가 좋았다. 가을에는 바다에서 잡아온 바지락이나 고동 등을 넣어서 된장국을 끓였다. 겨울에는 말린 고사리와 고구마 순 등으로 국을 끓였는데 그 또한 일품이었다. 때로는 된장국 재료로 말린 장어나 가자미를 사용했는데 그 된장국 맛 역시 기가 막히는 것이었다. 이 노인은 밥상 앞에 앉아서 아내를 생각할 때마다 아내가 매 끼 상에 올려 주었던 그 된장국을 생각했다. 오늘도 그는 밥상 앞에서 그녀와 그 된장국을 생각했다. 어느 한 순간 가만있지 않고 부지런히 서두르다가, 밥상도 재빨리 차리고는 자기 앞에 와 조심히 앉아서 함께 밥을 먹었던 그녀를 생각하고는 여느 때처럼 피식 웃었다. 그러다가 핑 눈물이 도는 것을 참을 수 없었다.

이 노인은 아침밥을 먹고 신문지로 상을 덮었다. 그리고는 방에 들어와 달력을 한 번 보았다. 그는 달력 앞에 설 때마다 중얼거리는 버릇대로 오늘도 입을 열었다.

"이천십오 년 유월 오일이라……. 그람 내 연령이 인자 여든 아홉이고… 흠, 인생 참 잘 달린다. 잘 달려……."

그는 문득 내일 읍에 나갈 일을 생각했다. 이십여 년 전만 해도 이 군에는 지금과 같은 현충일 행사가 없었다. 그런데 어느 해부터인가 현충일 행사를 아주 거창하게 치렀다. 이 노인의 경우 이 현충일 행사는 그가 매년 치르는 삼대 행사 중의 하나였다. 첫 번 행사는 이 마을에 사는 이 씨들이 동네 옆에 있는 선산 밑 제각에 모여 시제를 모시는 일이었다. 이 행사는 가을에 있었는데, 몇 년 전부터 이 노인이 이 마을의 이 씨들 중 제일 연장자가 되었다. 평상시도 그러하지만 이 노인은 그날엔 더더욱 근엄한 어른의 체모를 갖추어야 했다. 또 하나의 행사는 군내에 있는 모든 이 씨들이 한 자리에 모여 제사도 올리고 교제도 나누는 이 씨 화수회가 있었다. 이 행사도 가을에 있었다. 이곳에 가면 이 노인보다 연장자가 여러 명 있었지만 그래도 어른 대우를 극진히 해 주었다. 다른 하나의 행사가 바로 이 현충일 행사였다. 이 행사는 군에서 주최하는데 이 날은 군내의 육 이오 참전 용사들이 모두 모였다. 근처의 군부대장들과 경찰간부들, 국회의원과 군수 등 각 처의 기관장들이 모두 모였다. 국민의례부터 조포 발사와 만세 삼창까지 의식도 아주 엄숙하게 치러졌다. 행사가 처음 시작되던 해만 하더라도 삼백 명 가까운 참전 용사들이 한 자리에 모였다. 그러나 해가 바뀌어가면서 그 숫자가 점점 줄었다. 작년에는 오십 명 남짓 모인 것 같았다. 하긴 이 노인의 나이가 여든 아홉이니 모두 다 백발노인들이었다. 대부분이 세상을 떠났고 세상을 뜨지 않았다 하여도 자유롭게 거동하는 노인들은 많지 않았다.

이 노인은 내일 입고 갈 하얀 색의 점퍼와 엷은 재색 바지, 가지색 테가 있는 신사모를 한 번 확인하였다. 그리고는 면도기와 작은 거울을 가지고 수돗가로 갔다. 세숫대야에 물을 조금 부은 다음 세숫비누를 거기에 한 번 담갔다가 그걸로 뺨과 턱을 문지르기 시작했다. 비누가 얼굴 부위 부위에 하얗게 묻었다. 이 노인은 작은 거울을 한 손으로 들고 그 안에 들어 있는 자기의 얼굴을 보면서 면도를 하기 시작했다. 얼굴이 워낙 쭈글쭈글해져서 이것이 자기의 얼굴인지 의심이 가기도 했지만 면도기는 조심히 놀렸다. 이 노인은 매사에 신중한 사람이었다. 젊어서는 계산에도 밝았고 한문도 많이 알았다. 한자의 한 획이 얼마나 중요한지를 아는 사람이었다. 그는 나이가 들면서, 특히 아내를 저 세상으로 보낸 후엔 정신을 번쩍 차려야만 한다는 것을 잘 알고 있었다. 보리차를 만들려고 가스 불 위에 물을 가득 담은 주전자를 올려놓은 후 그 물이 다 닳도록 불을 끄지 않아 큰 사고를 당할 뻔한 적이 몇 번 있었다. 그런가 하면 면도를 하다가 얼굴을 몇 번 베였다. 아내를 잃은 후 갑자기 인지능력과 집중력이 떨어졌다. 기억

력도 많이 쇠퇴한 것 같았다. 무엇보다도 힘이 드는 것은 어떤 상황에 대처하는 순발력이 현저히 떨어진 것이었다. 이러면 안 되지 하면서도 도무지 머리가 돌아가지 않았고 몸 또한 말을 듣지 않았다.

조심히 면도를 마친 이 노인은 세수를 하고 다시 방으로 들어왔다. 거울과 면도기를 제자리에 놓고 옷을 작업복으로 갈아입었다. 오늘은 뒷산 아래에 있는 밭에 가서 복숭아도 몇 개 따오고 삼 일 전에 심어놓은 고구마 순에 물도 좀 주어야겠다고 생각했기 때문이다. 이 노인은 밭으로 진입하는 길목을 덮은 덩굴들을 쳐내기 위하여 낫을 하나 준비했다. 또 물을 길을 통도 하나 준비했다. 복숭아는 물을 길을 통에 담아오면 될 것이라고 생각했다. 이 노인은 작업모를 쓰고 장갑을 낀 다음 고무장화를 신고 집을 나섰다.

오늘도 날씨가 더울 것 같았다. 윗 지방은 비가 오자 않아 난리 속인데 그래도 이 남쪽 지방은 가끔씩 비가 내려서 작물들이 자라는 데는 별 문제가 없었다. 하지만 이 나라 구석구에 제때에 비가 오지 않으면 맘 편한 백성이 없을 것이다. 하늘을 한 번 쳐다본 이 노인의 마음에 '이 나라 모든 땅에 비가 쫙 내려야 할 턴데……' 하는 간절함이 가득하였다. 대문을 나와 터벅터벅 밭을 향해 걷는데 또 옛 생각이 났다. 아버지가 유산이라며 유일하게 남겨준 작은 산 아래 부분에다 밭을 만드는데 그 일이 쉽지 않았다. 겉보기는 청섭(사스레피나무)이 우거진 기름져 보이는 땅인데 막상 괭이질을 해보니 그 땅은 돌멩이 땅이었다. 파내고 파내도 땅에서는 단단한 돌멩이들이 계속 솟아올랐다. 자신은 부지런히 괭이질을 하고 아내는 그 돌을 개간지 가로 날라다 부었다. 백 평 남짓한 밭의 형체를 겨우 만드는 데 일 년도 더 걸린 것 같았다. 거기에, 그 땅을 곡식을 심을 수 있는 땅으로 만들기 위하여 바지게를 지고 산에 올라가 풀이며 잔디를 베어다가 부은 게 그 양을 셀 수조차 없었다. 그는 아내를 데리고 가파른 산을 수백 번 오르내렸던 것이다. 뼈골이 녹아진다는 말이 있는데 바로 산 밑의 저 작은 밭을 일구는데 들였던 공력과 수고를 그렇게 말하지 않나 생각한 적이 있었다. 또 아내 생각이 났다. 말 그대로 죽도록 고생만 하다가 세상을 떠난 그녀가 한없이 가엽기만 한 것이었다.

이 노인은 산에 접어들자 길로 뻗고 있는 맹감나무 덩굴과 억새, 여러 잡목들의 가지를 낫으로 쳤다. 그렇게 밭의 진입로를 원만하게 만들고 밭 안으로 들어선 그는 갑자기 우뚝 서고 말았다. 얼른 눈에 들어오는 밭의 모습이 좀 이상했기 때문이다. 자세히 보니 밭은 말 그대로 난장판이 되어 있었다. 그가 힘들게 심어놓은 고구마 순들이 뽑혀서 여기저기 나뒹굴고 있었다. 순을 묻으려고 공들여 만들었던 둑들도 무참하게 짓뭉개져 둑인지 고랑인지 구분할 수 없었다. 그는 이것이 무슨 일인가 싶어 신경을 곤두세우고 두 눈을 크게 떴다. 안으로 들어가며 사방을 둘러보았다. 그리고 밭의 상태를 세심히 살폈다. 아니나 다를까, 여기저기에 짐승의 발자국이 산만하게 찍혀 있었다. 입을 꼭 다문 이 노인의 눈동자가 불그스름하게 변하기 시작했다. 무엇을 직감한 그는 밭 귀퉁이에 있는 복숭아나무로 눈을 돌렸다. 예상대로였다. 나무의 가지들이 처참하게 찢겨지거나 꺾여 있었다. 이 노인은 이를 악물고 미간에 내 천 자를 깊게 그으며 소리쳤다.

"이놈의 멧뒤아지들!"

이 노인은 이 말을 하고 나서 뇌리를 스치는 반사적인 예감으로 밭 위쪽을 보았다. 밭 바로 위쪽에 있는 아내의 무덤을 보았던 것이다. 심상치 않다고 생각한 그는 곧장 그 쪽으로 뛰었다. 예감한 대로였다. 아내의 무덤 한쪽이 심하게 파헤쳐져 있었다. 무덤을 덮었던 잔디들이 하얀 뿌리를 내놓고 여기저기 널브러져 있었다. 황토도 이곳저곳에 널려 있었고 군데군데 수북수북 쌓여 있었다. 큰 주둥이로 얼마나 밀었는지 무덤 한 편이 거의 내려앉아 있었다. 이 노인의 두 눈에 분노의 불길이 타올랐다. 그는 숨을 가쁘게 몰아쉬면서 어찌 할 줄을 몰랐다. 일 년 전에도 멧돼지들이 아내의 무덤을 파헤친 적이 있었다. 그때도 무덤 한쪽에 큰 구멍을 내어놓았지만 이 정도는 아니었다. 이번에는 무덤 한 쪽을 아주 내려앉게 만들어버린 것이었다.

이 노인은 허탈한 표정을 짓고는 다시 한 번 아내의 무덤을 찬찬히 살폈다. 그리고는 긴 한숨을 토하듯 말했다.

"성진이 엄매 미안하구만. 죽어서까지 고생시캐서. 그놈들이 와서 주둥이 내밀고 밀어댄께 겁났제. 참말로 미안하구만. 자네 팔짜가 참 싸납구만. 시상 떠난 후에도 멧뛰아지들이 뎀비니 말여……."

이 노인은 망가진 밭두둑들과 복숭아나무를 다시 한 번 살펴보았다. 복숭아나무는 큰 가지가 처참하게 찢겨졌거나 부러졌고 거기에 붙은 잎들은 시들시들했다. 그 아래로는 멧돼지들이 살을 발라먹고 뱉은 복숭아씨들이 추하게 뒹굴고 있었다. 그러나 복숭아나무엔 아직도 여기저기에 복숭아들이 붙어 있었다. 이 복숭아들을 보는 순간 분노로 충혈된 이 노인의 눈동자가 반짝 빛났다. 먹이를 놔두고 갔으니 멧돼지들이 또 오리라는 생각을 한 것이었다. 이 생각이 드는 순간 모처럼 이 노인의 머리가 빠르게 움직였다. 집요해진 그의 눈동자도 계속 반짝거렸다. 그는 입을 꼭 다물고 고개를 끄덕였다. 그리고는 천천히 발걸음을 옮기기 시작했다.

그는 여러 생각들을 하면서 집을 향해 내려왔다. 동네에 가까이 왔을 때 말통 분무기를 지고 고추밭에 농약을 뿌리고 있던 집안 조카 정도 씨가 꾸벅 고개를 숙이며 인사했다.

"삼촌, 어디 갔다 오시오?"

"어이, 나 저그 뙈게이밭에 잔 갔다 오네. 농약하는가?"

"예. 올해는 고추가 병추레를 많이 하네요. 벌써 시불째 뿌리고 있소."

"비가 적당히 잘 오고 그라면 병도 안 많이 생기던가. 사람이나 병충이나 행편 조먼 지 시상 아니던가. 그래도 올해는 풍년 들 것이네."

"그랬으면 좋겄소만은. 그란데 삼촌 그 소문 들었소?"

정도 씨는 압축기를 잡았던 손을 내리며 물었다.

"먼 소문?"

"창골 사는 사철이 삼촌이 오늘 아침에 읍내 병완에 입원했다고 안 하요."

사철 씨는 이곳에서 십 리 떨어진 창골이라는 곳에서 약초 재배를 하면서 사는 집안 노인이었다. 이 노인보다는 다섯 살이 아래인데 아주 건강하여 넓은 밭에 여러 종류의 약초를 재배하고 있었다. 그런데 약초밭이 동네에서 상당히 떨어진 산골에 있었다. 그래서 밭가에 작은 움막을 지어놓고, 거기에서 숙식을 하며 일을 하고 있었다. 이 노인은 창골에서 가까운 면소재지에 오일장이 설 때에 장을 본 후 가끔 그곳을 들르곤 했었다.

"그것이 먼 소린가? 그 조카 아주 건강한 사람인데?"

"오늘 새북에 멧뒤아지한테 받혔대요."

멧돼지라는 말에 이 노인은 두 눈을 크게 떴다. 갑자기 전신이 떨려왔다. 그는 두 눈을 가늘게 움츠리며 물었다.

"아니 어찌께 하다가 그 짐승한테 받쳐?"

"아무도 안 부와서 확실하게는 모르는데라우, 멧뒤아지가 주두이로 몸 여그저그를 많이 박고 물기도 한 모냥이어요. 팔목도 물리고 다리도 물리고 그란 모양이어요. 하야튼 읍내 병완에서 임시로 치료 받고 도시 큰 병완으로 가 수술도 해야 하나봐요."

"그래야! 그 조카가 심이 신 사람인데 그런 짐승한테 당했어야……."

"아이고 삼촌 말 마요. 요새 멧뒤아지들 함부로 건들먼 큰 일 나요. 맨 멧뒤아지한테 다쳤다는 얘기잖아요. 그것들이 떼로 댕긴께 웬만한 사람들은 못 이개요. 나도 매칠 전에 한 놈 만나 갖고 혼났짜나요."

"그 놈의 멧뒤아지를 조카도 만났단 말여?"

"그랬당께라우. 동네 소문 다 났는데 삼촌만 모르는 모양이네. 복숭아 따러 강순이 엄매랑 밭에 갔는데 소만한 놈이 우덜이 와도 한나도 안 무쇠하고 복숭아를 따먹고 있드랑께요. 지가 돌멩이를 들어갖고 땡겠는데라우, 이놈이 내빼기는 고사하고 성질을 내갖고 우덜 쪽으로 막 달래 오드랑께요. 너무나 놀래갔고 우덜이 내뺐어요. 이것들이 우덜이 낫살을 많이 먹은 줄 아나봐요, 삼촌. 멧뒤아지가 노인들을 다 안당께라우. 참, 사람이 낫살을 먹은께 그런 것들또 우덜을 깜보는가 바요. 참, 인생살이가 우습지라우 삼촌……."

이 노인도 정도 씨의 말에 어이가 없다는 표정을 지으며 피식 웃었다.

"그랑께 말이여, 범 없는 골에 퇴끼가 왕 노릇한다고 하드만 고런 하차 난 뒤아지들이 사람을 깜보니 이것이 먼 인생이여……."

"이놈들을 기양, 총만 있으면 빵빵 쏴 갖고 잡어뿌러야 하는데, 이대로 가면 우덜 농사 짓기 심들어요, 삼촌. 동네에 젊은 사람이 없짜나요."

"그러게 말여, 엇그젓께가 청춘 같은데… 머 하다가 이 시상 다 살아부렀쓰까……."

이 노인은 농약 잘 하라는 말을 하고 집으로 발걸음을 옮겼다. 그런데 이 순간부터 마음에 갈등이 생기기 시작했다. 사실 이 노인은 오늘 밤 죽창을 들고 아내의 묘를 파헤친 멧돼지와 담판을 지으려고 결심했던 것이다. 하지만 창골 사철이 조카가 당했다는 말을 듣고 그의 뇌에 어둠의 그림자가 내려앉은 것이다. 그는 이 노인보다 다섯 살이나 아래였다. 체격도 크고 힘도 좋았다. 지혜도 있는 사람이어서 도시 한약방들과 계약을 맺고 약초를 재배하고 있었다. 그런 사람이 그 짐승들에게 당했다니 자기는 아무래도 상대가 안 될 것 같았다. 이제 겨우 칠십 중반인 정도 조카 내외도 그 놈의 기세에 놀라 도망을 쳤다니 아무래도 자기 생각이 명을 재촉하는 것만 같았다. 그런다고 이 상황을 이대로 방치하면 산 밑의 밭은 멧돼지들에게 그대로 바치는 꼴이 될 것이었다. 아내의 무덤도 다른 곳으로 옮겨야만 할 것이다. 이 노인은 문득 올 정월달에 본 토정비결 내용들 중 한 마디를 생각했다. '태산을 넘는 아홉 수이니 언행심사를 각별히 조심할 것이라…….'

집에 돌아온 이 노인은 냉장고에서 찬 물을 꺼내 한 사발을 벌컥벌컥 들이켰다. 윗옷을 벗어 아무렇게나 윗목에 던지고 삼십 년 전 아내와 찍은 사진을 올려다보았다. 아내는 웃고 있었는데 윗니가 하나 빠져서 언제나 그 구멍이 눈에 띠었다. 이 노인은 이것을 볼 때마다 마음이 아팠다. 사진을 찍을 무렵 형편이 너무 어려워 틀니조차 해 주지 못했다. 나중에 큰 아들이 좋은 틀니를 하나 해 주었지만 그때는 이미 머리가 백발이 되어 있을 때였다. 이 사진을 올려다보면서 이 노인의 마음속은 다시 분노로 뜨거워지기 시작했다. 이때였다. 전화벨이 울렸다. 이 노인은 수화기를 들었다.

"여보시오, 누구십니짜?"

"아, 안녕하세요, 어르신. 아침에 전화했던 군직원입니다. 어르신 내일 오실 때 버스 타지 말고 그냥 마을 앞에 나와 계세요. 여덟 시까지 동네 앞에 나와 계시면 저희들이 모시러 갈 거예요."

"그래라우, 아니 어찌게 그케 큰 써비스를 해분다우. 사람들이 많을 껏인데."

"저희들도 이제까지 사람이 많아서 직접 수송을 못 했는데요, 올해는 행사에 오실 분들이 많지 않아요. 작년 한 해 동안 여러 분이 돌아가셨어요. 거동 못 하시는 분들도 많고요. 어르신은 건강하시니 얼마나 좋아요."

"감사합니다. 다 하누임네가 주신 복이지요."

"그러면 내일 여덟 시까지 꼭 동네 앞 버스 정류소로 나와 계세요. 내일 뵈요, 어르신. 안녕히 계세요."

"예예, 그케 하겠십니다. 감사합니다. 들어가십시다."

이 노인은 수화기를 놓고 빙긋이 웃었다. 일 년 사이에 또 여러 전우들이 세상을 떴다고 생각하자 기분이 묘했기 때문이다. 한 때는 용감무쌍한 '이관우 병장'으로 불리던 참전용사, 마치 불판 위에서 콩알이 튀듯 총알이 튀던 전장에서 펄펄 날던 청년들이 이제는 마른 낙엽처럼 변하여 땅에 묻히는 것을 생각하자 씁쓸한 웃음만 나오는 것이었다. 자신의 차례도 언제 어느 시에 닥쳐올지 모를 일이었다. 그는 고개를 끄덕이면서 아직도 뇌리에 생생히 남아 있는 저 치열했던 전장의 날들을 떠올렸다. 그는 제대할 때까지 매순간 생명을 걸고 싸웠지만 한 전투만은 유독 그의 기억에 남아 있었다. 이름도 모르는 한 야산 고지를 점령하고자 적들과 무려 십여 일을 싸웠던 그 전투를 잊을 수 없는 것이었다.

그 고지를 장악하고 있는 적들은 중공군이었다. 그들은 아주 강했다. 수류탄과 탄약도 충분하여 이쪽에서 부스럭 소리만 나면 어린아이의 머리만한 시커먼 소련제 수류탄들을 수없이 던졌다. 이 수류탄들은 검은 연기를 뿜으며 떼굴떼굴 굴러와 고막이 찢어지는 소리를 내면서 바로 옆에서 터지곤 했다. 적과 대치하는 시간이 길어지면서 이 병장이 속한 아군은 식량도 거의 바닥이 나고 수류탄과 실탄도 충분하지 않았다. 더욱 심각한 현실은 전세가 이상하게 돌아가 또 다른 적들이 후방에서 이쪽으로 다가온다는 사실이었다. 이러는 중에 아군 헬기가 치명적인 실수까지 하였다. 보급품을 싣고 와 진지를 잘못 알고 적들에게 투하한 것이었다. 이렇게 되자 그날 밤 안으로 그 고지를 탈환하지 못하거나 이 장소를 빠져나가지 않으면 이 병장이 속한 중대는 꼼짝 없이 적들의 총알에 몰살을 당해야만 할 상황이었다. 중대장은 곧 소대장들을 집합시켰다. 그리고 작전을 하달했다. 이 병장이 속한 소대의 책임자인 황 소위는 작전회의에서 돌아오자 비장한 얼굴로 소대원들에게 말했다.

"우리가 오늘 밤에 저 고지를 점령하지 못하면 우리 중대는 적들에 의해 전멸한다. 어떻게 해서든 날이 밝기 전에 저 고지를 점령해야 한다. 우리 소대는 오늘 밤 작전에서 가장 중요한 임무를 맡았다. 그것은 우리의 가장 큰 적이 되고 있는 적의 기관총 초소를 점령하는 것이다. 저것을 없애지 못하면 우리들은 저 고지를 점령할 수 없다. 어떻게 해서든지 우리 앞길을 가로막는 저 기관총과 사수들을 없애야 한다. 그 일이 우리 소대에게 주어진 명령이다.

황 소위는 번뜩이는 눈으로 소대원들을 둘러보았다. 소대원들은 긴장된 표정으로 황소위의 다음 말을 기다렸다. 황 소위는 차렷 자세로 서있는 소대원들을 일일이 둘러보다가 갑자기 "이관우 병장"하고 이 노인의 이름을 불렀다. 그는 깜짝 놀랐다. 그러나 그는 힘차게 "옛, 소대장님"하고 대답했다. 그러자 소대장은 앞으로 나오라고 했다. 이병장이 앞으로 나오자 그는 이 병장을 자기 옆에 세운 다음 소대원들에게 말했다.

"대원들은 지금부터 내 말 잘 듣기 바란다. 나와 이 병장은 지금부터 수류탄만 가지고 저 기관총 초소를 향해 오를 것이다. 만약 총성이 울리고 그 다음 침묵이 흐르면 우리가 전사한 것으로 알고 오상사가 우리 소대를 지휘한다. 그러나 저 기관총 초소에서 폭발과 함께 불꽃이 피어오르면 오상사는 대원들을 이끌고 고지를 향해 돌격하기 바란다. 알았나?"

"예, 알겠습니다!"

오 상사가 결의에 찬 어조로 짧게 대답하자 황 소위는 이 병장을 보면

서 "각오 됐지?" 하고 물었다. 이 노인은 "옛, 소대장님!"하고 대답했다. 그
러자 그는 말했다.

"우린 포복으로 저 기관총 초소까지 갈 것이다. 최대한 몸을 가볍게 해
야 한다. 무장을 해제하고 수류탄 두 개만 양 가슴에 달아라."

"잘 알것십니다."

이 병장은 수류탄 한 발씩을 양 가슴에 달고 황 소위와 함께 산을 오르
기 시작했다. 마치 거북이들이 기어가듯이 그들은 납작 엎어진 자세로 최
대한 소리를 죽이며 기관총 초소를 향해 오르기 시작했다. 잠깐 쉬는 동
안에 황 소위는 말했다.

"장가갔다고 했지. 나도 아들이 하나 있어. 두 살이야. 내가 이 병장을
나와 함께 할 특수 대원으로 뽑은 건 이 병장을 믿기 때문이야. 다른 이유
없어."

이 병장은 아무 말도 하지 않았다. 황 소위는 보통 키에 가슴이 떡 벌어
진 다부진 체격의 장교였다. 말할 때면 크고 둥근 두 눈에서 안광이 뿜어
져 나오는 듯한 느낌을 갖게 했다. 그의 표정엔 언제나 투철한 책임감이
넘치고 있었다. 그는 언제나 앞장서서 모든 일을 했기 때문에 그가 무엇을
명령하면 부하들은 생명을 걸고 그의 명령을 따랐다.

높은 고지를 배로 기어서 올라가는 만큼 적의 기관총 초소에 접근하기
까지는 시간이 걸렸다. 얼마나 올라갔는지 하늘을 보니까 먼동이 터오는
것 같았다. 이 때 황 소위는 위를 보라고 고갯짓을 했다. 그래서 고개를 조
금 들고 위를 보았는데 저 위쪽에 적의 기관총 초소가 있었다. 그것을 보
자 가슴이 섬찟하였다. 하지만 황소위의 결연한 얼굴을 보는 순간 마음은
다시 굳은 결의로 견고해졌다. 그들은 초소 가까이로 좀 더 접근했다. 수
류탄을 던지면 충분히 날아갈 수 있는 장소였다. 황 소위는 투척을 준비
하라고 눈짓했다. 이 병장은 수류탄 한 발을 가슴에서 떼었다. 그리고 황
소위의 명령을 기다렸다. 황소위도 수류탄 하나를 이미 손에 쥐고 있었다.
그는 아주 낮은 어조로 "하나 둘 셋, 하면 던진다."고 말했다. 그가 하나 둘
셋, 하고 세는 순간 그들은 안전핀을 뽑았다. 그리고 몸을 일으켜 초소를

향해 수류탄을 던졌다. 수류탄은 정확하게 적의 초소에 떨어졌다. 쾅! 하
는 폭발음과 함께 기관총과 사람 몇 명이 공중으로 붕 뜨는 것이 보였다.
바로 이 순간 아군 쪽에서 와~ 하는 함성이 들려오는 듯하였다. 다음 순
간 무수한 총알들이 고지를 향하여 날아갔다. 이때 황 소위는 하나를 마
저 던지자고 하였다. 그래서 그들은 수류탄을 떼어 안전핀을 뽑았다. 그리
고 던지기 위하여 몸을 일으켰다. 그런데 이 순간 탕 하는 총성과 함께 황
소위가 쓰러지고 말았다. 적이 위에서 쏜 총에 맞은 것이었다. 수류탄을
놓친 황 소위가 소리쳤다.

"이 병장, 하나는 던지고 하나는 차!"

이 병장은 "알것십니다"하고 소리친 즉시 들고 있는 수류탄을 앞으로
힘껏 던짐과 동시에 바로 옆에 떨어진 수류탄도 사력을 다해 오른발로 찼
다. 그러자 수류탄이 옆의 숲속으로 날아갔다. 얼굴을 스치는 탄환을 피
해 황소위의 몸 위로 엎어졌다. 쾅! 하는 소리가 들린 후 고개를 든 이 병
장은 몸을 일으켰다. 자신의 몸에 피가 묻어 있는 것이 느껴졌다. 이 때야
상황의 심각성을 알았다. 그는 곧 소대장의 몸을 흔들며 이름을 불렀다.

"소대장님, 안 죽었지라우?"

"그래. 나 안 죽었어. 어깨에 맞았어."

그는 고통스러운 어조로 말했다.

"다행입니다. 지가 업겠십니다."

"이 병장, 업지 말고 올 때처럼 날 끌어. 일어서면 금방 총 맞아."

"알것십니다, 소대장님. 아퍼도 쪼끔만 참으시오."

황소위의 두 다리를 잡고 조심히 끌기 시작했다. 한참을 내려오니 소대
원들이 올라오고 있었다. 결국 그날 밤 그 고지는 아군 중대가 점령했다.
부대는 이 고지를 점령함으로 그 일대의 다른 고지들도 하나씩 점령했다.

오랜 세월이 지난 어느 날 이 노인은 전화 한 통을 받았다. 바로 그 황
소대장이었다. 자기는 전쟁이 끝난 후 곧 부모와 함께 미국으로 이민을
갔다고 했다. 그리고 거기에서 신학을 공부하여 목사가 되었고, 지금까지
목회 생활을 한다고 했다. 수십 년 만에 한국에 나와 이병장의 주소와 전

211

화번호를 보훈처를 통해 알아내어 전화를 한다고 말했다. 그러면서 그날 그 밤을 자긴 한 번도 잊은 적이 없다고 말했다. 그건 이 노인도 마찬가지였다.

이 노인은 갑자기 자기의 오른손을 꼭 쥐어보았다. 그리고는 자신에게 말했다.

"넌 전장터에서도 살아 남았써. 니가 아무리 낫살을 먹었어도 그까짓 짐승들을 못 이기겠써. 한 번 싸와바야지."

이 노인은 곧 마당으로 나와 창고 처마 밑에 매달아 둔 긴 간짓대들 중 하나를 빼내었다. 이 간짓대들은 전에 농사를 지을 때 사용하던 것들이었다. 곡식이 여물 무렵 새들을 쫓는 도구로 사용하기도 했었고, 자르고 쪼개어 농사를 위해 여러 용도로 사용했었다. 그러나 농사에서 손을 뗀 후로는 고작해야 가을에 감을 따는 도구로 사용할 뿐이었다. 이 노인은 왕대의 강도를 시험한 후 아랫부분을 작대기보다 조금 큰 길이로 잘랐다. 그리고 끝이 뾰족하고 예리한 죽창 하나 만들었다. 그는 그 죽창을 들고 앞에 가상의 적이 있다 생각하면서 한 번 겨누어 보았다. 그리고 한 발을 앞으로 내딛으며 찌르는 시늉도 해보았다. 나중에는 멧돼지 떼들이 앞에 있다 생각하면서 죽창을 겨누고, 이놈들 하면서 여러 번 찔렀다.

석양이 질 무렵 이 노인의 마음에 다시금 어두운 그림자가 슬며시 밀려왔다. 혹시라도 멧돼지들에게 당한다면, 나이가 나이인 만큼 만약 죽기라도 한다면 짤막한 유서라도 한 장 써놓아야지 않나 하는 생각이 들었다. 그는 날이 어두워올수록 점점 더 그런 마음을 갖게 되었다. 하지만 한편으로 생각하면 굳이 그럴 필요가 없을 것이라는 생각도 했다. 왜냐하면 자긴 여든 아홉인 만큼 이미 살 만큼 살았으니, 지금 세상을 떠난다 해도 누구에게나 크게 슬픔을 주지는 않을 것이라고 생각한 것이다. 결국 그는 유서 같은 건 쓰지 않기로 했다.

그는 다른 때보다 일찍 저녁밥을 먹었다. 밥도 전보다 많이 먹었다. 놈들과 싸우려면 우선 뱃속이 든든해야 하리라고 생각한 것이다. 이 노인은 텔레비전 뉴스를 보고 나서 시계를 보았다. 열 시가 넘어 있었다. 멧돼지가 어느 때 출몰한다는 정확한 시간대는 없었다. 어떤 놈은 벌건 대낮에도 나타나고, 어떤 놈은 해가 지기가 무섭게 내려오기도 했다. 그러나 여럿이 떼로 몰려다니는 놈들은 대부분 밤중에 내려오는 것으로 알려져 있었다. 왜냐하면 그런 경우엔 새끼들도 함께 오는데 이 시간대엔 어린 새끼들이 다른 짐승이나 사람들에게 해를 당할 확률이 적어서 그런다는 것이었다. 그 말에 일리가 있었다. 정말 그러는 것 같았다. 그리고 보면 이 멧돼지들이 상당한 지혜도 있었다. 본능만 가지고 무작정 살아가는 야생동물로만 볼 일이 아니었다.

밤 열한 시가 가까워오자 조금 긴장이 되었다. 이 노인은 긴장을 풀기 위하여 술을 한 잔 마실까 하다가 그만 두었다. 그는 생사를 넘나들던 저 전쟁의 날들을 떠올렸던 것이다. 작전이 개시되기 전에나 작전 중에는 술은 일절 마시지 못하게 했다. 술을 마시는 것은 곧 적에게 생명을 내어주는 것으로 간주하여 만약 술을 마셨을 경우에는 엄중하게 처벌하였다. 그는 서서히 적을 앞에 두고 공격 명령만을 기다리던 저 수십 년 전의 긴박한 상황 가운데로 들어갔다. 입을 꼭 다문 그는 자리에서 일어나 준비해 둔 가죽장갑을 끼었다. 그리고 오래 전에 작업복으로 사용하던 얼룩무늬 예비군복을 입었다. 신발도 전에 산에 올라다닐 때 신었던 등산화를 신었다. 모자는 겨울에 쓰는 귀 덮개가 있는 털모자를 썼다. 손 전구는 땅에 뒹굴어도 불이 나가지 않는 단단한 랜턴을 들었다. 물론 핸드폰도 챙겼다. 그는 마침내 죽창을 들고 대문을 나섰다. 이미 열두 시가 가까운 시간이었다.

자정이 다가오는 시각인지라 동네는 쥐 죽은 듯 고요하였다. 버스가 닿는 동네 앞의 정류장과 몇 군데의 가로등불이 빛나고 있을 뿐 사방은 어둠에 잠겼다. 앞의 산을 보니 그 어느 때보다도 컴컴했다. 마치 검은 색의 거대한 짐승이 웅크리고 앉아 이 노인을 노려보고 있는 것 같았다. 거의 매일 올라 다녔던 길인데도 오늘 밤은 이 길이 전 같이 느껴지지가 않았다. 어쩌면 다시는 딛지 못할 그런 길로도 느껴지는 것이었다. 그리고 사방에 가득한 이 어둠들이 자기를 향하여 서서히 좁혀오는 것만 같았다. 그러나 이 노인의 마음은 크게 흔들리지 않았다. 바로 그날들의 기운이 그의 생각을 사로잡고 있었기 때문이다. 적과 붙었다 하면 보통 반절은 죽었던 그때, 죽고 사는 것은 별 대수로운 게 아니었다. 죽으려면 고통 없이 가는 게 문제라면 문제였다. 하지만 일단 전쟁이 붙으면 그것 또한 큰 문제는 아니었다. 살고 죽는 게 이미 나의 의지와는 먼 것이었기 때문이다. 나는 그냥 조국 대한민국의 이름으로 싸우면 되었다.

이 노인은 밭이 가까워지자 랜턴의 불을 끄고 발자국 소리를 죽였다. 그리고 조심히 밭 안을 살폈다. 밭 안엔 짐승이 없었다. 그는 살금살금 아내의 무덤이 있는 곳으로 올라갔다. 무덤 근처에서도 짐승의 기척은 감지할 수 없었다. 이 노인은 아내의 무덤으로 가 그 앞에 무릎을 꿇고 마음속으로 말했다. '성진이 엄매, 나 맘 단단히 먹고 여그 왔구만. 되아지 새끼들이 해도 해도 너무 해서 오늘 밤 결판을 내뿔라고 왔써. 어짜먼 나 성진이 엄매 절로 갈찌도 몰라. 나도 많이 안 살았는가. 사는 것이 쉽지 않어. 외롭기도 하고. 혼자 사는 거 쉽지 않어. 자네는 모를 꺼여. 그래도 자네는 복 있는 죽음 한 거여. 내가 자네 돌보았잖어. 죽을 때까징. 하야튼 잘하면 우덜 또 만날 꺼여. 그케 알어.' 이 노인은 주위를 한 번 둘러보았다. 그러나 사방은 검은 어둠만 있을 뿐 아무 것도 없었다. 이 노인은 죽창을 오른쪽 어깨 부위에 비스듬히 세우고 아내의 무덤에 몸을 기댔다. 종일 너무 긴장을 해서인지 스르르 눈이 감겼다. 이래서는 안 되지 하면서 고개를 흔들며 눈을 떴다. 하지만 시간이 흐르면서 자신도 모르게 눈이 감겼다.

그러나, 그는 어느 순간 두 눈을 크게 떴다. 어떤 소리가 들렸기 때문이다. 틀림없이 주변에서 무슨 소리가 나고 있었다. 그 소리는 점점 더 분명하게 들려왔다. 이 노인은 죽창을 거머쥐고 몸을 웅크린 채 사방을 둘러보았다. 소리는 아내의 무덤 뒤의 산에서 들려왔다. 숲을 헤치는 소리가 분명했다. 그리고 띨띨띨~ 소리를 내는 걸 보니까 분명히 멧돼지의 무리들이 움직이고 있었다. 이 노인은 반사적으로 중얼거렸다. "이놈의 되아지 쇄끼들… 여그가 어디라고 함부로 발을 딛어… 느그덜 오늘 밤 다 죽었어…….” 이 노인은 숲을 노려보았다. 마침내 멧돼지의 무리들이 묘지 바로 앞까지 다가왔다. 이 노인은 노오란 저들의 눈빛을 보았다. 네 개는 그 눈빛이 아주 컸다. 아마도 아비와 어미인 모양이었다. 저들은 어떤 낌새를 알아차렸는지 선뜻 앞으로 나오지 않았다. 십여 개의 노오란 안광만이 마치 작은 전구 불들처럼 어둠 속에서 빛나고 있었다. 이 노인도 저들을 노려보았다. 그리고 죽창으로 상대를 찌를 자세를 취하고 서서히 몸을 일으켰다. 이 노인이 몸을 다 일으켰을 때였다. 갑자기 나무들이 흔들렸다. 그리고 소만한 검은 물체가 공중으로 솟구쳤다. 그 물체는 이 노인을 겨냥하고 날아오고 있었다. 이 노인도 움켜잡은 죽창을 앞으로 힘껏 내밀었다. 이 순간 이 노인은 격한 충돌을 느꼈다. 그러나 이 노인의 손과 몸은 마치 거대한 바위덩어리에 눌리듯 감당하기 어려운 육중한 압력도 느꼈다. 이 노인은 죽창을 놓치고 뒤로 나자빠졌다. 그는 아내의 무덤 앞에서 뒤로 몇 번 굴렀다. 몸뚱어리에 나무들이 부딪치는 것을 느꼈다. 그리고 어둠이 덮이는 것을 아련히 느꼈다.

이 노인이 다시 눈을 떴을 땐 그의 주변엔 사람들이 있었다. 동네 이장, 동네 보건소 간호사, 다른 한 신사의 얼굴이 보였다. 이 노인은 그들의 얼굴을 보면서 물었다.

“여그가 어디요?”

이 노인의 말에 이장인 문수 씨가 웃음기가 가득 담긴 얼굴로 “어디긴 어디여요, 삼촌 집이제.” 하고 말했다.

“여그가 우리 집이여?”

이 노인이 상체를 일으키면서 물었다.

“아, 그랬단 말이요. 한 번 둘러보시오. 삼촌집 아니요. 텔레비전이랑 아짐이랑 찍은 사진이랑 다 삼촌 것 아니요. 그란데 삼촌, 어찌게 그케 큰 멧돼아지를 잡어뿌렀쏘? 동네 잔치할라고 하는데, 갠찮 것지라우?”

“그것은 또 먼 말인가?”

이때 정장을 한 신사가 말했다.

"어르신, 저 군에서 어르신 모시러 온 직원입니다. 오늘 행사에 참석하실 수 있겠어요?"

"그랬타면… 오늘이 핸충일?"

"그렇습니다 어르신, 어르신이 정류소에 안 나오셨길래 제가 이장님 모시고 어르신 집으로 해서 산에 갔드랬어요. 지금 시간이 없거든요. 어떻게 하실래요?"

"어찌게 하긴요, 행사에 가야지라우. 어뜬 날인데."

이 노인은 자리에서 벌떡 일어났다.

고라니와 고릴라

유 목사가 백여 미터 되는 비탈길을 올라 정상의 문턱에 섰을 때였다. 지난 몇 년 동안 한 번도 보지 못했던 청설모 한 마리가 먹이를 찾는지 이리저리 기어 다니고 있었다. 아, 이 산에 청설모도 사는구나. 유 목사가 들어서 알기로는 이 산에서 사는 동물들은 꿩들과 몇 종류의 산새들, 오소리들, 그리고 고라니 두 마리였다. 녀석은 바로 옆에 와 있는 유 목사의 존재를 알지 못하고 자기 일에 열중이었다. 유 목사는 그의 평화를 깨고 싶지 않았다. 그 자리에 가만히 서서 녀석이 숲으로 들어가 몸이 안 보일 때까지 녀석의 행동을 주시하였다.

그렇다면, 이제 이 산에 있다는 동물들은 고라니 두 마리만 빼고는 그 종류를 다 본 것 아닐까, 하고 유 목사는 생각했다. 그리고 이제 막 청설모를 본 것처럼, 그들이 나타나만 준다면 숲이 우거진 여름이라 하여도 고라니를 볼 수 있을 것이다.

유 목사는 모자를 벗어 머리를 식혔다. 유월 중순이지만 날씨가 더웠다. 배어나온 이마의 땀을 손바닥으로 닦았다. 심호흡을 몇 번 하고는 늘 다니는 길을 따라 걷기 시작했다. 길 양옆으로 빨간 산딸기들이 꽃이 피어 있듯 열려 있었다. 밭들이 보이기 시작했다. 꽤 높은 지대인 이 산 동편 한복판에 밭들이 있었다. 오늘도 길옆의 밭에 고구마를 심은 한 분이 나와서 풀을 뽑고 있었다. 안면이 있는 분이었다. 유 목사는 인사를 하고 말을 걸었다.

"고구마 순이 아주 좋습니다. 밑이 잘 들겠어요. 참, 잘 지키지 않으면 고라니들이 와서 파먹는다고 했죠?"

"네. 산에 먹을 것이 없어서 그러나 이것들이 밑이 들 만할 때부터 울타리를 넘어와요. 작년에도 많이 뺏겼어요."

"그러니까 고라니가 있기는 있나 보죠?"

"네. 사실 저도 아직 보지는 못했어요. 하지만 있는 게 확실해요. 발자국도 찍히고 둑을 파놓는 게 고라니들이 해놓은 게 틀림없으니까요."

"고라니 발자국을 아세요?"

"잘 알죠. 촌에서 수십 년 농사 짓다가 이곳으로 왔는데요."

"그러시군요. 이 산에서 두 마리가 산다고 그러대요."

"네. 저도 그렇게 들었습니다. 두 마리가 같이 다닌대요."

"어서 수고하세요. 저는 오늘도 한 바퀴 빙 돌려고 합니다."

유 목사는 인사를 하고 다시 늘 걷던 길을 따라 발걸음을 재촉했다. 그가 도시 한 쪽에 있는 이 산 밑의 연립으로 이사 온 지는 오 년 정도 되었다. 이리저리 옮기던 예배당을 지금 살고 있는 연립 근처로 옮겼기 때문이었다. 그 이후 유 목사는 시간에 될 때엔 이 산에 올라왔다. 큰 길을 따라 한 바퀴를 돌면 한 시간 정도가 걸리고 비탈진 곳들도 있어서 운동이 되었기 때문이다. 나무들이 많아 공기도 깨끗했다. 개발되지 않은 야산이어서 흰 눈이 덮여 있는 겨울이나 푸른 잎들로 가득 찬 여름엔 혼자 오르기가 좀 부담스럽기도 한 산이었다.

유 목사는 오늘도 이 산을 오를 때마다 갖는 한 가지 생각을 또 하면서 앞과 좌우의 숲을 둘러보았다. 유 목사가 이곳으로 이사 와서 지금보다도 이 산을 더 자주 오르내릴 때 산 밑 쉼터에 모여 앉은 나이 지긋한 노인들이 늘 했던 말이 있었다. 이 산에는 고라니가 두 마리 살고 있는데 이 고라니들을 본 사람이 많지 않다는 것이었다. 그분들의 말에 의하면 이 고라니들은 양심이 깨끗하고 마음이 착한 사람들에게만 보인다는 것이었다. 그 말을 들었을 때 유 목사는 정말 그럴까 하고 고개를 갸웃거렸다. 분명한 사실 하나는, 유 목사가 매일 읽고, 주일마다 설교하고, 신학교에서 가르치고, 그 내용대로 실천하려 노력하고, 하나님의 말씀으로 믿고 있는 성경에는 그런 말을 뒷받침할 만한 내용이 없었다. 그런데도 노인들의 그 말이 자기 마음에 깊이 박혀 있는 것은 무엇 때문인지, 유 목사는 아직도 그 이유를 알아내지 못하고 있었다. 다만 한 가지 연결을 지어보는 것은 자기가 목사라는 것 아닐까 하는 점이었다. 목사는 깨끗한 양심이 생명 아닌가. 비록 다른 것은 가진 것이 없다 하더라도 양심 하나는 깨끗해야 할 것이다. 기독교의 경전인 성경에 의하면 목사는 예수를 따르는 사람들을 인도하는 사람, 즉 성도들의 지도자이다. 생전에 하늘을 우러러 한 점 부끄럼 없이 살기를 원했던 시인 윤동주가 성도였는데, 그런 사람들을 인도하려면 목사의 양심은 얼마나 투명해야 하겠는가. 얼마나 희고 고와야 하겠는가. 순수함 그 자체여야 하지 않겠는가. 유 목사는 나름대로 정리한 그런 질서를 분명하게 알고 있었다. 그래서 양심을 속이지 않고 살아보려고 노력했다. 목사가 된 후 사람들이 많이 모이는 큰 교회를 일구겠다고 생각한 적은 한 번도 없었다. 세상의 빛이 되는 올바른 교회, 양심이 깨끗한 사람들이 모이는 교회를 만들겠다고 다짐하며 살고 있었다. 하지만 이 산에 오른 지 수년이 되었지만 고라니는 보지 못했다. 유 목사는 자신이 이 산에 오를 때마다 반사적으로 고라니를 찾는 듯한 모습을 의식하고는 어떤 땐 피식 웃곤 했다.

그는 오늘도 산을 한 바퀴 빙 돌고는 쉼터가 있는 장소로 왔다. 이곳은 길 하나를 사이로 연립들과 이어진 장소였다. 시에서 설치한 몇 가지의 운동기구들도 있었다. 사람들 십여 명이 앉을 수 있는 정자도 있었다. 이곳에서 잠깐 쉬려고 하는데 핸드폰 벨이 울렸다. 저쪽에서 한 남자가 정중한 어조로 말했다.

"안녕하세요. 실례지만 유형철 목사님이십니까?"

"네. 제가 유형철 목사입니다만 어디신지요?"

"아, 그러시군요. 여기 경찰서입니다."

"경찰서라고요?"

"네, 경찰서입니다. 저는 형사1팀의 박경호 경사입니다. 목사님과 통화하게 되어 반갑습니다."

"네 안녕하세요. 한데 무슨 일로 전화를 하셨는지?"

"네. 목사님에게 몇 가지 물어야 할 사안이 있어서 전화 올렸습니다. 한 번 서로 나오시면 고맙겠습니다만?"

"제게 관련된 무슨 사건이라도 있습니까?"

"뭐, 특별한 일은 아닙니다. 대면하실 분이 있어서 그런데 대면 전에 저희들이 목사님에게 말씀 드려야 할 부분이 있어서요. 급히 좀 뵈어야 하겠습니다."

"아, 그래요. 알았습니다. 제가 서로 가겠습니다. 가만 있자, 지금 시간이 다섯 시가 다 되어 가는데 오늘 가야 합니까?"

"아닙니다. 저희들도 오늘은 늦게까지 처리해야 할 일들이 있어서 시간이 안 됩니다. 내일 열 시 경에 오시면 되겠습니다. 그렇게 해 주시겠습니까?"

"그렇게 해야죠. 내일 그 시간대엔 특별한 일이 없으니 찾아가 뵙도록 하겠습니다. 형사1팀을 찾아가서 박경호 경사님을 찾으면 됩니까?"

"네. 제가 기다리고 있겠습니다. 그냥 박 형사를 찾는다고 하십시오."

"잘 알겠습니다. 내일 그 시간에 찾아뵙겠습니다."

유 목사는 고개를 갸웃거렸다. 특별한 일은 아니라지만 오라는 데가 경찰서여서 무슨 일로 오라는지 궁금해졌다. 대면을 시키겠다는데 누구와 무슨 대면을 시킨다는 것인지… 유 목사는 궁금증을 안고 집으로 돌아왔다. 손과 발을 씻고 잠시 휴식을 취하려고 소파에 앉았는데 핸드폰 벨이 울렸다. 홍라영 집사였다. 그녀 특유의 카랑카랑하고 밝은 목소리로 말했다.

"목사님, 안녕하시죠. 저 홍 집사예요."

"그래요, 집사님. 집사님 덕분에 잘 지내고 있어요. 홍 집사님도 늘 조심하면서 장사 잘 하죠. 요즘 서울 경기권이 초비상이네요. 우리 P시는 덜한 편이지만 그래도 항상 조심해야죠."

"그럼요. 제가 잘 알아서 하고 있어요. 그런데요 목사님, 혹시 경찰서에서 전화 안 했어요?"

"경찰서에서요, 왔어요. 약 삼십 분 전쯤에 전화가 한 통 왔어요."

220

"예상대로 했네요. 목사님, 제가 한 가지 부탁이 있는데요. 이거 꼭 들어주셔야 해요."

유 목사는 정신을 가다듬고 다시 입을 열었다.

"내가 꼭 들어주어야 할 게 있어요? 그게 뭔데요?"

"얼마 전 아침에 목사님과 제가 전기차 충전소가 있는 주차장 입구에서 만나 인사하고, 목사님과 몇 마디 나눈 다음 헤어졌잖아요. 형사들이 물으면 그날 목사님이 저를 만나지 않았다고만 말해주시면 돼요. 그거 하나 꼭 부탁해요. 제 부탁 들어주실 거죠?"

"그게 무슨 말이요 홍 집사님? 무슨 일이 있는 거예요? 우리가 우연히 거기서 만나 인사하고 지나친 게 문제가 되는 일이라도 있나요?"

"별 문제는 아닌데요, 그런 게 있어요. 목사님은 제가 부탁한 대로만 해주시면 돼요. 목사님, 그럼 주일에 뵐게요. 저 지금 바빠서 이만 끊을 게요."

무슨 일인가? 그러고 보니 경찰서에서 오라는 것이 홍 집사와 관련이 있는 모양이었다. 그런데, 홍 집사의 말은 또 무엇인가? 며칠 전 그녀와 분명히 만났는데 그것을 부인하라고 부탁을 하다니. 담임 목사에게 거짓말을 하라고 거침없이 말하다니. 홍 집사 그렇게 안 보았는데 그런 면이 있었구만. 마귀는 살인자요 거짓의 아비라는 요한복음 팔 장 사십사 절의 말씀을 가지고 몇 번을 설교했는데… 유 목사는 자신의 뇌리에 어떤 그림자가 나타나 흔들리는 것을 느꼈다. 이 때 아내가 곁으로 오면서 물었다.

"홍 집사가 전화했어요?"

"그래요. 홍 집사예요."

"조금 전에 나한테도 전화했던데 당신한테도 했네요. 코로나 때문에 다들 죽어라죽어라 하는데도 그 식당은 잘 되나 보아요. 하긴 그 집 보쌈이 워낙 맛있잖아요. 참 요즘은 밤장사가 그렇게 잘 된다네요. 밤을 새워서 배달을 한대요. 이번 토요일에 우리 가족들을 한 번 초청한대요. 내 여름옷도 한 벌 사 놓았다고 하네요."

"그래요. 고맙네요."

유 목사는 고개를 끄덕이고는 자리에서 일어났다. 밖에 나가 좀 걷고 싶었다. 이 모습을 보고 아내가 "또 나가시려고요?"하고 물었다. 유 목사는 "산 밑에 가서 바람 좀 쐬고 금방 오리다." 대답하고는 사택을 나왔다.

홍 집사는 작년 초여름부터 유 목사가 담임하고 있는 교회에 나오고 있었다. 그녀는 유 목사에게 다른 도시에서 장사를 하다가 여러 사정 때문에 이 도시로 이사를 왔다고 말했다. 그녀는 시내 중심부에서 보쌈집을 운영하고 있었다. 직원이 열 명이 넘는 꽤 큰 규모의 식당이었다. 그런 사람이 신도 수가 십여 명밖에 안 되는 작은 교회에 등록을 해서 거의 일 년 가까이 잘 다니고 있다는 것은 참 신기한 일이었다. 그것도 직원들을 모두 데리고 매 주일 빠지지 않고 예배에 나온다는 게 지금도 이해가 잘 되지 않았다. 이 도시에는 큰 교회들도 많았고 텔레비전 설교를 하는 목사들도 여러 명 있었다. 그녀는 매월 근근이 월세나 내고 있는 교회에 와서 이 도시에서 개척한 이후 처음으로 목회자의 사례비를 책정하여 매월 지급하도록 교회의 체제를 바꾸어 놓았다. 가끔 있는 교회의 행사 때에는 그녀가 모든 비용을 댔다. 그녀가 내는 십일조와 일반 헌금들은 다른 신도들 모두가 내는 액수보다도 많았다.

유 목사는 올해로 목회생활 삼십 년째였다. 몇 군데 작은 신학교에서 강의를 한 지도 역시 삼십년째였다. 그러나 첫 목회 칠 년 정도를 제외하면 출석 교인 수가 열다섯 명을 넘은 적이 없었다. 이러다 보니 유 목사는 딸 둘과 아들 하나를 교육시키는 일이 너무 힘들었다. 유 목사는 아내와 함께 늘 재래시장의 파장 때를 기다렸다가 그곳에 갔다. 그리하여 팔다 남은 떨이 찬거리를 사와서 먹었다.

유 목사는 지방의 명문대학 수학과를 우수한 성적으로 졸업한 사람이었다. 소년 시절에는 세계적인 수학자가 되리라는 꿈을 꾸던 사람이었다. 유 목사 시대의 대부분 목회자들은 나름의 독특한 간증들을 가지고 있었다. 유 목사도 예외는 아니었다. 시골의 가난한 농가에서 태어난 유 목사는 중학교 삼학년이 될 때까지 교회에 다니지 않았다. 그의 마을에 작은 예배당이 있어서 마을 사람들 중에는 교회에 열심히 다니는 사람들이 있었다. 그러나 유 목사네는 세상을 떠난 조상들에게 정성껏 제사를 드렸고, 생일 같은 행사에는 마을에 있는 무당을 불러다가 예를 올렸다. 소년기에 접어든 유 목사는 캄캄한 밤이 올 때마다 두려운 마음이 들 때가 가끔 있었다. 하지만 그것 때문에 종교나 신을 생각하면서 고민한 적은 없었다. 그런 그에게 하나의 사건이 생겼다. 중학교 이학년을 마치고 삼학년으로 올라가야 할 새해가 시작되어 보름 정도가 지난 때였다. 설날이 얼마남지 않아서 아이들의 마음이 한참 설레고 있을 무렵이었다. 그날은 아침부터 눈이 많이 내렸다. 친구들이 놀자고 불러냈다. 초등학교 운동장에서 눈싸움을 신나게 하던 그들은 학교 운동장을 벗어나 뛰놀다가 동네 앞의 신작로를 따라 고개까지 가게 되었다. 고개를 오르는 좌우로 밭들이 있었다. 가끔 가방을 한 군데 모아놓고 뛰어내리기를 하는 곳이었다. 고개를 오를수록 양 옆의 밭들과 길바닥은 그만큼 큰 높이를 만들었다. 친구들과 눈 덮인 흰 밭으로 펄쩍펄쩍 뛰어내리기 시작했다. 그리하여 그들은 점점 높은 곳에서 몸을 날렸다. 그러나 높이 육, 칠미터 정도의 지점에 오자 아이들이 서로의 얼굴을 쳐다볼 뿐 선뜻 뛰어내리지를 못했다. 이 때 그가 앞으로 나가 다이빙 선수처럼 양손과 다리를 흔들며 숨을 골랐다. 그리고는 뛰어내렸다. 그런데 눈 위에 발이 닿는 순간 악~ 하고 비명을 지르더니 눈밭에서 구르기 시작했다. 왼쪽 발이 파내지 못하여 그대로 놔둔, 땅에서 상당히 많이 돌출된 바위에 정면으로 충돌한 것이었다. 눈이 바위 위로 꽤 덮여 있었지만 그 눈은 발과 바위 사이에서 완충 작용을 제대로 해주지 못했던 것이다. 그가 고통을 이기지 못하고 눈 위에서 소리를 지르며 떼굴떼굴 구르자 친구들은 놀라서 어쩔 줄을 몰랐다. 한 친구가 그를 등에 업고 뛰기 시작했다. 곧 자기 집의 방에 눕혀졌지만 통증은 멈추어지지 않았다. 바지를 벗기고 보니 왼쪽 다리 하반부 살갗이 벗겨져 피가 흘렀고 주위는 퍼렇게 멍이 들어서 퉁퉁 부어 있었다. 어머니가 헝겊으로 상처를 싸매고 물을 떠와 수건에 적셔 상처 주변을 마사지했지만 고통의 몸부림은 그치지 않았다. 아무래도 읍의 병원으로 가야만 할 것 같았다. 그러나 동네에서 읍까지는 육십 리였다. 당시 동네엔 전화기가 있는 집이 없었고 그 지역엔 차를 부를 만한 곳도 없었다. 리어카에 싣고 달려가는 수

밖엔 다른 방법이 없었다. 아버지는 아들이 계속 몸을 뒤틀며 괴로워하는 것을 더 이상 참지 못하고 읍의 병원으로 데리고 갈 준비를 하였다. 바로 이때였다. 함께 뛰어내리기를 했던 한 친구 어머니가 신사 한 분과 함께 그의 집으로 급히 들어왔다. 그녀는 크게 놀란 표정으로 그의 아버지에게 꾸벅 인사를 하고는 말했다.

"삼촌, 준식이 말 듣고 급히 왔어요. 이 분은 이번에 부흥강사로 오신 목사님인데요, 병도 고치시는 분이에요. 형철이 기도 좀 받게 하려고 모시고 왔어요. 기도해도 괜찮겠죠?"

그의 가족들은 준식이 어머니의 말에 큰 의미를 두지 않았다. 하지만 어린 아들이 계속 온 몸을 비틀며 통증을 호소하고 있으니 급한데 그것이라도 해보려면 해보라는 식으로 기도를 허락했다. 목사는 그의 다리를 살피더니 "아무래도 아이가 골절상을 입은 것 같아요. 하지만 예수님은 모든 병을 고치셨고 죽은 사람도 살리셨으니 꺾인 뼈도 바로잡으실 것입니다." 이렇게 말하고는 무릎을 꿇더니 오른 손으로 통통 부은 다리를 어루만지며 간절히 기도하기 시작했다. 기도를 십 분 정도 했을 때였다. 갑자기 그가 고통스러워 하며 비틀던 몸을 멈추었다. 그리고는 숨을 급하게 내쉬기 시작했다. 그러더니 스르르 잠이 들었다. 방안에 있던 가족들과 그 동안에 모여든 동네 사람들이 이게 도대체 무슨 일인가 하고 놀랐다. 부흥강사라는 목사는 몸을 조심히 일으키고 좌중을 둘러보고는, "아이가 너무 놀랐습니다. 제 생각엔 뼈가 꺾인 것 같습니다. 많이 아팠을 거예요. 어머니는 이불을 덮어서 애가 푹 자게 해 주시고, 큰 문제없다 싶으면 내일 교회로 데리고 오세요. 제가 기도를 한 번 더 해 드리겠습니다." 이렇게 말하고는 방을 나갔다. 다음 날 아침에 보니 통통 부은 아이의 다리는 거의 정상으로 돌아와 있었다. 그의 아버지는 뼈가 꺾인 게 아니고 접질렸다가 나은 것으로 생각했다. 그러나 그의 어머니는 찹쌀 한 되를 보자기에 싸서 들고 아들과 함께 교회에 갔다. 목사는 그의 다리를 찬찬히 살피면서 만져보더니 미소를 흐뭇하게 지으면서 "은혜가 임하셨네요. 치료하셨어요. 꼭 예수님 믿어야 할 가정입니다."라고 말했다. 그리고는 한 번 더 간절히

기도해 주었다. 이 사건 이후 그는 교회에 다니기 시작했다.

그는 공부도 열심히 했지만 교회도 성실히 다녔다. 교회를 다니며 성경을 읽게 된 그의 머릿속은 새로운 꿈과 이상으로 비상하기 시작했다. 별명이 수학박사였던 그는 앞으로 세계적인 수학자가 되어 이 재능을 환경이 어려운 아이들을 위해 활용하리라 결심했다.

그런데, 교회를 일 년 정도 열심히 다니던 그에게 잊을 수 없는 한 사건이 닥쳐왔다. 그날도 눈송이가 흩날렸다. 교회에서는 신년부흥성회를 연다며 준비가 한창이었다. 그도 동네 친구들을 전도하려고 아이들을 찾아가 교회에 다니라고 설득하였다. 그런데 점심을 먹고 난 아버지가 오늘 나와 같이 뒤에 있는 산에 좀 가자고 말했다. 그는 바지게를 진 아버지를 따라 집 뒤에 있는 산으로 올라갔다. 이 산은 조상들의 묘가 있는, 아버지 소유로 된 산이었다. 산에 다 오른 아버지는 바지게를 내려 작대기로 괴더니, 발채 안에서 작두를 꺼내 흰 눈이 내려않고 있는 잔디 위에 놓았다. 그러더니 비장한 얼굴로 아들에게 말했다. "형철아, 우리 가문은 대대로 우리 조상들을 모시고 살아온 사람들이다. 조상들이 없으면 어찌 우리가 있겠느냐. 그러나 네가 이제 조상을 무시하고 예수교에 빠졌으니 나는 여기 계신 조상님들 앞에서 할 말이 없다. 그러니 이리 오너라. 오늘 너와 내가 담판을 지어야겠다." 그는 크고 시퍼런 작두날을 들더니 "이리 와서 네 목을 여기에 놓아라. 나는 네가 여기 있는 우리 조상님들 앞에서 예수를 믿는다고 말하면 조상님들이 보는 앞에서 네 목을 잘라야겠다. 어서 여기 와 네 목을 대라"고 말했다. 어린 아들은 아버지의 이 돌연한 행동에 잠시 어쩔 줄을 몰랐다. 그러나 아버지의 눈빛을 보니 결코 비켜 갈 수 없는 상황임을 알게 되었다. 그래서 조심히 작두 앞에 몸을 눕히고 작두 날 아래 목을 놓았다. 그러자 그의 아버지는 "여기 계신 조상님들 앞에서 너에게 묻겠다. 네가 만약 이 자리에서도 예수를 믿겠다고 말하면 나는 네 목을 자르겠다. 너와 우리 가문은 이것으로 끝이다. 그러나 네가 만약 예수를 안 믿겠다고 말하면 우리의 연은 다시 시작될 것이다. 자, 말해라. 예수를 계속 믿겠느냐 아니면 우리 품으로 오겠느냐?" 이렇게 말했다. 이 순간 어린 그의 머릿속은 어떤 일이 있어도 천국만은 포기할 수 없다는 생각으로 가득 찼다. 용기와 담력도 주어지는 것이었다. 그는 두 눈을 감고 또렷한 어조로 말했다. "아버지, 저는 이제 천국으로 갑니다. 부디 아버지도 그곳에 오셔서 우리 다시 만나요. 아버지, 그 동안 키워 주셔서 감사해요." 이렇게 말한 어린 형철은 두 눈을 꼭 감고 목이 잘리는 아픔을 이기고자 "하나님, 하나님……." 하고 마음속으로 계속 외쳤다. 몇 분이 지나갔는지 몰랐다. 갑자기 "독한 놈! 빨리 일어나! 예수가 무엇이 그렇게 좋다고! 빨리 일어나!"라고 말하는 아버지의 호통소리를 들었다. 형철은 눈을 뜨고 작두 날 아래서 나왔다. 아버지는 작두를 발채에 던지듯 넣고는 바지게를 지고 휭하니 산을 내려갔다.

다음 날 시간을 맞춰 경찰서에 갔더니 박 형사가 기다리고 있었다.

"어서 오세요, 목사님. 이리 오세요." 하고 말하더니 한 방으로 데리고 갔다. 그는 컴퓨터가 놓인 책상 앞에 앉더니 유 목사도 옆에 앉게 하였다. 그리고는 물었다.

"목사님, 유월 초순경에 여치산 밑의 주차장 근처에 가신 적 있으십니까?"

"여치산이 어떤 산이죠?"

"목사님 살고 계시는 바로 옆의 산이 여치산입니다. 아직 산 이름을 모르시고 계셨나 보네요. 그 산 이름이 여치산입니다. 마치 여치가 기고 있는 것처럼 생겼잖아요."

"아 그래요. 종종 올라가긴 합니다만 산 이름은 모르고 있었습니다. 유월 초순경이 라면 정확하게 언제쯤이죠?"

"정확하게 오일입니다."

"현충일 전날이네요. 네. 그날 아침 일찍 산에 올라가 한 바퀴 돌고 내려와 그곳을 지난 것으로 생각합니다. 그날이 토요일인 줄 압니다. 토요일엔 새벽예배가 없거든요."

"그러시군요."

박 형사는 유 목사의 얼굴을 한 번 살피고는 미소를 짓는 듯한 표정을 보이더니 컴퓨터를 켰다. 그리고는 화면을 불러왔다. 그는 모자를 쓴 한 사람이 걸어가는 뒷모습을 보여 주었다. 유 목사는 그 모습이 자신의 뒷모습임을 금방 알 수 있었다.

"목사님, 이 화면은 산 밑의 휴식처 근방에 있는 카센터 후문의 시시티브이에 찍힌 화면입니다. 혹시 저기 걷고 있는 저 분 목사님 아니세요?"

박 형사는 그 화면을 정지시키고 유 목사에게 물었다.

"맞습니다. 제 뒷모습입니다. 한데 무슨 일이 있어서 이런 화면을 보여 주시는지...?"

유 목사의 말에 박 형사는 유 목사의 안면을 한 번 살피더니 입을 열었다.

"사실은 그날 아침에 그 주차장 입구에서 사고가 있었습니다."

"사고요?"

"네. 아주 값비싼 애완견 한 마리가 차에 치여 즉사했습니다. 개 주인이 산 밑 도로를 걷는 중에 갑자기 설사 증세가 나타나 개를 산 밑 주차장 입구에 있는 단풍나무에 매어놓고 바로 앞의 여치산으로 올라갔습니다. 볼 일을 보고 내려와 보니 그 사이에 개가 죽어 있었습니다. 목사님도 아시는지 모르지만 그 주차장 근처에는 아직 시시티브이가 없습니다. 그걸 진작 설치했어야 하는데 아직 안 돼 있습니다. 아시다시피 좀 외진 곳이잖아요. 그런데 개 주인이 저희들에게 범인을 잡아달라며 신고를 했습니다. 딱 한 가지의 단서를 가지고 신고를 했습니다. 자기가 산에 올라가 볼 일을 보고 있는데 차 소리가 나서 아래 주차장을 내려다보니 전기차 충전소에 승용차 한 대가 와 있었습니다. 그리고 전력을 충전하기 위해 한 남자가 차안에서 나왔습니다. 그런데 그 사람이 기억에 남을 만큼 큰 특징을 지니고 있었습니다."

"큰 특징이요?"

"네. 검은 양복을 입은 큰 체격의 남자인데 그 생김새가 영락없이 고릴라를 닮았더라는 겁니다."

"고릴라요?"

"네. 고릴라요. 영화 킹콩을 보면 큰 고릴라가 나오잖아요. 비슷하게 생겼다는 거예요. 그래서 야, 저런 사람도 있구나 하고 잠시 생각한 다음 다시 볼 일을 보고 내려오니 자기의 개가 차에 치여 죽어 있었다는 것입니다. 물론 그 차는 주차장을 나간 후였습니다. 자기가 볼 일을 볼 때에 그 주차장에 들어온 차는 오직 그 차 한 대뿐이어서 틀림없이 그 사람이 자기 개를 죽였을 거라고 말했습니다. 그리고 개의 목걸이에 전화번호가 선명하게 새겨진 명패까지 달려 있었는데 그냥 가버렸다는 것입니다. 그러면서 이 도시엔 아직도 전기차를 타는 사람이 많지 않으니 그 고릴라 같은 사람을 찾는 일은 가능할 거라며 수사를 요청했습니다."

"그랬군요."

"저희들이 수사에 착수했습니다. 개 주인 말대로 고릴라 같은 사람은 쉽게 찾았습니다. 우리 도시에는 아직 전기차를 타는 사람이 많지 않았습니다. 그래서 저희들이 당신이 그 개를 죽였지 않았느냐, 순순히 자백하면 같은 시민이고 하니 배상만 하게하고 화해를 시키겠다고 제의했습니다. 그랬더니 그분은 펄쩍 뛰었습니다. 자기는 그날 그 주차장 안에 있는 전기 차 충전소에 안 갔다는 것입니다. 말씀 드린 대로 그 주변에는 아직 시시티브이가 설치되지 않아서 그 차를 범인의 차로 단정할 수 없었습니다. 그래서 저희들이 그 사건이 일어난 시간대를 맞추어 주변 시시티브이를 모두 뒤져보았는데요, 목사님의 뒷모습이 찍힌 이 사진 하나만을 얻을 수 있었습니다. 범인은 죽은 개를 바닥에서 들어 입구의 단풍나무 아래에 놓았습니다. 그런데 만약 목사님이 시시티브이에 찍힌 장소에서 그 주차장 쪽으로만 쭉 걸어가셨다면 우리의 추측인데 목사님은 그 개를 치우는 사람을 보았을 거라는 생각을 했습니다. 왜냐하면 목사님이 찍힌 장소에서 주차장 쪽으로 계속 걸으셨다면 그들이 개를 치우는 장면을 볼 수 있는 시간이 되거든요. 물론 목사님이 주차장 첫 입구인 그 쪽이 아닌 다른 쪽으로 가셨다면 당연히 그 장면을 볼 수 없었겠지만요."

이 말을 듣는 순간, 유 목사는 그날 주차장 입구에서 당황스러운 모습으로 인사를 하던 홍라영 집사를 떠올렸다. 그날 그들 부부는 함께 그곳에 가 사고를 냈고, 아마도 홍 집사가 차에서 나와 죽은 개를 치웠나 보다.

228

어쩌면 그 개를 막 치우고 나서 나와 마주친지도 몰라. 유 목사의 가슴이 답답해지기 시작했다. 유 목사는 입을 꼭 다물고 고개만 몇 번 끄덕이고는 가만히 앉아 있었다. 박 형사가 그런 유 목사의 얼굴을 찬찬히 살피더니 자리에서 일어나 물었다.

"목사님, 차 한 잔 드실래요?"

"아, 네. 감사합니다."

"무슨 차 드실래요? 커피, 유자차, 녹차, 홍차 다 있습니다."

"박 형사님 드시는 걸로요. 저는 무슨 차나 다 마십니다."

"알겠습니다." 하고 박 형사가 방을 나갔다.

유 목사는 신학대학을 졸업하자마자 고향 가까운 지방의 소도시에서 교회를 개척했다. 그런데 일 년도 안 되어 이십여 명의 신자들이 모였다. 목회가 아주 신이 났다. 삼 년째가 되자 오십여 명의 신자들로 불어났다. 그래서 예배당 지을 계획을 세우고 기도하던 어느 주일이었다. 한 여자가 신도라며 등록했다. 다른 도시에서 살다가 이사 왔다면서 두 달 정도 예배에 열심히 참석했다. 그러더니 하루는 긴밀히 상담할 일이 있다면서 찾아왔다. 하는 말이 자신과 자신의 남편은 부동산업을 하는데 최근에 문제가 좀 생겼다고 말했다. 그러면서 이 도시에 건물을 하나 사놓은 게 있는데 당분간 목사님이 그 건물을 좀 맡아 달라고 했다. 그러면 예배당을 건축할 때 헌금을 알아서 하겠다는 말도 했다. 유 목사는 성도가 어렵다는데 도와야지 이렇게 단순하게 생각하고 그럼 그렇게 하라고 말했다. 며칠 후였다. 그녀는 전화상으로 "혹시 경찰에서 그 건물에 관하여 물으면 예배당 건축을 위해 제가 교회에 기증한 것이라고 말해 주세요."라고 말하고는 끊었다. 그 전화를 받은 몇 시간 후 경찰서에서 유 목사에게 좀 나오라고 했다. 갔더니 "이 여자는 전국을 돌면서 사기를 치는 부동산 업자인데, 목사님이 사역하시는 교회의 예배당 건축기금 조로 이 건물을 기증했다고 말하더군요. 이게 사실입니까?" 하고 물었다. 그러자 유 목사는 단호하게 아니라고 말하며 지금까지의 상황을 모두 설명했다. 형사는 알았다며 고맙다고 말했다. 그날이 토요일이었다. 그런데 다음 날이었다. 열한

12

229

시 예배를 마치고 강단을 내려오는데 십여 명의 낯선 여인들이 예배당 안으로 들이닥쳤다. 그리고는 유 목사에게 삿대질을 하면서, 너도 한 패라며 빨리 부동산 등기를 내놓으라고 소리쳤다. 예배당 안은 금방 난장판이 되었다. 유 목사는 곧 경찰서에 연락했다. 담당 형사는 집에서 쉬고 있다가 달려왔다. 그는 그 여인들에게 자초지종을 설명하고 상황을 안정시켰다. 형사는 "내일 출근하면 상황 설명을 하려고 했는데 저 분들이 먼저 들이닥쳤네요. 죄송합니다."하고 유 목사에게 사과했다. 그러나 이 사건 이후 교회의 신도들이 하나 둘 떠나기 시작했다. 유 목사는 그곳에서 몇 년을 더 버티다가 결국 이 도시로 이사를 해야만 하였다.

이 목사는 오래 전에 있었던 이 사건을 떠올리고는 씁쓸한 표정을 지었다. 그리고 올해 말쯤엔 큰 딸을 시집보내려고 계획했던 일도 생각했다. 교회는 지금 코로나의 여파로 출석하던 몇 명의 신자들도 잘 나오지 않는 상태였다. 오직 홍라영 집사와 그 식당의 직원들이 와서 예배를 드리는데 상황이 이렇게 되다니 자신의 목회 운명도 참 얄궂다고 생각했다. 그러나 다음 순간 유 목사의 뇌리로 번개 같이 스치는 하나의 생각이 있었다. 내가 홍라영 집사를 보지 못했다고 말하면 되지 않겠는가. 경찰이 생각하는 것은 오직 자기들이 추정하는 시간대며 상황들이 아닌가. 그리고 주차장의 출입구는 세 개나 되지 않는가. 내가 구태여 첫 출구까지 걸었다고 말할 필요가 있는가. 그리 가지 않아도 집으로 갈 수 있는 주차장 앞의 다른 길들이 있지 않은가. 내가 이런 상황에서 우리 성도를 난관에 빠뜨릴 하등의 이유가 있단 말인가? 그리고 그 개주인은 홍라영 집사를 보지 못한 모양인데 내가 구태여 그가 보지 못한 홍 집사에 관하여 말할 필요가 있는가? 이런 생각을 하다가 그는 고개를 들어 천정을 보면서 빙그레 웃었다. 이 때 박 형사가 들어와 찻잔이 든 쟁반을 책상 위에 놓으면서 말했다.

"유자차 가져왔습니다. 드세요 목사님. 코로나 때문에 교회도 힘드시죠?"

그러나 박 형사의 이 말이 끝나자마자 누군가가 문을 두드렸다. 박 형사가 몸을 일으키면서 "대면하실 분이 오셨나 봅니다. 차도 못 드시고, 이거 죄송합니다."라고 말하며 "들어오세요."라고 큰 소리로 말했다. 방문이 열렸다. 과연 들은 그대로 검은 양복을 입은 레슬링 선수 같은 큰 체격의 남자가 들어왔다. 얼굴이 크고, 숱이 많은 머리 색깔이 까만, 정말 고릴라 같은 느낌을 주는 사람이었다. 저 사람이 홍라영 집사의 남편이구나. 자기 생각이 확실하고, 고집이 너무 세서 바늘이 들어갈 틈도 없는 사람이라고 홍 집사는 말했었다. 따로 상당한 규모의 중소기업체를 운영한다고 했다. 돈이 많은 사람들인데 개 값 후하게 변상해 주고 사건을 조용히 끝내지 왜…. 참, 자존심이 굉장하다고 했지.

박 형사는 진술서를 작성할 준비를 마치고 입을 열었다.

"제가 이미 말씀 드린 대로 지난 유월 오일 아침 여섯 시 삼십 분 경에 여치산 밑의 주차장 입구에서 애완견 한 마리가 차에 치여서 죽었습니다. 바로 옆의 산성빌라를 기준으로 첫 출구입니다. 개 주인이 정식으로 수사를 요청해서 여러분들을 오늘 이 자리에 오도록 하였습니다. 먼저 유 목사님에게 묻겠습니다. 그날 아침 그 시간대에 유 목사님은 여치산 밑의 그 주차장 근처에 가셨죠?"

"네, 갔었습니다."

그는 유 목사의 대답을 듣고 컴퓨터에 기록하였다. 그리고는 유 목사에게 또 물었다.

"유 목사님, 그 주차장 첫 출구 앞에서 이 분을 보셨습니까?"

유 목사는 홍 집사 남편의 얼굴을 한 번 보고는 고개를 흔들었다.

"아니요. 보지 못했습니다."

"그러셨군요. 혹시 그 주차장이나 출입구, 출입구 밖에서 움직이는 차를 보셨나요?"

"아니요. 보지 못했습니다."

이렇게 대답하는 유 목사를 홍 집사의 남편이 입을 꼭 다문 채 주시하고 있었다.

"보지 못하셨다고요. 잘 알겠습니다. 그러면 그날 아침 그 시간대에 유 목사님이 거기서 보신 것은 아무 것도 없네요?"

이 질문에 유 목사는 눈앞의 홍 집사 남편의 얼굴을 다시 한 번 보았다. 그는 일자로 굳게 다문 입술에 힘을 주고 있는 것 같았다. 유 목사를 뚫어 지게 보고 있었다. 역시 유 목사의 얼굴을 주시하는 박 형사에게 유 목사 는 또렷한 어조로 말했다.

"아니요. 본 게 있습니다."

"그래요. 무엇을 보셨는데요?"

박 형사가 다분히 놀란 표정으로 물었다.

"우리 교회에 출석하는 홍라영 집사라는 성도님을 만났습니다."

"그래요. 주차장 어디에서요?"

"죽은 애완견의 시체가 놓여 있었다는 그 단풍나무 아래에서요."

유 목사는 홍집사의 남편 얼굴은 보지 않았다.

밖으로 나오니 노란 햇볕이 사방에 가득하였다. 날씨가 상당히 덥다고 느껴졌다. 하늘을 보았다. 넓고 푸른 공간으로 흰 구름들이 몇 조각 떠있 었다.

버스를 타지 않고 터벅터벅 걸어서 집에 오니 아내가 말했다.

"홍 집사가 전화했는데 토요일의 모임은 없던 걸로 하자고 말하던데요. 목소리가 좀 안 좋게 느껴졌어요. 코로나 때문에 세상이 시끄러운데 잘 된 것 같아요."

주일 새벽에 아내와 예배를 마친 유 목사는 아내를 먼저 보내고 강대상 앞에 철퍽 무릎을 꿇었다. 더운 눈물이 하염없이 솟구쳤다. 그는 실컷 울 었다.

예상대로였다. 예배 시간이 다 되었지만 홍집사는 교회에 오지 않았 다. 유 목사의 가족들만 자리에 앉아 있었다. 유 목사가 예배를 인도하려 고 강단에 섰다. 그런데 바로 그때였다. 홍 집사가 문을 열고 들어왔다. 그 리고 그녀의 뒤로 검은 색의 양복을 입은 큰 체격의 남편이 성큼성큼 걸어 오고 있었다. 그 뒤를 직원들이 따라왔다. 홍 집사의 남편은 아내가 잡아 주는 자리에 앉기 전 유 목사를 한 번 바라보더니 고개를 숙여 정중하게 인사했다.